광기, 예술, 글쓰기

광기, 예술, 글쓰기

초판 1쇄 인쇄일. 2016년 5월 26일
초판 1쇄 발행일. 2016년 6월 9일

지은이. 김남시
펴낸이. 정은영
편집국장. 사태희
편집. 임채혁
디자인. 워크룸 김혜원

펴낸곳. (주)자음과모음
출판등록. 2001년 11월 28일 제313-2001-259호
주소. 04083 서울시 마포구 성지길 54
전화. 편집부 02. 324. 2347 / 경영지원부 02. 325. 6047
팩스. 편집부 02. 324. 2348 / 경영지원부 02. 2648. 1311
커뮤니티. cafe.naver.com/cafejamo
이메일. inmun@jamobook.com

ISBN 978-89-544-3611-3 (03100)

잘못된 책은 구입처에서 교환해드립니다.
저자와 협의해 인지를 붙이지 않습니다.
가격은 뒤표지에 있습니다.

하이브리드 총서

광기, 예술, 글쓰기

김남시

자음과모음

광기, 예술, 글쓰기

일러두기

* 인용된 책들의 경우 각 책의 서지사항은 처음 인용될 때 한 번만 밝혔고, 같은 책이 두 번째 인용될 때부터는 밝히지 않았다.
* 인용문에 [ ] 기호가 들어갈 경우, 인용자가 필요에 따라 부가하거나 삭제한 부분을 가리킨다.
* 언급된 책들은 국내 번역본을 참조했으나 문맥상 부자연스럽다고 생각되는 부분은 원문에 충실하게 일부 표현을 수정했다.
* 외국 인명과 지명, 작품명 등은 국립국어원의 외래어 표기법과 용례를 따랐다. 이미 국내에 번역·출간된 책은 번역서 제목을 그대로 사용했다.

머리말

스위스의 정신의학자 루트비히 빈스방거Ludwig Binswanger, 1881~1966는 하이데거Martin Heidegger, 1889~1976의 현상학적 방법론에 입각해 소위 "정신병리학적 현상학Psychopathologische Phänomenologie"을 정초한 인물이다. 빈스방거는 "세계 내 존재로서의 현존재Dasein als In-der-Welt-Sein"라는 하이데거의 테제를 발전시켜 인간을 "초월로서의 세계 내 존재In-der-Welt-Sein als Transzendenz"[1]라고 규정한다. "세계 내 존재"라는 하이데거의 인간 규정에 "초월Transzendenz"이라는, 일견 그와 대립되는 개념을 결합한 것이다.

빈스방거에 따르면 이 '초월'은 '초과' '돌파' '넘어섬' 등을 의미하는 독일어 단어 "Überstieg"에 해당한다. 이 단어에는 한편으로는 초과하고 넘어섬으로써 나아가게 되는 지점과 그것을 위해 돌파하고 넘어서야 하는 대상이라는 두 가지 함의가 있다. '초월'이란 '실존하고 있는 존재자Seinde'를 돌파하고 넘어섬으로써 다른 '세계'를 향해 나아가는 운동인 것이다. 자연에 의해 주어진 환경 세계에서만 살아가면서 자립적으로 특정 상황을 향해 결단하지 못하는 동물은 세계를, 그와 더불어 자기 자신을 기투entwurf하지 못한다. 인간 역시 자신의 존재근거 자

1 Ludwig Binswanger, "Über die daseinsanalytische Forschungsrichtung in der Psychiatrie", *Ausgewählte Werke*, Bd. 3, Vorträge und Aufsätze, Heidelberg, 1994, 235쪽.

체를 정립하지 못하고, 존재 속에 던져져geworfen 태어난다는 점에서는 동물과 같은 환경 세계를 가진다고 말할 수 있다. 하지만 인간은 그 주어진 환경 세계를 넘어 자신의 존재를 초월할 수 있는, 다시 말해 "불안 속에서 돌파하고 사랑 속에서 흔들리며 넘어설 수 있는 가능성을 갖는다".[2] 인간은 스스로 자신의 '세계'를 기투하는 동시에 자기 자신을 기투selbtentwurf할 수 있는 존재라는 것이다.

빈스방거는 광인Pscyhose을 이러한 "초월Transzendieren에서 특정한 변화Abwandlungen"를 겪은 사람들로 정의한다. "정신병에서 드러나는 것은 초월로서의 세계 내 존재의 근본 구조 혹은 구조 관계Strukturglieder의 변화다. 정신의학의 과제는 이 변화들을 학문적으로 정확하게 탐구하고 확인하는 것이다."[3] 정신병을 두뇌의 질병으로 파악하던 당대 정신의학의 분위기 속에서 이 관점은 완전히 새로운 것이었다. 이는 정신의학을 좁은 의미의 의학적·임상적 학문으로 축소하지 않으면서, 정신병의 문제에 새롭게 접근할 수 있는 가능성을 제공해준다. 이전까지 정신의학이 광인을 소위 건강한 공동의 세계로부터 후퇴한 퇴행적 존재로 규정했다면, 빈스방거에게 광기란 근본적으로 자신의 세계와 자기 자신을 기투할 수 있는 인간으로서의 초월 능력을 전제한다. 광인은 이 초월의 과정에서 소위 '정상인'들과는 다른 종류의 세계를 기투해낸 사람들이다. 광인은 스스로가 기투해낸 세계 속에서 그 세계 속의 사물, 사건, 과정에 대해 반응하면서, 그것을 회피하거나 극복하려 한다.

이러한 관점에서 빈스방거가 드는 사례들을 보자. 어렸을 때 스케이트를 탈 때 스케이트 날이 신발에서 떨어져 나가는 것에 공포심을 갖게 된 이래로, 단단하게 묶여 있지 않고 느슨하게 떨어져 나갈 것 같

2 같은 책, 240쪽.
3 같은 책, 235쪽.

은 모든 것에 대해 심리적 공황을 겪는 젊은 여인이 있다. 이 여인은 모든 것이 단단히 묶여 있지 않고 느슨하게, 서로 떨어져 나가려고 하는 세계 속에서 살아가며 그 세계에 대해 공포증으로 반응한다. 이와는 반대로, 모든 것이 "압력"과 "충돌"로 가득 차 있는 세계에 존재하는 환자는, 모든 것이 공기로 가득 차 있는 풍선처럼 내적 압력에 의해 팽팽히 부풀어져 있고, 그것들이 서로 충돌하거나 스쳐 지나가면 터져버릴지도 모른다는 공포심을 겪는다. 박해 망상을 겪는 로라 보스Lola Voss라는 환자는 사람들의 이름은 물론, 사물의 이름의 모음들을 뽑아내 여러 방식으로 배열하거나 특정한 발음 또는 단어와 관련하는 경우에만 그 사람과 사물과 교제할 수 있고, 그렇지 못한 사람이나 사물은 병적으로 회피한다. 이 모든 경우에서 이들은 스스로 기투한 세계 속에서 자기 자신이 기투해낸 현존재로서 살아가고 있는 것이다.[4] 이러한 입장은 정신병을 정상적인 삶의 규범/기준으로부터의 '일탈'로만 보는 관점과는 근본적으로 대립한다. 광인의 행동이 우리에게 '비정상'으로 보이는 것은 광인이 존재하는 세계가 우리의 세계와는 다르게 기투되었기 때문이다. 광인의 '일탈적 행위'는 자신의 '세계' 속에서는 충분히 논리적이고 이해 가능한 반응이다. 광인을 이해하기 위해서는 두뇌 속 특정 부위에서 생물학적으로 증상의 원인을 확인하려는 대신, 세계 내 존재로서 광인의 현존재 구조와 조건을 확인하고 광인의 '증상'을 광인의 현존재 형식에서 일어나는 변화로 파악해야 하는 것이다.

이 책에서 내가 '광인'이라는 다소 논란의 여지가 많은 지칭을 사용할 때 염두에 두는 것도 이와 같다. 여기에서 말하는 광인은 인간에게만 고유한 초월의 가능성을 통해 자신의 세계와 자기 자신을 기투한 존재다. 광인은, 온갖 물질적 조건과 제약을 지닌 주어진 세계를 그

4 같은 책, 243~247쪽.

대로 받아들여 거기에 자기 자신을 적응시키는 대신, 인간만이 지니고 있는 '초월'의 잠재성을 한껏 발휘해 자신의 세계와 자기 자신을 새롭게 기투한 존재다. 광인은 그 세계 속에서, 그러한 자아의식을 가지고 세계를 감지하고, 사유하고, 너무나도 일관되게 행동한다. 우리의 삶이 결여한 이 일관성이야말로 우리에게 결핍된, 그럼으로써 우리에게 광인을 낯설게 만드는 진귀한 미덕일 것이다.

내가 이러한 광인의 세계에 관심을 갖는 이유는, 광인이 만들어낸 세계야말로, 우리가 경험했으나 포기해버린, 우리가 사유했으나 행위하지 못한 것들을 알려주기 때문이다. 광인은 우리가 여러 이유로 더 발휘하지 못했던 '초월'의 잠재성을, 소위 정상성의 세계에서 일관적이지 못하게 살아가기 위해 우리가 단념하고, 그에 따라 살기를 접어야 했던 사유와 삶의 가능성을 보여준다.

1부에서 다루는 주제는 글과 글쓰기다. 여기에서는 에마누엘 스베덴보리Emanuel Swedenborg, 1688~1772, 바슬라프 니진스키Vaslav Nijinsky, 1890~1950, 다니엘 파울 슈레버Daniel Paul Schreber, 1842~1911를 다룬다. 이들은, 현존재로서의 인간이 받아들일 수밖에 없는, 그러한 점에서 칸트가 '선험적 형식'이라고 말했던 시공간의 제약을 초월하는 소통을 글쓰기의 실천에서 찾고자 했다.

2부에서는 19세기 말에서 20세기 초에 성행했던 천재-예술-광기를 둘러싼 담론을 살펴본다. 현대 예술 이론에도 지대한 영향을 끼쳤던 이 논의들은 '광인'과 '(천재) 예술가' 개념의 근저에 놓여 있던 학문적 욕구가 무엇인지를 드러낸다.

앞에서 말했듯이 광기는 늘 광기를 구분 짓고 구획하는 정상성의 담론을 동반한다. 근대 철학의 정초자인 칸트Immanuel Kant, 1724~1804는 광인과 광기를 정의하고, 그것을 이성으로부터 구획하려고 애썼던 인물이다. 3부에서는 칸트의 생애와 사유에서 드러나는 이성의 타자에 대한 불안과 경계를 추적한다.

1부

광인의 글쓰기

『정신현상학』의 첫 번째 장에서 헤겔G. W. F. Hegel, 1770~1831은 감성적 확실성sinnliche Gewissheit에서 지각으로 이행하는 단계의 의식을 서술한다. 글로 써놓은 감성적 확실성의 진리가 "가장 추상적이고도 빈곤한abstrakteste und ärmste 진리"였음이 밝혀지는 유명한 대목이다.

> '지금이 무엇인가?'라는 질문에 예를 들어 우리는 다음과 같이 대답한다. '지금은 밤이다'라고. 이 감성적 확실성의 진리를 검토해 보기 위해서는 아주 단순한 시도만으로도 충분하다. 이 진리를 써보는 것이다. 진리라고 한다면 우리가 그를 보존하거나 쓴다고 해서 없어질 수 없을 것이다. [그런데] 지금, 이 낮에 우리가 썼던 진리를 다시 바라보면 우리는 이 진리가 김빠진 것schal이 되어버렸다고 말할 수밖에 없을 것이다.[1]

1 "Auf die Frage: Was ist das Jetzt? Antworten wir also zum Beispiel: Das Jetzt ist die Nacht. Um die Wahrheit dieser sinnlichen Gewißheit zu prüfen, ist ein einfacher Versuch hinreichend. Wir schreiben diese Wahrheit auf; eine Wahrheit kann durch Aufschreiben nicht verlieren; ebensowenig dadurch, daßwir sie aufbewahren. Sehen wir Jetzt, diesen Mittag, die aufgeschriebene Wahrheit wieder an, so werden wir sagen müssen, dass sie schal geworden ist." G. W. F. Hegel, *Phänomenologie des Geistes*, Frankfrut am Main, 1970, 84쪽.

여기에서 헤겔이 사용한 단어 'schal'은 "껍질/껍데기"를 뜻하는 "Schale"와 같은 어원을 갖는다. 껍질은 그것이 감싸던 알맹이가 빠져나간 나머지, 그 점에서 내용이 없고 텅 빈 잔여물이다. 이로부터 파생된 'schal'이라는 형용사는 일상적으로는, 예를 들어 김빠진 맥주나 콜라 등을 지칭할 때 쓰인다. 어제는 그렇게나 확실gewiss했던 '지금은 밤'이라는 문장이, 그 문장을 바라보는 오늘 낮의 우리에게는 이렇게 내용 없고 텅 빈 것이 되어버린 것이다. 어젯밤에 우리의 감성적 확실성에 부정할 수 없는 진리였던 것이, 왜 오늘 낮에는 김빠지고 공허한 것이 되어버리는 것일까? 어제만 해도 확실했던 진리를 그저 쓰기만 했는데, 이렇듯 껍데기만 남게 되는 이유는 어디에 있을까? 우리에게 확신을 주던 진리와 글로 쓰여진 진리 사이에 존재하는 이 심연은 어디서 생겨나는 것일까?

그것은 바로 어느 시대이든 글을 쓰는 자가 대결해야 하는 두 가지 숙명적 조건, 곧 시간과 언어의 탓이다. 모르는 사이에 우리 손을 잡고 우리를 삶의 시간의 종말로 데리고 가는 시간은 우리로 하여금 진리를 붙잡지 못하게 한다. '지금이 밤'이라는 확신을 순식간에 비진리로 만들어버린다. 지금 바로 이 순간에는 여지없이 확실한 것을, 그 확실성의 상태 그대로 기록되지 못하게 한다. "천천히, 하지만 중단 없이 나아가면서 모든 것을 자기 속으로 삼켜버리는"[2] 시간은, 이처럼 지금 나에게 확실한 모든 것을 모조리 지양시켜버린다. 그런 시간 속에서 살아갈 수밖에 없는 나에게, 지금의 나를 확신시키는 진리란 그저 그 순간 시간이 던져주는 적선의 동전에 다름 아니다.

언어는 어떠한가? 언어는 감성적 확실성이 "전적인 완정성ganze

2 *Emblemata: Handbuch zur Sinnbildkunst des XVI. und XVII.* Jahrhunderts, hg. A. Henkel und A. Schöne, Stuttgart, 1996, 653쪽.

Vollständigkeit의 가상"을 통해 포착한 것을 공허하고 내용 없는 "일반자 Allgemeine"로 바꾸어버린다. 나의 감성적 확실성은 "바로 지금, 바로 이것"을 말하려gemeinte 했으나, 실제로 언어를 통해 말해진ausgesprochen '지금'과 '이것'은 '모든 지금'과 '모든 이것'에 해당하는 지극히 추상적인 지칭어에 불과하다. 이러한 언어의 일반성은 "사랑해"라는 말로 바로 지금, 나의 가슴을 채우고 있는 바로 이 정념을 고백하려는 사람들을 좌절하게 만든다. 오로지 '나'만의 것을 순식간에 모두의 것으로 바꾸어버리는 언어로 말하고 쓰는 한 우리는 "우리가 말하고 싶어 하는 meinen 감성적 존재ein sinnliches Sein를 결국 말하지 못하는"[3] 딜레마에 빠질 수밖에 없다.

이처럼 시간과 언어는 내가 말하고자 했던 것을 공허하고 엉뚱한 것으로 만들고, 내가 확신했던 진리가 그 진리적 가치 속에서 기록되지 못하게 한다. 하나의 진리에 대해 확신하고 그것을 기록하는 나의 행위 속에 연루되어 있는 시간과 언어가 내가 확신하는 진리와 쓰여진 진리 사이에 거대한 심연을 만들어놓는다. 나는 내가 확신하는 바로 그 진리를 기록하지 못하며, 기록했다 하더라도 그 쓰여진 것에서 정작 내가 말하고자 했던 것을 찾지 못한다. 내적 확신으로 존재하는 진리와 그 기록 사이에 존재하는 이 간극은 어떻게 극복될 수 있는 것일까? 내가 확신하는 진리를 그대로 드러내는 글은 쓰여질 수 없는 것일까? 쓰여진 것 속에서 내가 말하고자 한 것을 찾을 수 있는 길은 없는 것일까?

글쓰기를 통해 이 시간과 언어의 문제를 넘어서려는 것. 이것이 "광인의 글쓰기"[4]를 관통하는 근본 지향이었다. 광인들은, 자신의 내적 확신과 쓰여진 것 사이에 존재하는 간극을 넘어서기 위해 그 누구보다 치열하게 투쟁했던 사람들이다. 자신이 포착한 진리를 그대로 드러내

3 앞의 책, 82쪽.

는 글을 향한 추구, 이것이 광인들의 글쓰기를 지배하는 핵심 정념이었다. 광인들은 글을 쓰면서, 확실성 속의 진리와 그 기록 사이에 간극을 만들어내는 시간과 언어를 넘어서려 한다. 그 존재함을 확신하는 대상에 대한 앎과 그 기록 사이에 존재하는 시간적 간극을 제거하고, 말하려던 내면의 진리를 추상화시키는 언어의 일반성을 극복하려 한다. 그것을 위해 글쓰기에서 시간을 제거하고, 내적 확실성을 드러내려는 그들만의 언어를 만들어낸다. 바로 여기에서 광인들의 글이 주는 낯선 매력이 생겨난다. 자신의 내적 진리에 대한 확신으로 가득 찬 광인들의 글쓰기는, 그 확신을 지양시켜버리려는 시간과, 내면적 진리의 개별성과 고유성을 상쇄해버리는 언어와의 치열한 투쟁이자 그 투쟁의 흔적이다. 내적 진리에 대한 확신이 강하면 강할수록, 그 진리가 김빠진 것이 되지 않게 기록하려는 욕구는 그에 비례해 커진다. 이 욕구로부터 생겨난 긴장감이 광인들의 글 속에 고스란히 남아 있다. 광인들의 글에서 우리는, 시간 속에서 살면서 언어를 통해 행할 수밖에 없는 글쓰기의 숙명에 대해 터져 나오는 통찰을 얻는다.

4 '광기'란 처음부터 그 대립물로 전제된 '이성'혹은 '로고스'와의 관련 없이 지칭될 수 없기에, 광기를 명명하고 광기에 대해 이야기하는 순간부터 이미 역사적으로 형성된 광기에 대한 배제와 경계지음의 담론적 실천을 재생산하고 있다는 푸코의 지적(Michel Foucault, *Wahnsinn und Gesellschaft: Eine Geschichte des Wahns im Zeitalter der Vernunft*, Frankfurt am Main, 1973, 12쪽)을 모르는 바가 아니다. 그런데도 이 단어를 사용하는 것은, 자크 데리다Jacques Derrida, 1930~2004의 말을 빌리자면, 광인들의 글쓰기에 등장하는 "특정한 종류의 침묵을 이야기함"으로써 광인들을 침묵하게 했던 이성과 로고스의 질서를 넘어서는, 글/글쓰기의 육체성과 물질성을 말하기 위해서다. Jacques Derrida, "Cogito und Geschichte des Wahnsinns", *Die Schrift und die Differenz*, Frankfurt am Main, 2000, 60쪽.

1 에마누엘 스베덴보리와 천사의 언어

에마누엘 스베덴보리는 오늘날 많은 사람에게 '영성신학자'로 통한다. 기독교 신학자들이 스베덴보리의 책을 번역·출간하고 그 가르침에 바탕을 둔 교파를 설립해 스베덴보리의 신학을 홍보한다. 예를 들어 1849년에 설립된 미국 펜실베이니아주 웨스트체스트에 있는 스베덴보리 재단은 라틴어로 쓰여진 스베덴보리의 글을 번역·소개하는 활동을 활발하게 벌이고 있다. 스베덴보리의 가르침을 자신들의 신학적 기반으로 삼고 있는 교단도 있다. 미국에 있는 "새 교회New Church" 교단은 홈페이지에서 이렇게 밝히고 있다.

> '새 교회'는 18세기 신학자이자 과학자 에마누엘 스베덴보리의 글이 밝힌 성경에 대한 교설에 바탕을 둔다. 이 신학은, 신이 땅 위의 사람들에게 신의 가르침을 전파하는 도구Vessel로 스베덴보리를 사용했다는 믿음 위에 기초한다. 신적으로 영감 받은 계시의 과정을 통해 스베덴보리는 35권에 달하는 신학서를 집필했다. 그것은 이전까지 경험된 적 없거나 오해되어왔던 인간 삶의 미스터리를 드러내는 천국의 교설이다. 스베덴보리의 저작의 주요 목적 중 하나는 성경의 내적 의미를 조명하고, 그 의미를 조명함으로써 인류를 위한 새로운 중요성과 희망을 밝히는 것이다. 자신의 저술에서 스베덴보리는 신과 창조, 나아가 죽음 이후 우리를 기다

> 리고 있는 삶의 본성과 기능을 묘사하고 있다. 나아가 스베덴보리는 우리가 신과 관계 맺을 수 있는 실천적 지침을, 그리고 종교를 일상과 결합하는 실천적 지침을 제공한다.[5]

나는 스베덴보리가 현재 기독교 신학의 맥락에서 어떻게 받아들여지고 있는지에 대해서는 아는 바가 없고, 그것이 이 책의 관심사도 아니다. 여기에서 중요한 것은 스베덴보리가 서구 정신사에—신학사적 흐름과는 독립적으로—적지 않은 영향력을 끼친 인물로, 스베덴보리가 이야기하는 초월적·종교적 표상들은 다니엘 파울 슈레버를 비롯해 글 쓰는 광인들이 이야기했던 망상 이념Wahnidee과 매우 유사한 구조를 지니고 있다는 사실이다. 영혼, 천사, 사후 세계 같은 초경험적인 것들을 스스로 경험했던 것처럼 이야기하는 스베덴보리의 사유는 철학자 칸트에게는 "광신주의적 직관fanatischem Anschauen"의 산물로 여겨졌다. 이러한 초경험적 판타지가 갖는 '반계몽적' 영향력을 경계하는 칸트로서도 스베덴보리의 초월적 이념이 도덕적·실천적 차원에서 가질 수 있는 의의는 인정한다.[6] 스베덴보리를 다루는 이 책의 관점 역시 이와 유사하다. 나는 스베덴보리의 판타지 속에 등장하는 '천사의 언어'에 주목한다. 내적 진리를 어떤 여과나 왜곡 없이 그대로 드러내주는 투명한 소통에의 욕망은 이 책에서 다루는 광인의 글쓰기에 암묵적 지향으로 작용하고 있기 때문이다.

5 http://www.newchurch.org/about/swedenborg

6 스베덴보리에 대한 칸트의 견해는 이 책에 실린 「스베덴보리에 대한 철학자 칸트와의 가상 대화」를 참조할 것.

영의 세계

1745년 4월, 비전을 통해 "인간들에게 성경의 정신적 의미를 해명해주라"는 신의 계시를 받은 스베덴보리는 신으로부터 부여받은 특별한 능력을 통해, 일반인은 접할 수 없는 초월적 세계와의 접촉을 허락받는다. 스베덴보리는 영혼들과 대화하면서 사후 세계의 이야기를 전해들을 수 있었을 뿐 아니라 자신이 직접 사후 세계를 방문할 수도 있었다고 말한다. 스베덴보리의 책들은, 「요한계시록」이 그러하듯, 그에게만 보고 접하는 것이 허락된 세계에 대한 견문록이라 할 수 있다. 『천국과 지옥』[7] 서문에서 스베덴보리는 이렇게 말한다.

> 앞으로 이 책에 밝힐 그 비밀은 천국과 지옥에 관한 것이며 또한 사람의 사후 생활에 관한 것이다. 지금 교회 사람들은 천국이나 지옥, 사후 생활에 대해 거의 아무것도 모르는 상태에 있다. 사실 이에 대한 것이 말씀 안에 다 드러나 있고 기록되어 있는데도 불구하고, 교회 안에서 태어난 많은 사람이 그것을 믿기를 거부한다. 그들은 속으로 '누가 저 세상에서 와서 우리에게 알려주기라도 했다는 말인가?'라고 생각하는 것이다. 그러므로 특히 세속적 지혜가 많은 사람 사이에 팽배해 있는 그런 부인하는 마음이, 심성과 믿음이 단순한 사람들에게 전염되어 그들을 타락시키지 않도록, 나로 하여금 사람끼리 말하듯 천사들과 대화할 수 있게 하시고 또 천국과 지옥의 실상을 볼 수 있게 하셨다. 이것은 13년간

7 『천국과 지옥』은 미국 뉴 처치New Church 신학대학원에서 석사 학위를 받은 김은경에 의해 번역되었고, 역시 같은 대학교를 졸업한 목사 두 명에 의해 감수·출간되었다(에마누엘 스베덴보리, 『영성신학자 스베덴보리가 쓴 천국과 지옥』, 김은경 옮김, 다지리, 2003). 이 책은 총 63장에 603개 항으로 이루어져 있는데, 인용 부분에 표기한 숫자는 이 항을 가리킨다. 이하 『천국과 지옥』으로 표기한다.

> 계속되어온 일이다. 그리고 이제 사람들이 모르던 것을 밝히 깨닫고 불신이 사라지기를 바라셔서 내가 거기에서 듣고 본 바를 쓸 수 있도록 허락하셨다.[8]

자신에게만 보도록 허락된 '천국과 지옥' '사후 생활의 실상'을 이 세상에 알리고자 하는 욕구. 이 욕구를 통해 불신과 타락으로부터 세상을 구제하고자 하는 진리 전파의 열망이 스베덴보리로 하여금 책을 쓰게 만든 동기였다(우리는 이와 똑같은 동기가, 온갖 난관을 무릅쓰고 책을 출간하고자 했던 다니엘 파울 슈레버를 지배하고 있었음을 보게 될 것이다). 신이 스베덴보리에게만 "사람끼리 말하듯 천사들과 대화할 수 있게 하시고 또 천국과 지옥의 실상을 볼 수 있게" 하셨으니, 세상 사람들에게 그 실상을 알리는 일은 곧 신으로부터 부여받은 사명이기도 하다.

스베덴보리가 체험한 영의 세계는 어떤 모습을 하고 있는가? 스베덴보리에 따르면 영의 세계는 크게 세 부분으로 나뉘어 있다. 가장 높은 곳에는 도덕적이고 영적인 삶을 살았던 인간 영혼이 가게 될 '천국'이 있다. 악한 사람들의 영혼이 가는 '지옥'은 그 내적 본성에 따라 가장 아래쪽에 위치한다. 가장 높은 곳에 있는 천국과 가장 아래쪽에 있는 지옥의 중간에는 사람이 죽으면 가장 먼저 도달하게 되는 영들의 세계mundus spirituum가 있다(스베덴보리의 한국어 번역자는 이를 '중간영계'라고 번역했다). "여기에서 필요한 만큼 머물고 난 후 그 사람이 이 세상에서 어떻게 살았는가에 따라서 천국으로 올라가거나 지옥에 던져진다."(421)

천국과 지옥, 영들의 세계 중에서 스베덴보리가 가장 큰 관심을

8 같은 책, 19쪽.

가지고 가장 심혈을 기울여 이야기하고 있는 대상은 천국이다(전체 63장 중 43장이 천국을 묘사하는 데 할애되어 있다). 천국은 그 구조부터 매우 독특하다. 천국에 거주하고 있는 영들, 곧 천사들은 "모두 한 자리에 모여 있지 않고 그들의 사랑과 신앙에서 나온 선의 차이에 따라 크고 작은 사회 공동체로 나뉘어 있다"(41). 그 공동체들은 선함의 종류, 속성, 정도, 나아가 지성과 지혜에 따라 자연스럽게 서로 이끌려 만들어진 것으로, 큰 것은 수천에서 수만의 천사들로, 아주 작은 공동체는 수백의 천사들로 되어 있다. 이들이 공동체로 모이게 된 것은 어떤 협약이나 배정에 따른 것이 아니다. "비슷한 천사들은 서로에게 동시에 이끌리게"(44) 되는 선의 속성에 따라 이루어진 것이다. 이렇듯 자연스럽게 그 선의 정도가 비슷한 사람들끼리 모여 만들어졌기에 공동체 안에 있을 때 "그들은 자유롭고 따라서 삶의 즐거움을 느낀다"(44).

같은 공동체 안에서도 천사들은 일정한 공간적 질서에 따라 자리를 잡는다. "더 완벽한 천사는 선과 사랑, 지혜, 지성이 더 뛰어나며 이들은 중앙에 있다. 덜 뛰어난 천사는 그 둘레에 완벽성의 순서대로 자리하고 있다. 그 배열은 마치 빛이 중심에서 주변으로 갈수록 약해지는 것과 같다. 중심에 있는 천사들은 가장 밝은 빛 안에 거하고, 가장자리로 갈수록 더 흐린 빛 안에 있다."(43)

공동체 내 천사들의 위계가 그들의 공간적 위치에 따라 질서 지어져 있다는 사실은, 스베덴보리에게는 천국의 가치를 손상하지 않는다. 오히려 그 질서야말로 천국의 완벽함을 만들어내는 원천이다. "통일체는 다양한 구성 요소로 이루어져야 완벽하다. 모든 통일체는 다양성을 기초로 존재가 성립되며, 다양한 요소로 구성되지 않은 통일체란 아무것도 아닌 것이다. (……) 한 통일체가 다양한 구성 요소로 이루어져 있고 그 요소들이 마치 마음 잘 맞는 친구들처럼 각각 서로 연합해 완벽한 형태를 갖추고 있으면, 질적으로 완벽해지는 것이다. 그러므로 천국은 다양한 부분이 모여 가장 완벽한 형태를 이루어낸 통일체다."(56)

"비유하자면, 총독, 관리, 하인이 같은 궁전 안에 사는 것과 같다. 그들이 층마다 자기 처소나 방에 따로 있지만 여전히 같은 궁전 안에 있으면서 왕을 받드는 임무를 각자 수행하는 것이다."(51)

스베덴보리가 전해주는 천국의 모습 중 가장 흥미로운 점은 "천국 전체는 모두 합해서 사람의 형상을 이룬다"(59)는 것이다. 천국은 '가장 크고 가장 완벽한 사람의 형상'을 하고 있다. 다양한 위계와 차이를 갖는 천국의 공동체들은, 사람의 몸에서 다양한 기능과 역할을 하는 기관들에 상응한다. 각 공동체는 이 '가장 큰 신적 사람'의 사지와 기관, 내장, 섬유와 신경, 혈관을 구성하고 있다. 그런데 이 공동체들 또한 개별적으로 사람의 모양을 하고 있고, 공동체를 이루고 있는 천사들 역시 얼굴, 눈, 귀, 몸통, 팔다리가 있고 서로 보고 듣고 대화하는 완전한 사람의 모습을 하고 있다. 그러니까 사람의 모습을 한 천사들이 모여 역시 사람의 모습을 한 공동체를 이루고, 무수하게 많은 이 사람 모양의 공동체가 모여 전체적으로 거대한 사람 모양의 천국을 구성하고 있는 것이다.

스베덴보리에 따르면, 이러한 천국의 구조야말로 "전체는 부분들로 구성되고 부분은 전체를 이루는" 천국의 내적 본성에 가장 걸맞은 형태다. 전체뿐 아니라 그 전체를 이루는 각 공동체, 나아가 그 공동체에 속한 천사들 모두 사람의 모양을 하고 있기에 천국은 "부분이 전체의 유익을 위해 기여하고" "모든 부분이 합동해서 각기 전체와 전체의 유익에 참여하는"(64) 가장 완벽한 형태를 이룬다. "천사 하나가 가장 작은 천국이고 천사 공동체 하나는 작은 천국이며, 공동체들은 다 합해서 가장 큰 형태의 천국이 되는"(58) 이러한 구조를 통해 천국은 구성원이 늘어나면 늘어날수록 점점 더 완벽해질 뿐만 아니라, 전체를 이루는 개별 요소들—천사들과 공동체들—은 서로 동일하지 않더라도 전체로서 하나의 단위를 이루고 신에 의해서도 "단 한 사람처럼 한 단위로" 다스려질 수 있다. "주님이 모든 것의 전부가 되시고 모든 것 안에 흘러들어 그 각각을 주재하시며 주님의 형상을 입히시고, 계시는 곳 어디나 천국으로 만드시는"(58) 신성의 원리가 이러한 동형반복적 구조를 통해 구현되어 있는 것이다.

천국의 시간과 공간

이처럼 완벽한 구조를 통해 신의 주재가 관철되고 있는 천국에, 지상 세계의 모든 존재와 사건을 구속하는 시간과 공간이 작동하고 있을 리 없다. 천국에는 시간과 공간에 대한 개념이 없다. 천국에도 지상에서처럼 모든 것이 계속되고 진행되지만, 천사들은 시간과 공간이라는 것이 무엇인지조차 알지 못한다. 스베덴보리는 이 사실을 천국에서 온 어느 천사와의 대화를 통해 알게 되었다고 말한다.

> 천국에서 온 한 천사가 있었는데 (……) 나는 사람과 말하듯이 그와 대화를 나누었다. 처음에 그는 내가 시간이라고 부르는 것이 무엇인지 알지 못했기 때문에, 그에게 시간에 대해서 설명해주어야 했다. 태양이 지구 둘레를 도는 것처럼 보이는 이치, 그에 의해 일 년과 한 달, 한 주, 하루가 생기며 하루는 스물 네 시간으로 나누어지는 것, 그리고 이 모든 시간은 일정한 변화에 의해 되풀이되는 것, 이것이 시간의 근원이 된다는 것 등에 대해 설명했다. 이것을 듣고 그는 놀라면서 자기는 이런 것에 대해 전혀 모르고 있었고 오직 상태들에 대해서만 알고 있었다고 말했다. (168)

지상에서와는 달리 천국에서 일어나는 변화는 시간에 종속되어 있지 않다. 봄, 여름, 가을, 겨울이나 아침, 낮, 저녁, 밤, 혹은 아동기, 청년기, 장년기, 노년기 등을 우리 인간들은 시간에서 파생되고 시간에 따라 진행되는 것으로 생각하지만, 천국의 주거인들은 천국에서 일어나는 변화를 상태의 변화로 파악한다. 천사들은 "봄과 아침은 천사들의 사랑과 지혜의 첫 상태라는 개념으로, 여름과 낮은 그들의 사랑과 지혜의 둘째 상태, 가을과 저녁은 셋째 상태, 밤과 겨울은 지옥에 해당하는 상태로"(166) 받아들인다. 사람에게 '영원'은 '무한한 시간'을 의미하는 데 반해, 천국에서의 '영원'은 '무한한 상태'가 되는 까닭도 여기에 있다.

천국에서의 시간은 천국의 공간과 불가분으로 연결되어 있다. 천국에서 장소의 변화는 내면 상태의 변화에 따라 이루어진다. "장소 변화가 바로 상태 변화"(192)인 것이다. 이러한 천국의 속성 덕분에 스베덴보리는 몸은 지상의 그 자리에 그대로 있으면서 "주님에 의해 천국으로, 그리고 우주 안의 다른 별들로"(192) 여행할 수 있었다. 장소 변화가 내면 상태의 변화와 결합되어 있기에, 천국에서는 "내면 상태가 비슷한 것은 가까운 것이고 먼 것은 내면 상태가 다른 것이다. 그러므로 서로 가까이 있는 이들은 비슷한 상태에 있는 이들이고, 떨어져 있는 이들은 서로 다른 상태에 있는 이들이다"(193). 이러한 이유로 천국에서는 내면 상태의 변화만으로 시공간의 규제를 받지 않고 어디든 이동할 수 있다. 장소의 변화가 내면 상태를 따르기에 천국에서는 어떤 사람이 나타나기를 간절히 바라면 그것이 실현되고, 누군가에게 반감을 가지게 되면 서로 시야에서 사라져 떨어지게 된다(194). 내면 상태가 비슷한 영들이 하나의 공동체를 이루고, 지옥이 천국과 완전히 분리되어 멀리 떨어져 있는 것도 같은 이유에서다.

천국의 말과 글

스베덴보리가 전해주는 영의 세계 중 우리는 천국에서의 소통 방식에 대해 주목하려고 한다. 시간과 공간이라는 조건에서 작동하는 인간의 언어적 소통의 한계와 그것으로부터 생겨나는 문제들을 벗어나고자 하는 상상적 사유가 여기에서 잘 드러나기 때문이다. 스베덴보리가 말하는 '천사의 언어'는, 광인의 글쓰기를 추동하는 근본적인 정념의 원형과도 같다. 인간 소통의 근본적 제약들로부터 자유로운 소통에 대한 상상이 여기에서 작동하고 있기 때문이다.

천국에서 사용하는 언어는 인간의 언어와는 근본적으로 다르다. 천사들이 사용하는 언어의 가장 중요한 특징은, 말하는 자의 내면, 내적인 자기 확신, 그리고 드러나고 표명되고 물질화된 말 사이의 간극이 없다는 데에 있다.

> 천국 전체에 걸쳐 같은 언어를 쓴다. 속해 있는 공동체가 어디이든, 서로 멀든 가깝든 모든 천사는 서로의 말을 알아듣는다. 그 말은 배워서 하는 것이 아니라 그들의 정념과 생각 그 자체에서 흘러나오므로 누구나 본능적으로 하는 것이다. 천사들의 말의 음색은 그들의 정념과 상응하고, 음절들, 즉 단어들은 정념에서 나온 생각들에 상응한다. 이 상응으로 인해 언어 그 자체는 영적이다. 말은 들리는 정념이고 소리 나는 생각이기 때문이다. 잘 생각해보면 누구나, 모든 사고는 사랑의 작용인 정념에서 비롯되고 근본적인 정념이 생각이라는 다양한 형태로 펼쳐져 나타난다는 것을 알 수 있을 것이다. 어떤 생각이나 개념도 정념 없이는 생기지 않기 때문이다. 즉, 사고의 본질과 생명은 정념에서 오는 것이다. 그렇기 때문에 천사들은 상대가 말하는 것만 듣고도 그의 본질을 알 수 있다. 그 음색으로부터 그의 정념을 알고 그가 발음하는 음절, 즉 낱말들로부터 그의 사고력을 안다. 보다 지혜로운 천사들은 단 한 줄의 말을 듣고도 그 사람의 중심 정념이 무엇인지 알 수 있다. 모든 사람에게 다양한 정념이 있음은 잘 알려져 있다. 기쁠 때와 슬플 때, 동정을 하고 자비를 베풀 때, 진지하고 진실할 때, 사랑하고 인정스러울 때, 열성적이거나 분노할 때, 속이거나 기만할 때, 명예나 영광을 구할 때 등의 정념이 각기 다르다. 그러

> 나 이 모두에는 일관되는 주된 정념이 들어 있다. 그렇기 때문에 지혜로운 천사들은 그를 감지함으로써 상대의 말에서 그의 상태 전체를 완전하게 알 수 있는 것이다. 이 사실을 나는 많은 경험으로 알게 되었다. 천사들은 상대의 말하는 것만 듣고도 그의 삶의 본질을 읽어낸다고 했다. 또 천사들은 상대의 사고에서 나온 생각 하나를 가지고도 그의 삶 전부를 알 수 있다고도 했다. 그 이유는, 그의 생각은 그의 중심적 사랑을 드러내고 있으며 그 사랑 안에 그 사람의 모든 것이 정리되어 들어 있기 때문이라고 했다. 사람의 '생명책'이란 바로 이것을 말하는 것이다.[9]

"정념과 생각 그 자체에서 흘러나오는" 천사의 언어에는 겉으로 드러난 외면과 보이지 않는 내면 사이의 구별이 없다. 생각 또는 정념과 발화된 언어는 서로 "원인과 결과처럼 하나를 이루는" 관계로 맺어져 있다. 말의 원인으로서의 생각이나 정념은, 그것의 자연스러운 결과인 말 속에 투명하게 나타나 있다. "원인인 생각 안에 있는 모든 것이 결과인 말 안에 나타난다."(240) 그러하기에 천국에서는 말로 드러나지 않고 감추어져 있는 정념이나 생각 같은 것은 존재하지 않는다. 같은 이유에서 천사의 말에는 특정한 정념이나 생각이 없는, 기계적이고 형식적으로만 발화되는 공허한 말도 존재할 수 없다. 천사들이 하는 모든 말은 그 말을 일어나게 한 정념과 그것의 원천인 사랑으로 충만해 있다. 인간의 언어가 특정한 감정이나 생각을 감추면서, 혹은 그 감정이나 생각과는 전혀 다른 것을 말할 수 있게 하고, 나아가 아무 감정이나 생각 없이 기계적으로도 발화할 수 있게 하는 것과는 달리, 살아 있는 정념

9 같은 책, 236항. 독일어판(Emanuel Swedenborg, *Himmel und Hölle*, Wiesbaden, 2013)을 참조해 번역을 일부 수정했다.

과 생각으로 채워져 있는 천사의 언어는 바로 그러한 이유로 발화되는 즉시 "상대방의 생각 안으로 들어가 그를 감동"(240)시키고, "사람이 천 마디로도 표현 못 할 것을 단 한마디로 나타낼 수 있"고 "여러 장의 글로 표현된 것을 단 몇 마디로 나타낼 수도 있다"(239). 천사들에게는 글도 있다.

> 천사들이 말을 하고 그 말이 낱말로 이루어져 있기 때문에 그들에게는 또한 글이 있다. 그들은 마음속에 있는 것을 말로 표현하듯 글로도 표현한다. 때로 나는 이 세상 원고와 똑같이 글씨가 써 있는 종이나 활자가 인쇄된 것 같은 종이를 받아보았다. 나는 그것을 비슷하게 읽을 수는 있었지만 그 의미는 한두 단어 이상 이해하는 것이 허락되지 않았다. 그 이유는 사람이 천국의 글로 가르침을 받는 것이 하나님의 질서에 어긋나기 때문이다. 사람은 오직 말씀으로만 배워야 한다. (258)

천사들이 사용하는 글, 천국의 글은 어떻게 생겼을까? 천국에서 온 쪽지를 받아본 적 있는 스베덴보리가 전하는 바에 따르면, "가장 내적인 천국의 글자는 많은 굴곡과 곡선의 형태로 되어 있다. 그 구부러지고 휘어진 모양은 천국의 형태와 일치하는데, 천사들은 이 형태를 통해 그들 지혜의 비의를 표현하고 또 말로 표현할 수 없는 다른 많은 것을 나타낸다"(260). 모든 생각과 애정, 지혜를 "구부러지고 휘어진 굴곡과 곡선의 형태"로 표현하는 천국의 글자를 천사들은 따로 연습하거나 배우지 않고서도 사용한다. "말처럼 글도 그들 속에 심어져 있기 때문이다."(260) 천사의 말이 그들의 정념과 생각을 투명하게 드러내는 정념과 생각의 결과인 것처럼, 천국의 글자들도 그러한 것이다. 머릿속의 생각이나 내면의 정념을 상대에게 전달하려면 그것을 외적인 기호로 물질화시켜야 하는 인간의 글과는 달리 "천국의 글은 생각함과 동시에 흘러나온다. 이것이 너무도 쉽게 되기 때문에 마치 생각 자체가 투사되는 것 같다. 단어를 고르기 위해 손을 멈추지도 않는다. 말로 하든 글로 쓰든 그들의 단어는 사고의 개념에 상응하며, 상응하는 모든 것은 자연스럽고 즉각적이기 때문이다"(262).

천국의 소통과 인간의 소통

내면의 정념이 그대로 드러나는 말이나, 단어를 고르기 위해 손을 멈출 필요도 없이 생각함과 동시에 흘러나오는 글. 우리는, 앞으로 만나게 될 니진스키와 슈레버가 이러한 불가능한 글쓰기를 추구했었음을 알게 될 것이다. 스베덴보리에게서 그것은 '천국의 소통'이라는 모습으로 등장한다. 천국의 소통은 어떤 종류의 가상도, 왜곡도 없이 이루어지는 전적으로 투명한 소통이다. 천사들의 모든 시그널은 직접적이고 즉각적으로, 어떤 저항도, 번역과 매개의 필터링도 없이 왜곡되지 않고 교환된다. 비슷한 내면 상태로 인해 서로 연결되어 있는 이들은 이 투명한 말과 글을 통해 즉각적으로 서로를 이해한다. 스베덴보리의 비전이 제시하는 이러한 천국의 소통 방식은 모든 면에서 온갖 제약과 구속 가운데 이루어지는 인간의 소통에 대한 정확한 대립물이다.

니클라스 루만Niklas Luhmann, 1927~1998의 말을 빌리자면 인간의 의식은 "소통보다 늘 크다".[10] 인간은 언제든, 소통한 것보다 더 많은 것을 의식에 가지고 있다는 말이다. 더구나 그 의식은 말이나 글 혹은 표정이나 행동을 통해 드러나지 않는 한 타인에게는 보이지 않는다. 우리는 의식 속에서 끊임없이 생겨나는 생각과 감정 등을 모두 상대와의 소통에 진입시키지 않으며, 사실상 그렇게 할 수도 없다. 그렇기에 나의 말

10 Niklas Luhmann, *Reden und Schweigen*, Frankfurt am Main, 1989.

과 글을 통해 상대와의 소통에 진입된 것의 양은 나의 의식에서 생겨나고 존재하는 것들에 비하면 극히 일부에 지나지 않는 것이다. "나의 자아와 타자의 자아 사이에 존재하는 이 존재론적 이원성"[11]이 인간으로 하여금 다른 사람에게 드러나지 않는 자신만의 내면을, 타인에게는 말하지 않는 비밀을 가질 수 있게 하고, 나아가 거짓말을 가능하게 하는 실존적 전제다.

인간의 말과 글은 말과 동시에 그 말의 원인인 정념과 생각이 즉각적으로 드러나는 천국의 언어처럼 "그것만 보고도 그 본질을 알 수 있는" 투명한 창이 아니다. 인간에게 말은, 안 그래도 보이지 않는 정념과 생각을 감추는 장막이자, 그와는 다른 모습으로 보이게 하는 가면이다. 성공적인 군주가 되기 위해서는 실제로 도덕적인 성품을 갖추기보다는 "그를 갖춘 것처럼 보이는 것"이 더 중요하다고, 심지어 "그러한 성품을 갖추고 늘 실천에 옮기는 것은 해로운 반면" "그를 대면하는 사람들에게 지극히 자비롭고 신의가 있으며 정직하고 인간적이며 경건한 것처럼 보이는 것"[12]이 중요하다고 충고하는 『군주론』의 마키아벨리Niccolò Machiavelli, 1469~1527는, 인간의 내면과 그 외화外化 사이에 존재하는 간극을 정치적으로 활용할 것을 역설한다. 그것이 가능한 이유는 "모든 사람이 당신이 밖으로 드러낸 외양을 볼 수 있는 반면에 당신이 진실로 어떤 사람인가를 직접 경험으로 알 수 있는 사람은 소수에 불과"(『군주론』 18장)하기 때문이다. 내면과 드러냄(남), 정념/생각과 외화된 언어의 간극을 잘 활용하는 것은, 성공적인 사회, 정치적 활동을 위한 기초가 된다. "개인의 삶에서 언제나 모든 것을 다 말하는

11 Jean-Paul Sartre, *Das Sein und das Nichts: Versuch einer phänomenologischen Ontologie*, Hamburg, 1993, 122쪽.

12 니콜로 마키아벨리, 『군주론』, 강정인 · 김경희 옮김, 까치, 2015, 125~126쪽.

것은 어리석은 일이다"(『에세이』 II, 17절)라고 조언하는 몽테뉴Michel de Montaigen, 1533~1592의 현실주의는, 1610년 셰익스피어William Shakespeare, 1564~1616의 『햄릿』에서 구체적인 인물의 모습으로 등장한다. 오필리어의 부친 폴로니어스Polonius 경은 외국으로 떠나는 아들에게 이렇게 충고한다.

> 네 생각을 함부로 입 밖에 내지 마라. 누구에게나 귀를 기울이되 아무에게나 네 의견을 말하지 마라. 남의 의견을 들어주되 너의 판단은 삼가라는 말이다(Give thy thoughts no tongue. Give every man thy ear, but few thy voice; Take each man's censure, but reserve thy judgement).

말이나 글을 통해 자신의 생각을 '함부로' 드러내는 것을 경계하고, 생각은 생각으로만, 감정은 감정으로만 내면에 간직하라는 요구는 바로크 시대에는 문화적 삶의 방식으로까지 고양되었고,[13] 그 이후 계몽주의 시대에도 현명한 처세를 위한 실천적 지침으로 통용되었다. 예를 들어 『실용적 관점에서 본 인간학Anthropologie in pragmatischer Hinsicht』(1796)에서 임마누엘 칸트는 "다른 사람의 생각은 알려고 하면서 자기 생각은 감추려는 것은 인간 피조물의 근본적인 성질이자 그의 유적 개념에 속한다"(A 333)라고 말한다. 『교육에 관하여Über Pädagogik』(1803)에서 칸트는 "아이가 집을 떠나야 한다면, 그는 무엇보다 자기 자신을 불투명하게 만들고 다른 사람들을 꿰뚫어볼 수 있는" "외적인 가상의 기술"(A 113)을 습득할 것을 권고한다.[14]

13 August Buck, *Studien zu Humanismus und Renaissance: Gesammelte Aufsätze aus den Jahren 1981~1990*, Wiesbaden, 1991, 486~511쪽.

스베덴보리는 칸트보다 한 세대 정도 앞서 살았던 인물이다. 말이 곧바로 말하는 자의 정념과 생각을 드러내고, 그 말의 억양과 톤만으로 내면의 직접적 교류가 가능한 천사의 소통. 이런 투명한 소통에 대한 스베덴보리의 상상적 갈망은 당대의 현실로부터 거꾸로 자라나온 나무의 열매는 아니었을까?

스베덴보리 이후 글 쓰는 광인들은 그 누구보다 언어에 대해 복잡한 관계를 맺고 있었다. 내면의 진리에 대한 강한 확신과, 어떻게든 진리를 세상에 알려야 한다는 전도자적 소명 의식은, 가장 먼저 인간의 언어를 만나 치명적인 좌절을 겪는다. 인간의 언어는 바로 지금, 여기에 있는 나, 나의 고통, 나의 정념, 내가 깨달은 진리에 최적화되어 창조된 창조물이 아니다. 인간의 언어란 내가 태어나기 전부터, 너무도 많은 사람에 의해 남용되어왔던, 아무리 해도 나의 것이 아닌 불결한 수단이다. 언어는 나보다 먼저 세상에 태어나, 나를 만나기 전 헤아릴 수 없이 많은 사람의 품을 거쳐 내 앞에 온, 전혀 신뢰할 수 없는 애인인 것이다. 이 언어에 의해 배신당할 것을 강하게 예감하면서도, 언어라는 이 낡고 의심스러운 수단을 가지고, 언어 안에서, 언어를 통해 말할 수밖에 없었던 광인들은 그 언어 속에 들어가 언어를 비틀고, 흔들고 쥐어짜면서, 낯설고도 경이로운 언어적 창조물을 만들어냈다.

14 인간 신체의 형태와 골격을, 그에 의거해 그 사람의 내면을 유추해볼 수 있는 '기호'로 받아들이는 라바터Lavater의 인상학Physiognomie, 언어를, 대상과는 아무 관계도 없는 상징적 기호를 통한 재현이라고 보는 포트 로얄Port Royal의 언어철학도 드러난 외면과 감추어진 내면 사이의 차이와 간극을 사상적 전제로 삼고 있다. 이에 대해서는 H. Böhme und Gernot Böhme, *Das Andere der Vernunft: Zur Entwicklung von Rationalitätsstrukturen am Beispiel Kants*, Frankfurt am Main, 1985, 267~270쪽을 참조할 것.

1-1 스베덴보리에 대한 철학자 칸트와의 가상 대화

프롤로그

칸트 선생과 인터뷰를 잡는다는 것은 역시 예상대로 쉬운 일이 아니었다. 그 어려움은 여러 사정이 복잡하게 얽혀 생겨난 것이다. 가장 처음 맞닥뜨린 어려움은 매체의 문제였다. 이메일이나 휴대 전화 문자 같은 것은 아무것도 사용하지 못하는 선생에게 인터뷰 요청을 하기 위해, 나는 인류의 가장 오랜 커뮤니케이션 수단의 하나인 편지를 사용해야만 했다. 편지를 쓰고, 발송하고, 상대방이 편지를 읽고 나서 답장을 쓰고, 그렇게 쓰인 편지가 다시 나에게 도착하기까지 거쳐야 할 시간들……. 그것은 칸트 선생과 나 사이에 놓여 있는 200년에 달하는 역사적 시간보다 훨씬 더 나의 조급함을 자극할 것이다. 휴대 전화 문자만큼이나 빠르게 굴러가는 세상에 사는 나는, 그리고 기회가 있을 때마다 온갖 채널을 통해 글을 독촉하는 잡지사 편집장은 이 서신 왕래에 소요되는 시간을 참아낼 수 있을까. 사절을 통해 발송한 편지가 로마 교황청까지 도달하는 데 최소 1년, 그리고 다시 돌아오는 데 1년, 이렇게 편지 한 통을 주고받기 위해 적어도 2년이라는 시간을 염두에 두어야 했던, 17세기 북경에서 활동하던 예수회 선교사들의 삶은 불과 5분 전에 보낸 이메일의 답장을 재촉하는 우리의 삶에 비하면 얼마나 여유로웠던가. 종이에 쓰고 낙인을 찍어 인장으로 봉했던 편지가 수신자에게 도달하는 데 걸리는 1년의 시간 동안 '발신 취소'도 누를 수 없는 그 편지의 문장들은 얼마나 세심하게 선택되었을까. 그렇게 해서 2년도 더 걸려 도착한 답장이 그래도 아직 대답으로 유효할 수 있던 세상, 3년을 넘게 기다려보고 나서야 비로소 오지 않는 답장에 대해 문의와 재촉의 편지를 보내던 세상은 또 얼마나 천천히, 묵직하게 움직이고 있었던가.

그런데 편지를 보내고 답장을 기다리는 데 요구되는 이러한 인내심보다 앞서는 문제는 내가 보낸 편지의 존재 방식 자체에 있었다. 나의 편지는 손으로 쓰는 대신 자판을 두드리는 워드프로세서로 작성되어 프린터로 출력될 수밖에 없다. 향기 나는 꽃 편지지의 냄새를 맡아가며 펜을 쥔 손으로 글을 쓰던 시절이 첫사랑과 함께 사라져버린 뒤 손으로 편지를 쓰는 능력을 잃어버렸기 때문이다. 마샬 맥루한Marshall McLuhan, 1911~1980이 '인간의 확장extension of man'이라고 정의했던 미디어는 정작 이전에 우리에게 있던 다른 능력을 퇴화시켰다. 노래방 기계 덕분에 노래 가사 하나 제대로 떠올리지 못하고, 내비게이션 없이는 집에 돌아가는 길도 찾지 못하고, 가장 친한 친구의 전화번호도 휴대전화 폴더를 열어 들여다보아야 아는 것은 다 저 빌어먹을 미디어가 우리가 원래 가지고 있던 능력들을 삼켜 그것을 엄청나게 증폭시킨 후 우리 바깥의 엉뚱한 곳에다 뿌려놓았기 때문이다. 내가 지금 그 앞에서 글을 쓰고 있는 이 컴퓨터라는 미디어는 우리의 어떤 능력을 확장한 것일까? 우리는 도대체 무엇을 위해 하얀 종이 위에 서걱거리며 미끄러지는 펜 끝에서 파란색 또는 검은색 잉크가 흘러나오는 것을 보고 듣는 저 은밀한 (남성적) 쾌감—펜은 음경의 은유다![15]—을 포기한 것일까?

그렇게 해서 포기된 것이 무엇이건 간에 어찌 되었든 현실은, 머

15 산드라 길버트 · 수전 구바, 『다락방의 미친 여자: 19세기 여성 작가의 문학적 상상력』, 박오복 옮김, 이후, 2009, 63쪽.

리보다 빠르게 자판 위에서 글자를 만들어내고 있는 손가락에 나의 직업이 의존하고 있다는 것이고, 펜으로 꾹꾹 눌러지는 대신 열 손가락으로 날아갈 듯 '입력'되고, 또 금세 사라져버리는 생각과 말의 놀랄 만한 생산성이 오늘날 텍스트의 운명이라는 것이다. 우려되는 문제는, 나의 필체를 폭로하며 손으로 쓴 편지 대신 'Times New Roman' 폰트, 크기 10, 줄 간격 1.5, 좌우정렬 포맷으로 깔끔하게 찍혀 나온 나의 편지를 칸트 선생이 어떻게 받아들일까 하는 것이었다. 칸트 선생을 존경했던 후배 철학자 하이데거처럼 어쩌면 칸트 선생도 로고스적 존재인 인간에게만 주어진 손, 그 손으로 쓰는 대신 철자로 분해된 문자들을 기계적으로 때려 넣어 찍힌 나의 편지글의 진정성을 의심스럽게 여길지도[16] 모를 일이다. 게다가 칸트 선생은 신문이나 잡지처럼 빠르게 읽기 위해 인쇄된 글이 눈을 심대하게 손상시킨다[17]고 불평을 털어놓은 적도 있지 않던가. 고심 끝에 나는 칸트의 충실한 하인 람페에게 편지를 보내기로 했다. 람페가 편지를 열어 읽어본다면 그것이 손으로 쓰였는지 아니면 컴퓨터로 찍혀 레이저 프린터로 출력되었는지 따위로 기분이 상하는 일은 일어나지 않을 것이다. 더구나 주인이 인터뷰를 허락한다면, 인터뷰가 가능한 시간이 언제인지에 대해서는 정작 철학자 자신보다는 하인 람페가 더 훤히 꿰뚫고 있을 터였다. 람페야말로 아침 5시에 칸트가 일어나 밤 11시에 잠자리에 들기까지 칸트의 모든 일상 하나하나를 관장하는 매니저이자, 다음 날 점심 때 먹고 싶은 식사를 적어 넘겨주면 그 주인의 청교도적 바람을 실현[18]해주는 어머니 같은 존재이니까. 생애 3분의 1 이상을 잠으로 보내는 것은 삶을 허비하는 짓이라고 생각했던[19]

16 M. Heidegger, "über Hand und Schreibmaschine", Friedrich Kittler, *Grammophon, Film, Typewriter,* Berlin, 1986, 290~293쪽.

17 Immanuel Kant, *Von der Macht des Gemüts, durch den bloßen Vorsatz seiner krankhaften Gefühle Meister zu sein. Streit der Fakultäten,* 3. Abschnitt.

이 철학자가 자신의 삶을 허비하지 않도록 매일 아침 5시에 칸트를 흔들어 깨워주었던 이가 람페였다. 저 하늘에 빛나는 별이 칸트 가슴속의 도덕법을 암시하는 불빛이었다면, 쾨니히스베르크 성 부근 칸트의 집 옥탑방의 람페—'람페Lampe'는 독일어로 '등불'이라는 단어다—는 칸트의 일상이 도덕법에 따라 실천될 수 있게 해주는, 문자 그대로의 '불빛'이었던 것이다.

어찌 되었든 람페에게 편지를 보낸 것은 효과가 있었다. 칸트 선생은 내가 편지를 보낸 지 두 달 만에 인터뷰에 응하겠다는 답장을 보내왔다. 편지를 보낸 첫날부터 원고를 재촉하던 편집장은 말도 안 되게 꾸며낸 변명이라고 말하겠지만 두 달 만에 칸트 선생의 답장을 받는 것이 무척 예외적인 일이라는 것은 알 만한 사람은 다 아는 사실이다. 이 책 3부에 등장할 불운의 여인 마리아 폰 헤르베르트Maria von Herbert가 칸트의 답장을 받았던 것이, 절망에 빠진 마리아가 철학자 칸트에게 애처로운 조언을 구하는 편지를 보내고 1년이나 지난 뒤였다는 것을 생각해보라. 칸트 시대의 사람들은 누군가를 향해 전달하는 편지를 그에게 급하게 어떤 '정보'를 전달하고 답을 구하려는 전보 따위와 분명하게 구별할 줄 알았던 것이다.

칸트의 집은 쾨니히스베르크 성에서 그리 멀리 떨어져 있지는 않지만 마차 한 대도 잘 지나갈 수 없는 좁은 길가에 위치해 있었다. 프로이센에서 7년간의 공직 생활을 마치고 에어랑겐과 예나 대학교에서 파격적 조건을 내세운 교수 초빙 제의도 거절하면서 쾨니히스베르크에

18 L. E. Borowski, R. B. Jachmann, E. A. CH. Wasianski, *Immanuel Kant: Sein Leben in Darstellungen von Zeitgenossen*. Die Bibliographien von L. E. Borowski, Jachmann und Wasianski, Darmstadt, 2013, 173쪽.

19 I. Kant, *Von der Macht des Gemüts, durch den bloßen Vorsatz seiner krankhaften Gefühle Meister zu sein. Der Streit der Fakultäten*, 3. Abschnitt, 28쪽.

머물기를 선택한[20] 칸트 선생에게 이 집은 자신의 전 생애가 담긴 철학적 우주와도 같았다. 모두 여덟 개의 방이 있는 이 집의 1층에는 칸트의 수업을 들으려는 학생들을 모아 강의를 하는 강의실이 있고, 양 방향으로 나뉘는 2층 한쪽 복도에는 식사를 하는 방과 책을 모아둔 서재와 침실이, 다른 한쪽 복도에는 손님을 맞이하는 거실과 칸트의 공부방이 있었다. 책과 손으로 쓰인 원고들이 어지럽게 쌓여 있는 책상 두 개와 의자, 작은 옷장을 갖춘 그 공부방 한쪽 벽에는 칸트 선생이 존경하는 장 자크 루소Jean Jacques Rousseau, 1712~1778의 초상화가 걸려 있었다. 동쪽으로 나 있는 공부방 창문으로 바깥쪽 정원이 내려다보였으나, 거기에서 멀지 않은 성 감옥소의 감금자들이 불러대는 노랫소리 때문에 칸트 선생은 여름에도 창문을 꼭 닫아걸고 있었다.[21] 인터뷰는 손님맞이용 거실에서 이루어졌다. 식사하는 방을 제외하고 이 집에서 유일하게 거울이 걸려 있는 방이었다. 칸트 선생은 그 방의 작은 소파에 앉았고 나는 책상을 앞에 놓고 의자에 앉았다. 칸트 선생보다 체구가 컸지만 말이 없는 하인 람페가 커피를 내려놓고는 조용히 물러갔다. 칸트 선생은 녹취를 위해 책상 위에 올려놓은 나의 디지털 녹음기에 잠시 눈길을 돌렸을 뿐, 특별한 호감도, 그렇다고 특별한 경계심도 보이지 않았다. 어쩌면 칸트 선생은 우리의 대화를 전부 기록해서 다시 들려준다는 이 기계에 대해 플라톤Plato, BC 427~BC 347이 문자에 대해 가졌던[22] 의심스러운 태도를 갖고 있을지도 모를 일이었다. 그것은 기억을 도와주는 것이 아니라 오히려 기억을 감소시키는 기계가 아니냐고, 이야기할 상대를 골라서 그에게 적합한 말을 하는 대신 누군가가 구체적인 대상에게 했던

20 H. Böhme und G. Böhme, *Das Andere der Vernunft*, 85쪽.
21 이상의 내용은 *Immanuel Kant: Sein Leben in Darstellungen von Zeitgenossen*, 172쪽.
22 플라톤, 『파이드로스』, 274b~278b쪽.

말을, 이제 아무에게나 돌아가며 재생해주는 괴물 같은 대화의 파괴자가 아니냐고 말이다. 그렇지 않아도 부실한 나의 기억력을 칸트 선생이 문제 삼기 전에 나는 얼른 인터뷰를 시작했다.

염소 선지자 얀 파브리코비치 코마르니키

나 칸트 선생님, 인터뷰에 응해주셔서 감사드립니다. 칸트 선생님께 인터뷰를 요청드렸던 이유는 철학자인 선생님께서 광기와 광인에 대해 관심을 가지고 관련 글들을 발표하셨기 때문입니다. 선생님께서는 1764년에는 「머리의 병에 대한 시도」[23]를, 이어 1766년에는 「형이상학의 꿈을 통해 해명해본 한 시령자視靈者, Geistseher의 꿈」[24]이라는 글을 통해 스베덴보리에 대한 글을 발표하셨습니다. 광인이나 광기에 대한 선생님의 이 글들은 이후 『순수이성비판』(1781)을 통해 시작되는 선생님 철학의 비판적 전회와 깊이 맞물려 있다는 지적[25]도 있습니다. 선생님께서는 어떤 이유로 이런 광기/정신병 또는 영령 같은 주제에 관심을 갖게 되셨는지요?

칸트 1764년에 「머리의 병에 대한 시도」를 쓰게 된 직접적인 동기는 그 해 쾨니히스베르크에 나타났던 광인을 관찰한 일이었다네. 사람들이 '염소 선지자Ziegenprophet'라 부르면서 루소가 말한 자연인이 나타났다고 이야기하던 그 인물 말일세. 그 광인은 쾨니히스베르

23 I. Kant, *Versuch über die Krankheiten des Kopfes in Vorkritische Schriften bis 1768 zweiter Teil*, Darmstadt, 1983.

24 I. Kant, "Träume eines Geistersehers, erläutert durch Träume der Metaphysik", 같은 책.

25 Constantin Rauer, *Wahn und Wahrheit: Kants Auseinandersetzung mit dem Irrationalen*, Berlin, 2007.

크 시민들의 커다란 관심의 대상이었지. 나의 친구 요한 게오르크 하만Johann Georg Hamann, 1730~1788을 비롯한 여러 사람이 그 광인에 대한 감정서를 써달라고 부탁하기에 내가 짧은 글을 써준 적이 있었어.

[칸트 선생이 간략히 언급한 이 인물에 대해서는 보충 설명이 필요하겠다. 여기에서 말하는 '염소 선지자'란 1764년 2월 쾨니히스베르크에 모습을 나타낸 폴란드인 얀 파브리코비치 코마르니키Jan Pawlikowicz Komarnicki, 1849~?를 지칭한다. 철학자로서는 칸트 계몽주의의 강한 비판자이면서 또한 칸트 선생의 친구이기도 했던 하만은 자신이 발행하던 『쾨니히스베르크 학자와 정치 신문Königsberger Gelehrten und Politischen Zeitungen』 1764년 2월 27일자에 이 인물에 대한 기사를 상세하게 실었다. 하만에 따르면 약 50세 정도로 추정되는 코마르니키는 여덟 살배기 남자아이와 소 14마리, 양 20마리, 염소 46마리를 데리고 쾨니히스베르크에 출현했다. 성경 구절이 빽빽하게 적힌 종이를 붙여 만든 외투 아래에 가공하지 않는 동물 가죽으로 맨몸을 덮고 있던 코마르니키는 아직 추운 계절인데도 맨발이었고 전혀 다듬지 않은 턱수염을 기르고 있었다. 소 몇 마리가 끄는 작은

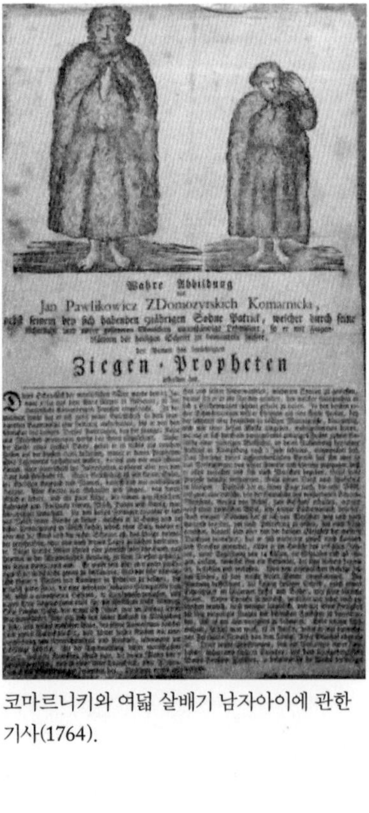
Wahre Abbildung
Jan Pawlikowicz ZDomozyrskich Komarnicki,
Ziegen · Propheten

코마르니키와 여덟 살배기 남자아이에 관한 기사(1764).

수레를 타고 다니면서 자신이 몰고 다니는 양의 젖으로 만든 우유와 버터로 끼니를 때웠고, 아주 특별한 종교 축일에는 그중 한 마리를 잡아 고기를 먹었는데 오른쪽 어깻살과 가슴살만 먹고 나머지는 다른 사람들에게 나누어주거나 태워버렸다. 코마르니키는 늘 성경을 들고 다녔는데 자신에게 다가오는 사람들에게 이런저런 성경 구절을 종종 암송해주었다. 하만은 이 인물에 대해, 처음에는 소화 장애와 위경련을 치료하기 위해 시작한 20일 동안의 단식 중 여러 번 예수를 보는 체험을 했고, 그것이 계기가 되어 유럽을 돌아다니며 7년짜리 순례를 행하고 있다고 전한다. 칸트 선생이 이야기한 감정서는 하만의 요청에 따라 선생이 코마르니키, 그리고 코마르니키가 데리고 다니는 여덟 살배기 남자아이를 관찰하고 쓴 짧은 글[26]을 가리키는 것으로, 같은 날짜의 신문에 실려 있다.]

나 그 글을 읽어보니 선생님께서는 코마르니키와 같이 있던 여덟 살배기 아이를 "교육이 가져다주는 노예적 품성Knechtschaft의 영향을 받지 않았고", 자유롭게 태어나 자유롭게 성장한 사람이 그러하듯 "거리낌 없이 움직이고 있다"는 점에서 루소가 이야기한 '고귀한 야만인'의 특성을 갖추고 있는 아이라고 말씀하셨더군요. 그런데 어떤 사람들이 그 아이에게 돈을 요구하는 일과 군것질을 가르쳐서 타락시켰다는 언급도 덧붙이셨고요. 그렇다면 선생님께서는 자연 상태에 대한 루소 선생의 생각을 그대로 받아들이고 계시는 건지요?

26 이상의 내용은 Hg. Felix Gross, *Immanuel Kant: Sein Leben in Darstellungen von Zeitgenossen*, Beilagen I, 84~85쪽.

칸트 루소는 내가 특별히 존경하는 철학자라네. 루소 선생은 나에게 인간의 존엄성과 인류의 가치를 깨닫게 해준 인물이지. 특히 루소 선생의 『에밀』이 독일어로 출간된 해에는 그 책을 읽느라, 하루도 빼놓지 않고 다녔던 산책을 며칠 동안 거르기까지 했을 정도지.[27] 나는 루소 선생에게서 인간은 자연적으로 주어진 조건에서만 살아가며 타고난 본능과 경향에 의해 규정받는 존재가 아니라 스스로 설정한 이상적 목표를 지향하는 존재라는 생각을 받아들이게 되었지.[28] 그런데 루소 선생은 그러한 인간의 본성에서, 다시 말해 동물처럼 자연에 의해 '생성된 그대로' 살아가는 대신 '자기 자신을 스스로 만들어나가는' 인간 존재의 완성 가능성에서 원초적 자연 상태로부터 인간 문명이 결별하게 된 불행의 원인을 찾았지. 하지만 나는 이것을 상실이라고 보지 않네. 주어진 자연적 조건에 머무는 대신 자연적이고 동물적인 본성을 인간적인 것으로 완성해나가게 해주는 인간의 자유와 이성의 가능성은 오히려 우리가 적극 발양해나가야 할 능력이지. 자연적 본성을 극복하는 인간의 자기 발전 능력만이 도덕적이고 이성적 원리를 따르는 시민적 공동체의 건설을 가능하게 하니까.

나 하지만 선생님께서는 「머리의 병에 대한 시도」[29]에서 '자연 상태의 인간'과 '시민 상태의 인간'을 대비하면서, 자연 상태의 인간들

27 Karl Vorländer, *Immanuel Kant: Der Mann und das Werk*(1924), Zweites Kapitel, *Zweite Periode der Magisterzeit*(1762~1770), Äußeres Leben: Der "galante" Magister. *Wendung durch Rousseau*(1762). http://www.textlog.de/35636.html

28 Oliver Kohns, *Die Verrücktheit des Sinns. Wahnsinn und Zeichen bei Kant, E. T. A. Hoffmann und Thomas Carlyle*, Bielefeld, 2007, 49쪽.

29 *Versuch über die Krankheit des Kopfes*, in *Kant Werke*, Bd. 2. 본문 중의 표시는 이 글의 해당 쪽수다.

은 문명화한 시민사회에 사는 사람들이 겪는 온갖 종류의 머리의 병에 걸릴 일이 없었다고 이야기하셨습니다. 선생님께서 머리의 병이라고 칭한 정신적 질병들은 자연 상태의 "단순함Einfalt과 충분함Genuegsamkeit"과는 구별되는 시민적 상태의 '호사스러움Ueppigkeit'에 그 원인이 있다(A 29)고도 지적하셨고요. 그렇다면 선생님께서는 머리의 질병이란 인간이 자연 상태에서 떨어져 나와 문명과 사회를 이룸으로써 생겨난 일종의 문명사회의 질병이라고 보고 계시는 것은 아닌가요?

칸트 그건 맞는 말이네. 자연 상태는 오늘날 우리가 알고 있는 온갖 머리의 병이 생겨나지 않은 상태야. 무엇보다 그것은 자연 상태의 인간들이 동물적 수준의 단순한 삶의 욕구에 만족하고 있었기 때문이지. 그런 단순한 욕구를 충족하기 위해서는 고도의 오성이나 판단력이 필요하지 않았을 테니까 말이야. 우리가 사는 시민사회에서와는 달리 자연 상태의 인간들은 다른 사람들의 평가에 신경을 쓰고 그들에게 높게 평가받기 위해 애를 쓸 필요도, 그로 인해 들뜨거나 실망할 일도 없었지. 그렇기에 이 상태에서는 그 자체로 경멸할 만한 정념인 '자만심Hochmut'이나 '욕심Geiz'(A 18)이 생겨나지 않았을 테고 이성의 원칙이 전도됨으로써 나타나는 '어리석음Narrheit' 같은 머리의 질병도 없었던 거야. 자신의 단순한 삶의 욕구를 충족시키는 데 불필요한 물건들의 가치를 알지 못했을 것이기에 '탐욕Habsucht'도 없었고(A 29), 살아가는 데 필요한 일상적 감각에 완전히 점령되어 있었기에 일상적인 감각을 넘어 있지도 않은 것을 지각하는 환각증Phantasterei이나 전도顚倒, Verrückung가 생겨날 이유도 없었고, 복잡한 판단의 필요성도, 또 사람들과의 복잡한 사회관계도 없었을 것이기에, 시장에 모인 사람들이 자신을 공격한다고 여기거나, 실은 자신을 조소하는 것을 경탄

하고 있다고 여기는 '당착撞着, Wahnsinn'(A 28)도 없었다고 보아야 지.[30] 더구나 요즘 사람들과는 달리 육체적으로도 자유롭고 늘 움직이는 건강한 상태였기에 소화 장애 등의 육체적 허약함에서 기인해 "기억, 이성, 감각 능력 자체가 무력"한 상태에 빠지는 정신 박약Blödsinnigkeit 같은 병(A 22)에 걸릴 일도 없었을 게 분명하지. 하지만 그렇다고 해서 머리의 병에서 자유로운 이러한 자연 상태가 오늘날 우리의 시민사회적 상태보다 더 좋고 바람직한 상태였을까? 결코 그렇지 않다네. 자연 상태의 인간들이 이런 병을 앓지 않았던 이유는 그들의 삶의 욕구가 그만큼 단순하고, 판단 능력과 이성적 수준도 그에 상응해 미성숙하고 발달하지 못했기 때문이야. 자연 상태의 인간들이 지닌 이성은 문명화한 시민사회를 살아가는 우리의 이성보다 '건강'했을지는 모르지만 그만큼 미숙하고 조야했었다는 거지.[31] 자연 상태의 인간들에게 정신적 건강함이란 그들의 둔감하고, 미분화되고, 낙후된 정신의 필연적 귀결이지, 루소의 영향을 받은 우리 시대 몇몇 사상가가 생각하듯 '고귀한' 상태이거나 그렇기에 우리가 모방하고 전범으로 삼도록 노력해야 할 대상이 아니라는 말이야.

나 '머리의 병'이 시민사회적 공동체에서 살아가는 우리의 삶의 조건에서, 그리고 여기에서 살아가기 위해 요구되는 더 많고 복잡한 이성 능력의 사용에서 생겨난 것이기는 하지만 그렇다고 그런 자연 상태가 문명화한 시민사회보다 더 좋은 상태, 그래서 우리가

30 "Wahnsinn"은 보통 '광기'라고 번역되는 독일어이나, 칸트에게서는 그것과는 다른 맥락에서 사용되기에 '당착'이라고 옮겼다.

31 Oliver Kohns, *Die Verrücktheit des Sinns: Wahnsinn und Zeichen bei Kant, E. T. A. Hoffmann und Thomas Carlyle*, Bielefeld, 2007, 51쪽.

이상화하거나 갈망할 만한 것은 아니라는 말씀이시지요? 그렇다면 머리의 병이란 시민사회와 좀 더 발달한 이성적 능력의 대가로 우리가 감수하고 받아들여야 할 것이라는 말씀이신가요? 그것은 이성의 시대를 살아가는 우리가 떠맡아야 할 숙명 같은 것인가요?

칸트 숙명Schicksal은 내가 좋아하지 않는 단어야. 대신 나는 이 세계의 '목적Zweck' 또는 자연의 '의도Absicht'라고 말하겠네. 이 세계가 어디로 나아갈지, 인류가 결국 어떻게 귀결될지 우리는 알 수 없다네. 우리가 알 수 있는 것은 감각을 통해 매개된 가능한 경험 세계일 뿐, 그런 목적이란 우리가 파악할 수 있는 현상들의 연쇄 안에서는 찾을 수 있는 것이 아니기에 말일세. 그런데 우리가 경험하는 현상 세계가 세계의 전부가 아니라 '세계 그 자체Ding an sich'가 우리에게 드러난 모습에 불과하다는 점을 생각한다면, 우리는 경험 세계의 배후를 이루는 세계 그 자체가 무언가 더 높은 원리에 따라 움직이고 있을 가능성을 결코 배제할 수 없네. 자연에 인과성이 존재한다는 것, 아름다운 대상이 우리에게 즐거움을 가져다준다는 사실, 나아가 인류의 역사가 동물적인 삶에서 이성적인 시민 공동체로 이행해왔다는 이 놀라운 사실들을 생각해보게. 신적인 '섭리Vorsehung'라고 부를 수 있을 어떤 목적이나 의도가 작동하지 않고서 이것이 어떻게 가능했겠는가 말일세. 오늘날의 우리가 자연 상태에는 없었던 머리의 병을 갖게 되었지만 또한 우리에게는 그 병을 치료하고 극복할 수 있는 이성적 능력이 마련되어 있다는 사실에서도 이러한 섭리를 감지할 수 있지. 이렇게 보면 머리의 병이란 어쩔 수 없이 우리가 받아들여야 하는 숙명이 아니라 이성에게 제기된, 그 이성이 해결할 수 있는 과제인 셈이지.

나 선생님 말씀은 『순수이성비판』에서 제시하신 비판철학의 이념과도 상통하는 것 같습니다. 선생님께서는 『순수이성비판』에서 이성에 의한 이성 비판 작업을 천명하셨습니다. 그것은 "이성에 대해, 이성이 하는 업무 중에서도 가장 어려운 것인 자기 인식의 일에 새로이 착수하고, 하나의 법정을 설치해, 정당한 주장을 펴는 이성은 보호하고, 반면에 근거 없는 모든 월권에 대해서는 강권적 명령에 의해서가 아니라 이성의 영구불변적인 법칙에 의거해 거절할 수 있을 것을 요구"[32]하는 것이라고 말씀하시면서요. 그런데 이성에 의한 이성의 비판 작업이란 이성이 오류의 원천이기도 하다는 인식에서 출발합니다. 어떻게 하면 이성은 오류에 빠지게 되는 것인지요?

칸트 인간의 이성은 자신이 알 수 있는 것을 넘어서까지 안다고 주장할 때 오류에 빠지게 되어 있어. 지성을 통해 인식할 수 있는 영역은 우리가 경험을 통해 접근할 수 있는 경험적 인식의 대상들인데, 경험적 인식에 대해서만 타당성을 갖는 지성 인식의 요소와 원리를 그것을 넘어선 대상 일반에까지 적용하려 한다면 거기에서 독단과 오류가 생겨나기 마련이지. 예를 들어, 신이 존재하는지 아닌지, 자연에서 일어나는 모든 일이 인과적으로 관계 맺는지 아닌지 등의 질문들은 경험적 인식을 통해서는 결코 대답할 수 없는 것들이야. 그런데도 이전까지의 형이상학은 그것들이 지성을 통해 알 수 있는 것인 양 그에 대해 규정적 답변을 내려왔지. 우리는 과거의 형이상학자들처럼 신적인 섭리가 세계를 지배한다고 확언할 수는 없어. 우리로서는 확증할 수 없는 그런 주장들은 이성을 다시 사변적 오류에 빠뜨릴 뿐이야. 비판철학을 통해 내가

32 임마누엘 칸트, 『순수이성비판』, 백종현 옮김, 아카넷, 2007, A XI, 168쪽.

하려는 것은 무엇보다도 이러한 이성의 잘못되고 월권된 사용을 비판하고 이성이 알 수 있는 것과 알 수 없는 것 사이의 경계를 분명하게 하려는 것이네.

머리의 병에 대하여

나 그렇게 본다면 '머리의 병'에 대한 선생님의 논의도 넓은 의미에서는 이성을 통한 이성의 수정과 극복 작업이라 볼 수 있을 것 같습니다. 머리의 병이 시민사회적 공동체로의 발전과 거기에서 발생한 복잡한 판단력의 요구에서 생겨난 이성 자체의 병리적 귀결이라면 선생님께서는 머리의 병의 치료와 극복을 지향하시니 말이지요. 이제 머리의 병에 대해 좀 더 자세히 질문해보겠습니다. 선생님께서는 머리의 병을 '정념Leidenschaft'이나 '경향성Neigung'에 의해 생겨나는 것과 육체에 근원을 두고 있는 것으로 구분하셨습니다. 지성으로 제어하거나 유도하기 힘들 정도로 강해진 정념—"정념으로서의 사랑verliebte Leidenschaft"이나 "명예욕Eherbegierde"과 같은—들 때문에 생겨난 "우둔함Torheit"과 "어리석음"이라는 심의Gemüts의 장애가 전자에 속한다면, 실재하지 않는 것을 경험하는 "전도", 지성적 판단력 장애에서 생겨나는 "당착", 논리적 이성 능력의 장애인 "허황虛荒, Wahnwitz"을 후자에 속하는 머리의 병으로 분류하셨습니다. 이 가운데 어떤 것들은 제가 사는 시대의 정신의학에서도 여전히 중요한 정신병 증상으로 인정되고 있는데[33] 이 병들에 대해 좀 더 자세히 설명해주시겠습니까?

33 C. Rauer, *Wahn und Wahrheit*, 87쪽 이하.

칸트 전도란 있지 않은 것들을 있는 것처럼 경험하는 것으로, 자네들이 사용하는 용어 중 가장 가까운 것을 고르자면 환각Halluzination에 해당할걸세. 원리적으로 이는 감각이 촉발한 것 이상을 만들어낼 수 있는 우리의 상상력Einbildungskraft에 근거하고 있지. 물론 상상력은 우리의 인식 작용에 없어서는 안 될 중요한 능력이네. 그 능력으로 인해 인간의 영혼은 가장 건강한 상태에도 눈앞에 없는 사물의 다양한 모습을 떠올리거나 눈앞의 사물과는 다른 표상을 만들어낼 수 있으니까. 하지만 제대로 된 인식으로 이어지려면 그 상상력의 소산물은 지성적 판단에 의해 검토되고 규제되어야 하네. 그렇지 않으면 상상력의 키메라적chimärisch 작용은 쉽사리 우리를 속이는 자기기만으로 이어지게 되니까. 이는 우리가 일상적으로도 자주 경험하는 것이네. 판단력이 잘 작동하지 못하는 순간, 예를 들어 잠에서 막 깨어났을 때 커튼이나 벽에 사람 형상이 있는 것처럼 보거나, 그림자를 칼과 창이라고 여겨 깜짝 놀라거나, 어두워질 무렵 거리 표지판을 거인이라고 보는 경우(A 24)등이 그것 아니겠나? 정상적인 사람이라면 상상력이 만들어낸 그런 허황된 그림들을 곧바로 지성적 판단에 따라 수정하겠지. 저 커튼이 있는 자리에 사람이 있을 리 없고, 거인 같은 것은 존재하지 않는다고 말일세. 그런데 확실하게 깨어 있는 상태인데도, 상상력의 환영에 속지 않을 만큼 밝은 대낮의 상황에서도 현존하지도 않는 사물들을 감각한다고 여기는 사람이 있지. 감각기관 자체에 장애가 있거나 상상력을 제어하지 못하기에 이들은 허위적인 감각으로 생겨난 것들을 실재한다고 여기는데, 바로 이들이 전도라는 머리의 병을 가지고 있는 사람들이네. 정도의 차이는 있지만 대리석의 얼룩무늬에서 고난 받는 예수의 모습을 본다는 사람들, 망원경으로 바라본 달에서 사랑에 빠진 연인의 그림자를 본다는 숙녀, 혹은 거기에서 교회의 첨탑을 본다고 믿는 목사들처럼 세상

만물에서 어떤 기호를 본다고 믿는 '공상가Phantast'도 넓은 의미에서 여기에 해당한다네. 분명히 깨어 있는데도 마치 꿈속에 있듯이, 건강한 사람은 아무도 볼 수 없는 것을 있는 것처럼 보기 때문에 나는 이런 사람들을 "깨어 있는 꿈꾸는 자Träumer im Wachen"(A 23)라고 부르지.

나 선생님 철학의 근본원리는 우리의 세계 인식은 근본적으로 경험에 근거하지만 경험을 통해 우리가 얻은 인식은 결코 세계 그 자체로 간주되어서는 안 된다는 것입니다. 그렇다면 "깨어 있는 꿈꾸는 자"가 경험하는 것과 정상인이 경험하는 것은 그것이 대상 자체와 합치하느냐 합치하지 않느냐 하는 관점에서 확인할 수 없다는 점에서는 동일한 인식론적 지위를 갖지 않습니까? 그런데도 그런 사람들의 지각과 표상을 '꿈'이라고 말할 수 있는 근거는 어디에 있습니까?

칸트 그런 종류의 표상에는 상호 주관성이 결여되어 있기 때문이야. 누군가가 프랑스의 숲에서 하이에나를 보았다고 한다면 그건 프랑스의 숲에 아프리카에 있는 맹수가 돌아다닐 리 없다는, 상호 주관적으로 검증 가능한 지성적 사유와 들어맞지 않지(A 91, 92). 그렇기에 우리는 그런 표상을 허위적 감각이라 말할 수 있는 거라네. 나의 주관적 표상이 다른 주체들의 공공적 표상을 포괄할 수 있는 필연적 결과라고 생각할 수 없다면 그것은 상상력이 만들어낸, 전적으로 주관적인 것이라 여기는 것이 타당하지 않겠나? 내가 그것을 꿈이라고 말하는 이유도 여기에 있다네. 깨어 있을 때 우리는 다른 사람들과 공유하는 상호 주관적 세계를 가지고 있지만 잠이 들어 꿈을 꾸는 동안에는 자신만의 세계에 빠져 있으니까(A 60). 이러한 점에서 전도를 특징짓는 유일하고도 보편적인 특징은 공통감sensus communis의 상실이라고 말할 수 있지. 어떤 사람이 밝은 대낮 책상 위에서 곁에 있는 다른 사람들은 보지 못하는 촛불을 보거나, 다른 사람들은 듣지 못하는 목소리를 듣는다면 그 사람은 공통감을 상실하고 대신 꿈꾸는 상태의 사적 감각sensus privatus에 지배당하게 된 셈이지.[34]

나 선생님께서 스베덴보리에 대한 글에 "시령자의 꿈"[35]이라는 제목을 붙인 것도 그러한 의미에서였군요?

칸트 그렇다네. 그런데 스베덴보리의 경우는 "꿈꾸는 자"라고만 말하기에는 부족함이 있지. 스베덴보리는 "시령자"라고 불려야 하네. 왜 인고 하면, 스베덴보리가 보거나 듣는 것들은 단지 감각 능력의 장애나 허약한 지성적 판단력에서 생겨난다고만 보기에는 너무나 생생하고도 풍부하기 때문이야. 결국에는 자신의 상상력에서 나온 것일 테지만 스베덴보리는 그 그림을 외적인 장소에서, 사실적인 감각에 현상하는 대상 중에 있는 것으로 지각하고 표상하니까 말일세(A 62).

나 이야기가 자연스럽게 스베덴보리로 이어졌는데요, 선생님께서 어떤 계기로 스베덴보리에게 관심을 갖게 되셨는지 알고 싶습니다.

칸트 스베덴보리에 대한 이야기는 나의 강의를 들었던 수강생이자 친

34 I. Kant, *Anthropologie*, §50, B 151.
35 I. Kant, *Träume eines Geisterseher, erläutert durch Träume der Metaphysik*. 본문의 표기는 이 글의 해당 쪽수다.

구이기도 한 덴마크 장교에게서 처음 듣게 되었네.[36] 스베덴보리는 특별한 직위나 직업도 없지만 상당히 많은 재산을 가지고 스톡홀름에 살고 있는 인물인데, 사람들은 스베덴보리가 신에게서 부여받은 특별한 능력을 통해 영혼들과 교제하고, 영혼들이 가지고 온 사후 세계의 소식들을 듣고 전할 수 있다고들 하지. 스베덴보리의 이러한 능력을 증명하는 듯 보이는 일화들이 사람들 사이에서 회자되고 있기도 하고…….

나 어떤 일화들인지요?

칸트 첫 번째 일화는 어느 백작부인과 관련되어 있다네. 1761년 말 스베덴보리는 한 유명한 백작부인에게 초대를 받네. 그 부인은 스베덴보리의 이야기를 쉽게 믿고 빠져드는 타입이 전혀 아니었지. 오히려 백작부인은 소문을 듣고 스베덴보리가 보았다는 비전들이 헛소리라는 걸 밝히려고 스베덴보리를 불렀던 거야. 백작부인이 스베덴보리를 시험해보기 위해 다른 세계에서 소식을 얻어오라는 과제를 주었는데, 며칠 뒤에 백작부인을 깜짝 놀라게 할 대답을 갖고 나타난 거지. 놀라움을 감추지 못한 백작부인은 스베덴보리가 가져다준 대답은 살아 있는 사람에게서는 도저히 얻을 수 없는 것이었다고 밝혔지. 이 이야기가 궁중에 알려지면서 스베덴보리는 코펜하겐 전체에 이름이 알려지는 유명 인사가 되었네(A 86). 두 번째 일화는 이보다 좀 더 구체적이야. 스위스 궁정에 근무하던 네덜란드 외교관의 미망인 마담 마르테빌의 일화라

36 Hg. F. Gross, *Immanuel Kant*. 1758년 프라우라인 샤로테 폰 크노블로흐Fraulein Charlotte von Knobloch에게 보낸 칸트의 편지.

네. 남편이 사망한 직후 그 미망인은 한 금 세공사에게서 이전에 납품했던 은제 식기 비용을 완납해달라는 편지를 받게 되지. 평상시 남편의 철저한 경제생활을 잘 알고 있던 미망인은 남편이 남은 금액을 지불하지 않고 빚으로 남겨두었을 리가 없다고 확신했지만, 비용을 완납했다는 영수증을 어디에서도 찾을 수 없었던 거야. 여러 방도를 강구하던 끝에 미망인은 스베덴보리를 불렀지. 당신이 죽은 사람과 교제할 수 있다면 죽은 남편에게 이 은제 식기 비용 문제가 어떻게 된 것인지 알아봐 달라고 말이야. 며칠 뒤 스베덴보리는 그 미망인에게 사후 세계에서 가지고 온 소식을 전했네. 남편이 사용하던 책장에 부인도 알지 못하던 비밀 서랍이 있는데 그 안에 영수증이 들어 있다고. 미망인이 책장을 살펴보니까 정말 거기에 비밀 서랍이 있었고, 본국에 보낸 비밀 편지들 가운데에서 그 영수증도 발견했다는 이야기지(A 87).

나 정말 큰 반향을 일으킬 만한 일화들이군요.

칸트 그것이 사실인지 아닌지 확인할 수 있는 일화도 있네. 이 이야기는 코펜하겐에 사는 나의 친구가 직접 검토하고 전해준 것이라 믿을 만하지.[37] 1759년 말 스베덴보리가 영국에서 돌아오는 길에 고텐부르크라는 시골 도시에 갔을 때의 일이야. 저녁 때 그곳 상인들 모임에 참석했던 스베덴보리가 별안간 지금 스톡홀름의 쥐데말름에서 큰 화재가 일어났다고 이야기를 하는 거야. 그러고는 몇 시간이 지난 뒤 덧붙이기를, 큰 피해를 내기는 했지만 이제 불길이 잡혔다고 말했다네. 의아해하던 사람들을 놀라게 한 것은

37 같은 책, 90쪽. 1758년 프라우라인 샤로테 폰 크로블로흐에게 보낸 칸트의 편지.

이틀 후에 전해진 스톡홀름의 화재 소식이었지. 스베덴보리가 묘사한 그대로였거든(A 88).

나 음…… 그런데, 호기심을 자극하는 그런 이야기 때문에 선생님 같은 대철학자가 스베덴보리에게 관심을 갖게 되신 건가요? 선생님 같은 철학자가 진지하게 스베덴보리를 다루게 된 계기가 그것 때문이었다면…….

칸트 자네가 묻고 싶은 것이 무엇인지 아네. 나 역시 그 문제를 생각했으니까. 철학자라면 모름지기 많은 사람이 이야기하는 판타지, 심기증적 환상, 부모가 들려주는 동화, 수도원의 기적 등에 대해 한 번쯤 고민하게 되지. 사람들이 말하는 영靈이 등장하는 이야기의 그럴 듯함과 마음에서 솟아오르는 의심 사이에서 갈등도 해보았을 테고. 그런 이야기들을 처음부터 말도 안 되는 헛소리로 치부해버리면 중요한 문제를 간과한다는 비난을 받고, 그렇다고 그 이야기들을 반박하기 위해 진지하게 받아들여도 비웃음을 면하지 못하게 마련이니(A 82, 83). 이런 어려움 때문에 사람들은 대부분 이런 주제에는 아예 관심을 갖지 않는 길을 택하지. 하지만 진리의 모습을 하고 이야기되는 것을 무조건 이유도 없이 믿지 않는 것은, 확인해보지도 않은 채 사람들이 말하는 소문들이라면 전부 믿는 것과 마찬가지로 어리석은 선입견에 다름 아닐 것이네. 선입견을 피하기 위해 나는 사람들이 이야기하는 것에 어느 정도 신빙성이 있고, 그럴 만한 개연성이 존재한다고 가정하고 그 진리성을 충실하게 검토해보자고 마음먹게 되었던 거지(A 6).

나 네, 그러신 거군요…….

칸트 이렇게 많은 사람에게 영향을 끼친 스베덴보리의 이야기를 무조건 무시하는 것보다는 먼저 자세한 사정을 알아보는 것이 더 이성적인 태도가 아니겠는가? 그래서 처음엔 코펜하겐 친구를 통해 스베덴보리에게 나의 질문을 담은 편지를 전하려 했지. 그런데 그 친구가 내가 직접 편지를 보내는 게 좋겠다고 해서 스베덴보리에게 내가 직접 편지를 보냈네.[38] 한참을 기다려도 답장이 없기에 스톡홀름에 주재하게 된 영국인 외교관 친구에게 한번 알아봐 달라고 부탁했지. 그런데 스베덴보리가 나의 이야기를 전한 그 친구를 아예 자기 집으로 초대했던 거야. 그 친구는 스베덴보리가 이성적이고 친절하며 개방적인 남자라는 인상을 받았다네. 스베덴보리는 그 친구에게, 자신은 영혼들과 접촉할 수 있는 특별한 능력을 부여받았다고 했네. 내가 보낸 편지도 받았고 조만간 런던에서 출간할 책에서 그 문제에 대해 다룰 것이라고 했지.[39] 그래서 스베덴보리의 책 『천국의 비밀Arcana caelestia』이 출간되자마자 7파운드나 되는 돈을 써서, 두터운 분량으로 여덟 권이나 되는 그 책을 구입해(A 113) 읽게 된 것이지.

나 선생님께서 직접 스베덴보리와 접촉을 시도하셨다는 사실이 놀랍습니다. 스베덴보리의 책을 읽어보신 소감은 어떠신지요?

칸트 스베덴보리는 자신이 일종의 수면과 각성의 중간 상태일 때 육체에서 벗어나 영들을 만나고 영의 세계를 방문한다고 주장하네(A 101). 스베덴보리는 이 책에서 자기가 듣고 본 영의 세계에 대

38 이상의 내용은 같은 책, 87쪽.
39 같은 책, 90쪽.

해 전하고, 그 점에 의거해 성서에 담겨 있는 비밀스러운 의미를 해명하려 하지. 내가 관심을 갖는 부분은 그 책의 많은 부분을 차지하는 황당한 논변이 아니라 스베덴보리가 직접 듣고 보았다는 audita et visa 영의 세계에 대한 이야기들이라네. 우리가 그 진위를 밝힐 수 없는 초경험적인 것들을 경험했다고 주장한다는 점에서 그것들은 인식과는 무관한 의미 없는 이야기들Unsinn(A 98)이라고 말할 수 있지. 넓은 의미에서 보자면 그것은 지성에 의해 제어되고 수정되지 않은 상상력의 산물로, 예를 들어 대리석 무늬나 종유석, 기왓장, 세례대와 오르간 모양에서 성聖가족을 보거나 성에가 낀 창문에서 동물의 모습과 세 겹으로 된 왕관 따위를 발견한다는 사람들처럼 무언가를 보기 전에 이미 머릿속을 그것들로 채우고 있는 사람에게만 보이는 것(A 97)들이지. 그런데 주목할 만한 것은, 밋밋한 문체로 스베덴보리가 펼쳐 보이는 영의 세계가 광신주의적 직관fanatischem Anschauen에서 나온 것으로 보인다는 것이야. 다시 말해 그것은 적어도 사람들을 현혹하려는 의도에서 지어낸 허황된 이야기만은 아닌 것 같다는 거지. 스베덴보리는 자신이 그 세계를 직접 보고 들었다고 확신하면서, 세상에 알려야 한다는 종교적 의무감에 가득 차 있다네. 그런 점에서 스베덴보리는 지금까지 그 누구보다 최고의 공상가Phantasten인 셈이지(A 84, 85). 나아가 스베덴보리가 펼쳐 보이는 사후 세계의 모습에는 그 대상에 대해 이성의 꼼꼼한 사변이 만들어낼 수 있는 것과 놀랍게도 일치하는 것(A 97)이 담겨 있네. 이러한 점에서 스베덴보리의 책은 오늘날 잡지들을 가득 채우고 있는 생각 없는 장황설들보다 중요하게 여겨져야 마땅하지(A 99).

나 스베덴보리가 말하는 영의 세계에 대해 조금 소개해주시겠습니까?

칸트 스베덴보리에 따르면, 모든 인간은 스스로는 감지하지 못하지만 동일한 정도로 영의 세계와 연결되어 있네. 그 자신은 신으로부터 내밀한 내면이 열리는 축복을 받아서 영의 세계와 지속적인 교류를 갖고 또 그 세계를 의식할 수도 있다고 말하지. 스베덴보리는 인간의 기억을 외적 기억과 내적 기억으로 구분하는데, 외적 기억이 가시적 세계에 속하는 개인으로서 갖는 기억이라면, 내적 기억은 영적 세계와의 관계 속에서 갖게 되는 기억이라네. 스베덴보리는 이 내적 기억에는, 외적으로는 사라져버린 듯 보이는 우리의 모든 표상이 보존되어 있다고 말하네. 한 인간의 영혼에 수용되었던 모든 감각과 생각, 심지어 그 자신에게도 숨겨져 있던 모든 것은 결코 상실되지 않고 전부 남아 있다는 말이지. 바로 그렇기에 내적 기억은 그 인간이 죽은 뒤에도 자신의 삶의 전부를 보여주는 완벽한 책이 된다네. 영은 다른 영의 기억에 있는 표상을 읽을 수 있다고 하는데, 그래서 이 영들은 스베덴보리의 기억 속에 있는 스베덴보리의 세계에 대한 표상들을 볼 수 있고, 거꾸로 스베덴보리 역시 다른 영들의 기억 속에서 거울을 들여다보듯 사후 세계의 기적들을 볼 수 있다는 것이지(A 101~104). 나아가 모든 인간의 영혼은 지상에서 살아가는 동안에도 영계에 자신의 자리를 가지고 있다네. 영혼들은 그 내면 상태에 걸맞은 특정한 공동체에 속해 있는데(A 104), 영혼들이 영계에서 서로 맺는 관계는 물질적인 현세의 공간과는 무관하기 때문에 인도에 사는 사람의 영혼이 유럽에 사는 사람의 영혼과 더 가깝기도 하고, 육체적으로는 한 집에 거주하는 사람들의 영혼이 영계에서는 서로 멀리 떨어져 있는 경우도 많다네. 스베덴보리는 인간이 스스로의 머리로 생각하고 스스로의 의지의 산물이라 여기는 것은 사실상 이 영계 공동체에 속하는 다른 영혼들이 인간의 영혼에 작용해서 생겨난 것이라고 말하네. 인간이 그 점을 알아차리지 못할 뿐이라는 거지.

그 인간이 죽더라도 영혼이 영계에서 차지하고 있던 위치는 변하지 않는다네. 스베덴보리는 이 영들의 공동체에서 영혼들과 대화를 나누고, 영혼들의 기억 속에 있는 과거를 읽고, 자기 육체의 눈으로 이들의 모습을 본다고 주장하네. 그렇게 함으로써 다른 지역의 사람은 물론, 지구에서 멀리 떨어진 곳의 생명체와도, 심지어 토성의 거주인과도 소통할 수 있다는 거지(A 105, 106).

나 스베덴보리의 이야기를 듣다 보니 20세기 초 또 한 명의 유명한 시령자 다니엘 파울 슈레버가 생각납니다. 저를 흥분시키는 사실은 스베덴보리가 보았다는 영의 세계가 슈레버의 망상 체계에 등장하는 생각들과 무척이나 흡사하다는 것인데요, 영혼들과의 교제, 자신의 모든 생각과 느낌, 그 어느 것도 사라지지 않고 다 기록되는 기록 시스템, 죽은 영혼을 흡수함으로써 그 신경에 있는 모든 표상을 받아들이는 신의 광선, 천상에 있는 영혼들의 공동체 등이 다 그렇습니다. 제가 사는 시대에는 이런 시령자들을 분열증자라고 부르는데, 시령자들이 이렇게 유사한 생각을 하게 되는 이유가 무엇일까요? 정상인들에게는 감추어져 있는 어떤 신비스러운 내적 구조가 정말 존재하는 것일까요? 아니면 슈레버의 망상 체계는 스베덴보리의 책에서 영향을 받은 것일까요? 그렇다면 슈레버가 말하는 것은 엄밀하게 보자면 광기 이념, 즉 망상이 아니라 초감성적 이성 이념은 아닐는지요? ……앗, 선생님, 갑자기 무척 피곤해 보이십니다.

칸트 스베덴보리 같은 가공할 만한 광신자의 광폭한 망상과 사후 세계에 대한 묘사를 설명하려니 사실 많이 피곤하다네(A 111, 112). 더구나 계몽의 과제가 달성되었어야 할 20세기에도 여전히 스베덴보리 같은 시령자가 출현한다니 나로서는 더 힘이 빠지는 일이

군. 자네가 말한 슈레버라는 인물은 이러한 종류의 이야기를 공공적으로 행하는 것이 얼마나 위험할 수 있는지 보여주는 대표적인 사례인 듯하네. 분더캄머에 기형적으로 태어난 동물 박제를 수집해놓은 수집가들은 아무에게나 자신의 수집물을 보여주어서는 안 되는 법일세. 그 흉측한 기형 동물들이, 예를 들어 임산부들에게는 심각한 인상을 남길 수도 있으니까 말이야(A 113). 마찬가지로 스베덴보리가 말하는 종류의 초경험적 판타지들은, 비이성적이고 환상적이며 말도 안 되는widersinnige 미신을 믿는 사람들에게는 분명 반계몽적인 영향을 끼칠 것일세. 계몽된 시대는 아니지만 그래도 계몽의 시대라 부를 수 있는[40] 오늘날에도 지적으로 진지한 사람들조차 인과적 관련성이 없는 사물들이 신비스러운 영향을 주고받는다는 공감론을 믿고, 손가락 사이에 잡고 있으면 저절로 흔들린다는 소원 나뭇가지Wünschenrute로 점을 치고, 여자의 달거리가 짐승과 동물들에게 영향을 미친다고, 임산부는 특별한 상상력의 힘을 갖는다고 믿고 있는(A 91, 92) 사실만으로도 무척 우려할 만한 일인데, 이런 사람들에게 스베덴보리의 거친 판타지가 미칠 영향력을 한번 생각해보게나!

나 하지만 선생님께서도 스베덴보리의 책이 갖는 가치를 인정하지 않으셨습니까?

칸트 그것은 스베덴보리가 펼치는 형이상학이 도덕 신학적 관점에서 가질 수 있는 의의 때문이었지. 죽음과 더불어 모든 것이 끝나는

40 "계몽된 시대aufgeklärter Zeitalter"와 "계몽의 시대Zeitalter der Aufklärung"의 구분은 『계몽이란 무엇인가』의 A 491을 참조할 것.

것이 아니라, 불사하는 영혼이 되돌아가는 사후 세계가 존재하고, 사후 세계가 정의롭고 이성적인 주재자에 의해 지배된다고 믿을 수 있어야만 우리가 도덕적으로 살아야 할 이유와 행복을 희망할 가능성이 생기지 않겠나? 그렇기 때문에 우리에게는, 객관적인 인식을 이루지는 않지만 주관적인 확신의 형태로 우리의 실천적 행위를 규제하는 초월적 이념과 형이상학이 필요한 것일세. 스베덴보리라는 시령자의 꿈이 그려 보이는 사후 세계는 그렇게 요청되는 형이상학을 위한 매우 꼼꼼하고 정교한 모델을 제시하고 있다는 점에서 진지하게 고찰해볼 가치가 있었던 것이지. 하지만 이러한 도덕 신학은 어디까지나 내재적으로만, 경험적 세계에서 살아가는 우리가 도덕적 책무를 완수하는 데 규제적으로만 작용하도록 쓰여야 하네.[41] 불사하는 영혼이 존재하며 죽음 이후의 세계가 있다는 믿음이 윤리적으로 살아가려는 우리에게 큰 희망을 주는 것은 사실이지만, 그 이야기를 인식의 원리로까지 받아들이고 신비주의적 열광을 가지고 대하게 된다면, 우리는 다시 비이성적이고 낡은 형이상학으로 퇴행하게 될 테니까. 그렇기에 세인들 사이에 회자되는 영에 대한 이야기들이 그렇듯, 누군가가 말하는 경험이, 많은 사람에게 일관적인 감각einstimmige Empfindungen의 법칙에 포섭되지 못하고, 감각 증거들의 무규칙성Regellosigkeit만 증명한다면, 그런 이야기들은 그만 중단시키고 듣지 않는 게 가장 안전한 방법이네(A 124, 125). 그러니 자네도 광인이니 정신병자니 하는 사람들에게 이 세계를 넘어서 있는 무언가를 찾아보려는 신비주의적 희망일랑 일찌감치 포기하는 게 좋을걸세.

41 백종현, 「순수이성비판 해제」, 칸트, 『순수이성비판』, 91~92쪽 참조.

에필로그

오랜 시간 진행된 칸트 선생과의 대화는 이렇게 끝났다. 칸트 선생은 산책을 가기 위해 모자와 지팡이를 집어 들었고, 나는 디지털 녹음기를 가방에 챙겨 넣고 21세기의 집으로 돌아왔다. 스베덴보리에 대한 칸트 선생의 언급을 빌려 말하자면 칸트 선생은 이성적이고 친절하고 개방적인 남자였다. 칸트 선생의 이성주의는 수시로 우리를 이끌어가려는 비이성과 상상력과 광기를 제어하기 위해 모든 종류의 초월적인 것을 경계했지만, 도덕적 삶을 향한 칸트 선생의 지향은 또한 우리가 사는 경험적 세계의 초월을 요청하며, 형이상학의 꿈을 꾸고 있었다. 이 두 요구는 어떻게 결합될 수 있을까. 경험과 상식의 낮은 땅과 꿈과 상상의 무한한 공간은 봉합하기 어려운 간극으로 우리 안에서 계속 분열되어 있는 것은 아닐까. 스베덴보리에 대한 글에서 칸트 선생이 적어놓은 다음의 인용문은 그 두 세계의 간극 사이에서 고민하던 칸트 선생이 스스로를 향해 던지는 다짐 같았다. 디오게네스Diogenes, BC 412?~BC 323?는 자신의 오랜 형이상학 강의에 하품을 하며 지루해하는 청중에게 이렇게 말했다.

> 여러분, 용기를 가지십시오. 저기 육지가 보입니다. 지금까지 우리는 데모크리토스Democritos, BC 460?~BC 370?처럼 아무것도 없는 공간을 방황했습니다. 형이상학이라는 나비의 날개가 우리를 이끌고 간 그 공간을. 거기에서 우리는 정신적 형상들에 대해 이야기를 나누었지요. 그런데 이제 자기 인식으로 가득 찬 힘이 비단 같은 날갯짓을 접었고 우리는 다시 경험과 상식이라는 낮은 땅 위에 내려앉습니다. 우리가 잘못을 저지르지 않고서는 나올 수 없는 이 땅이, 그럼에도 (……) 우리를 만족시켜줄 수 있는 모든 것을 갖춘 이 땅이 바로 우리에게 주어진 자리임을 바라보는 것은 행복한 일입니다. (A 116, 117)

2 '지금'을 잡으려는 손

: 바슬라프 니진스키의 글쓰기

나는 무엇을 쓸 수 있는데, 글을 쓰지 않을 이유가 없지 않은가?

—빅토르 위고, 『사형수 최후의 날』

오늘날 우리에게 전해진 광인들의 글은 생각보다 많다. 횔덜린J. C. F. Hölderlin, 1770~1843, 니체Fredrich Nietzsche, 1844~1900, 네르발Gérard de Nerval, 1808~1855 등 문학과 사상사에 이름을 남긴 광인들의 글은 말할 것도 없고, 어떤 식으로든 광기를 겪었거나 겪고 있는 사람들이 자신의 이야기를 출간한 소위 '광기의 내러티브narrative of Madness'는, 2000년대까지 영어로 출간된 것만 600여 권[42]에 달한다고 한다. 출간되지 않은 글들까지 포함한다면 그 수는 엄청나게 늘어날 것이다. 왜 이렇게 많을까? 광기와 글쓰기 사이에 어떤 내적인 연관 관계가 있는 것은 아닐까? 실제로 광인들은, 무언가를 끝없이 기록하는 경향을 종종 보여주었다. 스베덴보리는 1745년 4월 비전을 통해 "인간들에게 성경의 정신적 의미를 해명해주라"는 신의 명령을 받은 후 100여 권이 넘는 책을 썼다.[43] 몇 차례 발작 증세를 보인 후 튀빙겐에 있는 어느 목수의 집에 칩거하던 횔덜린은 종이를 넘겨주는 족족 계속 무언가를 써댔다.[44] 드레스덴 고등법원 판사회의 의장이었던 다니엘 파울 슈레버는 정신병원에서 감금 생활을

42 Alexandra L. Adame and Gail A. Hornstein, "Representing Madness: How Are Subjective Experiences of Emotional Distress Presented in First-Person Accounts?", *Humanstic Psychologists*, Vol. 34, No. 2, 2006, 135~158쪽.

43 H. Böhme und G. Böhme, *Das Andere der Vernunft*, 257쪽.

하면서도 400쪽에 육박하는 『회상록』을 집필했을 뿐 아니라, 필기도구가 허락된 1896년부터 "내 삶에서"라는 제목의 회고록과 스스로 "작은 연구"라 이름붙인 여러 권의 노트를 기록했다. 무언가를 끊임없이 쓰고자 하는 욕구가, 강렬하게 이들을 이끌고 있었던 것이다.

이러한 강박적 글쓰기, 끊임없는 글쓰기는 글쓰기에 수반하는 시간성을 극복하려는 힘겨운 투쟁이었다. 그것은 삶의 순간을 '바로 그 순간' 포착해 기록함으로써 '지금'에 붙들어두고자 하는 열망이었고, 그 '지금'의 내적 확신을 순식간에 과거의 것으로 만들어버리는 시간에 대한 저항의 몸짓이었다. 그 저항은 스베덴보리에게는, 천국과 지옥의 실상을 알려 말씀의 참 의미를 밝히고자 하는 종교적 사명감의 모습으로, 슈레버에게서는 굴욕과 위협을 무릅쓰고 자신이 체험한 진리를 알리고자 하는 순교자적 열망으로 드러난다. 그것이 글쓰기를 통해 가능하다고 생각했던 이유는, 살아 있는 동안 한 인간이 경험한 감각과 생각은 그 어떤 것도 사라지지 않고 내적 기억(스베덴보리)이나 신경으로서의 영혼(슈레버)에 보존된다고 믿었기 때문이다. 글 쓰는 광인들에게 끊임없는 글쓰기는, 어떤 경험도, 어떤 사소한 생각이나 감정도 빠져나갈 수 없는 총체적 기억으로서의 진리를 구현하려던 시도다. 이 과정에서 이전까지 문필의 역사에서 은폐되어 있던 글쓰기의 육체성과 물질성이 극적인 형태로 폭로되는데, 우리는 바슬라프 니진스키의 글쓰기에서 그 모습을 확인해볼 것이다.

44 Wilhelm Waiblinger, *Friedrich Hölderlins Leben, Dichtung und Wahnsinn: Eine Biographie*, 2014.

글쓰기의 물질성

글과 글쓰기 혹은 쓰여진 책을 둘러싼 뿌리 깊은 관념의 역사에도 불구하고 글쓰기는 결코 전적으로 순수하게 정신적인 활동인 적이 없었다. 글과 책이 지금까지의 인류 문화 속에서 향유해왔던 지위들로 인해 글쓰기가 다른 모든 인간 활동과 구별되는 무언가 특별하고 고귀한 정신적 활동으로 여겨져 오기는 했지만 실상 글쓰기는 다른 인간 활동과 마찬가지로 육체적·물질적 조건들에 의해 비로소 가능한 활동이다. 무엇보다도 글쓰기는 글을 쓰는 사람의 구체적인 육체적 행위, 예를 들어 손가락으로 펜을 붙잡고 그것을 움직여 특정한 기호를 남기는 근육 움직임에 의해서만 실현된다. 이러한 근육 움직임은 나아가 그 행위의 결과를 가시화하고 보존해주는 사물들의 표면—바위, 파피루스, 종이 등—과 그 표면 위에 물질적 흔적을 남기는 끌, 목탄, 연필, 만년필 등의 다른 사물들이 없다면 가시적으로 외화될 수 없다. 쓰여진 글을 통해 비로소 가시화되어 읽히고 전달되는 비물질적 생각과 이념은 그것이 생겨나고, 존속하게 해주는 육체적 움직임과 물질적 재료가 만나 이루어진 결과물인 것이다. 빌렘 플루서Vilém Flusser, 1920~1991는 글을 쓴다는 것이 이렇게 다양한 요소의 결합에 의해서만 생겨나는 복합적 활동이라는 사실을 알고 있는 몇 안 되는 이론가에 속한다.「글쓰기의 제스처」라는 글에서 플루서는 이렇게 말한다.

> 쓸 수 있으려면 우리에게는 무엇보다 다음의 요소들이 필요하다. 표면(종이), 도구(만년필), 기호(철자), 하나의 관습(그 철자의 의미), 규칙(철자법), 시스템(문법), 언어 시스템을 통해 기록된 시스템(한 언어에 대한 의미론적 지식), 쓰려는 메시지(아이디어)와 쓰는 행위. 글쓰기의 복합성은 그것을 위해 필요 불가결한 요소들이 이렇게 많다는 사실에서보다 그 요소들이 이렇게나 서로 이질적이라는 데에서 드러난다. 만년필은 문법, 아디이어 혹은 글의

모티프와는 다른 실재의 영역에 속한다.[45]

플루서가 지적하듯 만년필과 종이는 글의 모티프나 그 속에 담긴 메시지와는 다른 실재 영역에 속한다. 우리는 여기에, 만년필을 잡고 종이 표면 위를 미끄러지는 손의 육체적 움직임도 추가할 수 있을 것이다. 한글, 영어, 독일어 등 특정한 문자 체계는 말할 필요도 없이, 글은 그것이 기록되는 표면과 그 표면에 글을 기록할 수 있게 해주는 도구를 필요로 한다. 우리가 읽는 책의 내용이 손에 들고 있는 책의 무게, 앉거나 누워 있는 자세, 종이를 넘기는 신체의 움직임, 눈의 피로 등을 '거치고 나서야' 비로소 우리에게 도달하듯, 쓰여진 글은 손에 들고 있는 펜의 무게, 글이 쓰이는 표면의 거친 정도, 손의 육체적 피로, 표면을 긁은 펜촉의 날카로움, 글자로 남거나 흘러나온 잉크의 흔적과 같은 물질적 실재를 관통하고 나서야 비로소 생겨난다. 쓰여진 텍스트는 이렇게 서로 다른 실재의 영역에 속하는 요소들의 합작품이다. 철학자의 사상이건, 종교 지도자의 복음이건, 정치가의 야망이건 모든 글은 글을 담지해주는 물질적 질료와 글을 생산하는 육체적 행위에 의해서만 비로소 생겨나고 또 그 질료와 행위에 의해서만 사람들에게 전달된다.

대부분의 텍스트는 글쓰기가 지니는 이러한 복합적 실재성을 드러내지 않는다. 특히 활자로 찍히거나 컴퓨터로 깔끔하게 출력된 텍스트는 그것이 생겨나기까지 통과해야 했던 다양한 육체적 · 물질적 층위를 완벽하게 감춘다. 그런 텍스트에는 손이 붙잡거나, 두들기고 있던 물질적 도구는 어떤 것이었는지, 그것이 어떤 저항과 질감을 가진 표면 위에서 움직였는지, 그것을 위해 치러야 했던 손의 피로는 어떤 것이었는지가 전혀 드러나 있지 않다. 그 텍스트 속에서는, 육체적 · 물질적 저

45 Vilém Flusser, *Gesten: Versuch einer Phänomenologie*, Frankfurt am Main, 1994, 40쪽.

항들과의 대결을 통해서만 실현될 수 있었던 단어들과 문장들은 마치, 그들의 몸에 새겨져 있을 출산의 흔적 대신, 가슴에 달랑 이름표만 달고 똑같은 교복을 입은 신입생들 같다. 내용에 있어서도 인쇄된 텍스트는 그것이 완성되기까지 거쳐야 했던 육체적 · 물질적 개입들, 그 과정에서 생겨날 수밖에 없었을 중단과 실수, 수정의 흔적들을 제거한다. 우리의 손이 사물을 붙들고, 만지고, 움직이고, 소리 내고, 긁고, 부딪히면서 흘리고, 묻혔던 얼룩들을 완전히 지워버림으로써 생겨난 글은, 어떤 주저나 망설임, 실수도 알지 못하는 일관되고 확고한 저자에 의해 처음부터 끝까지 일필휘지로 완성된 순전한 정신의 창작품이라는 가상을 만들어낸다.

끊임없이 쓰기

바슬라프 니진스키의 글[46]은 이 점에서 대부분의 다른 글과 구별된다. 우리가 접하는 니진스키의 글 역시 활자로 규격화되고 인쇄되어 묶여 있다는 것은 의심의 여지가 없다. 그런데도 글을 쓰는 과정에 일어났던 우회, 훼방, 중단과 고통을 모두 기록하려는 니진스키의 글은 내용적으로나마 그 글쓰기가 통과해왔던 물질적 과정을 숨기지 않는다. 니진스키의 글에는 쓰여지는 와중에도 여전히 살아 움직이던 니진스키의 육체, 중단적이고 비일관적으로 개입해 들어오는 사물의 흔적들이 함께 기록되어 있다. 니진스키의 글에서 중요한 것은 완결된 텍스트의 내용이 아니라 손에 연필이나 만년필을 쥐고, 특정한 단어나 문장을 노트에 기입하고 있는 행동이다. 니진스키의 글에서 우리가 마주치는 것은 니

46 바슬라프 니진스키, 『영혼의 절규』, 이덕희 옮김, 푸른숲, 2002. 인용문 괄호 안의 숫자는 쪽수를 가리킨다.

진스키의 이야기보다는, 그 이야기를 하고 있는 니진스키의 육체, 필기도구, 육체의 피로, 글을 쓰는 와중에 니진스키가 관계 맺고 있던 사물들의 움직임이다. 니진스키의 글이 갖는 낯선 매력은 바로 여기에서 나온다. 이러한 종류의 진귀한 글쓰기를 가능하게 한 것은, 끊임없는 글쓰기에 대한 니진스키의 강박적 집착이었다. 니진스키는 이렇게 쓴다.

> 나는 쓰고 싶고 쓰고 싶다. 나는 말하고 싶고 말하고 싶다.
> 나는 말하기를, 말하기를 바란다. 나는 쓰기를, 쓰기를 바란다.
> 어째서 운문으로 말할 수 있을 때 운문으로 말할 수 없다는 말인가. 나는 운문 운문 리프마 리프다. 나는 압운 리프 나리프를 원한다. 그대는 리프이고 나는 나리프다. 그대는 리프 우리는 리프, 그대는 신이고 나는 신이다. 우리는 우리고 그들은 그들이다.
> 나는 그대가 잠자기를, 잠자기를 바란다고 말하고 싶고 말하고 싶다.
> 나는 쓰고 싶고 잠자고 싶다.
> 그대는 잠자지 않을 것이고 쓸 것이다.
> 나는 쓰고 쓰고 쓸 것이다.
> 그대는 쓰고 쓰고 쓴다.
> 나는 그대에게 말할 것이다.
> 그래서는 안 되는 것은 넬스야nelsja다.
> 나는 넬스야 넬스야 넬스야.
> 그대는 일리아, 일리아 가
> 일리야 가 일리야 가 일리야 구 일리야 가
> 가 일리야 가 일리야 일리야 구 일리야
> 그대에게 쓸 수 없다는 것을 그대에게 말하려 한다. 나는 그대에게 그대에게 쓴다. 나는 그대에게 그대에게 말한다. 나는 쓰고 쓸 것이다. 나는 잠자지 않고 나는 똥을 눌[47] 것이다. (310~313 번역

일부 수정)

> 나는 쓰고 싶다. 쓰는 것을 좋아하니까. 오늘은 오랫동안 쓰고 싶다. 많은 것을 말하고 싶으니까. 나는 빨리 쓰지는 못하지만 내 손은 빨리 쓴다. 지금은 한결 더 잘 쓰고 있다……. 내가 쓰고 있는 것은 무엇이나 다 나는 체험했다. 나는 손이 뻣뻣해질 때까지 쓰겠다. 나는 지치지 않았다. 그러니 계속 쓸 작정이다. (119)

말하고 싶은 것을, 쓰고 싶은 것을, 가능한 한 '오랫동안' '손이 뻣뻣해질 때까지' 쓰려는 글쓰기. 니진스키의 글쓰기에서 중요한 것은 니진스키가 쓴 글의 절대적 양이 아니라 그 글쓰기가 이루어지는 시간의 연속성이다. 니진스키는 손이 아플 때까지 일기를 쓰고, 그 와중에 일어나는 일들에 대해 생각하고, 느끼고, 사람을 만나고, 편지를 보내고는 거의 동시에 그 사건과 행동에 대해 썼다. 글을 쓰면서, 글을 쓰고 있는 그 시간 동안 니진스키는 과거를 떠올리고, 신체적 느낌을 감지하는 동시에 기록하는데, 그 와중에 기록에 참여하는 펜과 공책, 글씨체와 철자 모양, 대문자와 소문자 등 글쓰기를 구성하는 물질적 요소들도 함께 기록되었다. 그래서 식사하고, 대화를 나누며, 특정한 신체적 느낌과 고통을 감지하며 '살아가고 있는' 니진스키는, 끊임없이 '글을 쓰고 있는' 니진스키와 동일한 시간 속에 있다. 니진스키가 남긴 일기장의 글쓰기는 그래서, 니진스키의 살아가기와 거의 구별되지 않는다.

니진스키는 왜, 이런 글쓰기를 행하는 것일까? 니진스키로 하여금 그 어떤 작가도 의식적으로 시도하기 힘든 이런 글쓰기를 추동하게

47 러시아어 동사 '잠자다'와 '똥 싸다'는 "spat"과 "srat"으로, 단 하나의 철자만으로 구분된다.

〈성 요한〉, 4.5×4.2cm, 상아, 11세기 후반,
다름슈타트 헤센 주립 박물관.

한 것은 '신의 명령'이었다.

> 나는 신이 내게 명령하기 때문에 쓴다. 나는 이 책을 씀으로써 돈을 벌고 싶지는 않다. 우리는 돈을 충분히 갖고 있으니까. 나는 부자가 되고 싶지 않다. (149)

> 나는 오랫동안 쓰고 있었다. 지금쯤 밤 4시가 다 되었으리라 생각한다. 사람들이 이 시간을 아침 4시라고 한다는 것은 알고 있다. 하지만 나는 자러 가지는 않겠다. 신이 그것을 원치 않기 때문이다. 신은 내게 많이 쓰기를 바란다. (……) 손이 뻣뻣하게 되어 나는 쓸 수가 없다. 신은 내게 쓰라고 명하신다. 그가 명령한다면 나는 침대로 가겠다. 나는 그의 명령을 기다리고 있다…… (380)

니진스키는 신이 명령하기 때문에 쓴다. 글을 쓰는 니진스키의 손은 피로하고 뻣뻣하게 저려오지만, 신은 잠자러 가는 대신 계속 쓰라고 명령한다. 그래서 니진스키는 계속 쓴다. 기독교 문명에서 신의 명령에 따라 쓴다는 행위는 중요한 신학적 의미를 가지고 있었다. 신약성서라는 텍스트는 "하나님의 말씀과 예수를 증언"(「요한계시록」 1장 9절)하려는 글쓰기 행위를 통해 탄생했다. 요한과 마가, 마태와 누가라는 '복음서' 저자들을 추동했던 것은 "우리가 아는 것을 말하고 본 것을 증언"(「요한복음」 3장 11절)하려는 종교적 사명감이었다. 복음서 저자들의 집필 행위를 묘사한 그림들에는 글을 쓰고 있는 인물의 뒤쪽에 성신을 상징하는 새나 천사가 함께 등장한다. 이들의 글쓰기가 '신의 명령'을 수행하는 행위임을 의미하는 것이다. 복음서 저자들에게 글을 쓴다는 것은 신의 명령에 의해 시작되고, 신의 계시에 의해 가능한 종교적 사명이었던 것이다. 앞에서 보았던 스베덴보리에게도, 이후에 보게 될 파울 슈레버에게서도 글쓰기는, 자신이 체험한 진리를 기록해야만 한다는 종교적 사명감과 결합되어 있었다. "보고 듣는 일체의 것에 대해 말하고"(358~359)자 하는 니진스키의 글쓰기 역시 이러한 맥락과 닿아 있다. 그에게 글쓰기가 '진실'을 포착하려는 열망과 결부되어 있는 것은 이런 점에서 당연한 일이다.

> 나는 진실을 쓰겠다. 나는 졸라다. 하지만 나는 소설을 쓰는 건 좋아하지 않는다. 나는 이야기를 하고 싶지 소설을 쓰고 싶지는 않다. 소설은 감정의 이해를 방해한다. 로몰라가 소설을 좋아하기 때문에 나는 소설을 좋아한다. 내가 소설 속에서 찾는 것은 소설의 소재가 아니라 진실이다. 졸라는 소설 속에서 진실을 위장했다. 나는 위장을 좋아하지 않는다. 위장은 위선적인 원칙이다. 나는 하나의 원칙이다. 나는 진실이다. 나는 야심이다. 나는 만인에 대한 사랑이다. (210~213)

〈성 마태〉, 830년경, 에페르네 시립도서관.

나는 모든 사람이 내가 쓰는 것 모두가 조작된 것이라고 생각하리라는 걸 안다. 하지만 나는 내가 쓰는 것은 무엇이나 다 절대적 진실이라고 말하지 않을 수 없다. 왜냐하면 나는 이 모든 걸 실제로 경험했기 때문이다. 내가 쓰고 있는 것은 무엇이나 다 나는 체험했다. 나는 손이 뻣뻣해질 때까지 쓰겠다. (123)

글쓰기의 육체성과 물질성

진실을 위해 손이 뻣뻣해질 때까지 멈추지 않는 글쓰기. 순교자적 열정과 결합되어 있는 이런 글쓰기에는 우리의 사유를 자극하는 태도들이 내재되어 있다.

가장 눈에 띄는 것은, '글쓰기의 윤리'라 이름 지을 만한, 글과 삶 사이의 간극에 대한 거부의 태도다. 통상 글을 쓰는 사람은 글을 쓰는 동안은 '살지' 않는다. '밥을 먹는다'라고 쓰는 이는 밥을 먹고 있지 않다. 그는 쓰고 있다. '고통스럽다'라고 쓰는 이는 고통스러워하는 것이 아니다. 그 사람은 쓰고 있다. 쓰여진 글은, 사는 것과 그것에 대해 쓰는 것 사이의 심연을, 기묘한 방식으로 보이지 않게 만든다. 그것에 대해 쓰면 마치 그것을 산 것 같은 기이한 느낌을 준다. 트위터나 페이스북과 같은 소셜 네트워크에서의 글쓰기는 글과 삶 사이의 이 의심스럽고 음란한 공모를 가장 분명하게 드러낸다. 사람들은 자신이 본 장면, 먹은 음식, 듣고 있는 음악, 진귀한 경험을 '실시간'으로 문자로 기록해 공유한다. 하지만 정작 그 문자와 사진을 기록하기 위해, 자신이 무언가를 보거나, 먹고 마시거나, 어떤 음악을 듣는 경험에 '참여'하고 있기보다는, 자신의 경험을 '기록'하기 위해, 사진을 찍고 그 경험을 문자로 남겨 업로드 하기 위해 사실상 그 경험을 '중단'하고 있다. 엄밀히 말해서 자신이 올린 경험을 실제로 '하지 않고'는, 그 경험을 사진과 글을 통해 '연출'하고 있는 것이다. 이처럼 타임라인을 채운 사진과 문자는 이런 방식의 경험이 중단됨을 증명하는 동시에 은폐한다. 글과 삶이 갖는 이러한 이격은, 글의 진정성과 위선이라는 양극단 사이에서 우리를 표류하게 한다. 광인들의 글쓰기는 이 의심스러운 글의 공모에서 벗어나 있다. 광인들의 글쓰기는 사후적이지 않다. 광인들은 무언가가 일어나고 나서 글을 쓰지 않는다. 광인들은 자신이 말하는 것, 이야기하는 것 속에 있다. 광인들에게 글은 사후적 보고의 수단이 아니다. 마치 고통이 엄습하는 바로 그 순간에 내질러지는 비명처럼 그 고통과 함께 동시적이다.

글을 쓰는 과정과 삶을 살아가는 과정이 분리되지 않는 광인들의 글쓰기는 필연적으로, 글쓰기에 연루되어 있는 육체와 필기도구 등의 물질성을 드러낸다. 니진스키처럼 쉬지 않고, 쉴 새 없이 글을 쓰다 보면, 연필이나 펜을 쥐고 종이 표면 위를 움직여야 하는 손은 지치기 마련이다. 손뿐만이 아니다. 책상에 앉아 있기 위해 긴장해야 하는 허리, 그동안 불편하게 굽혀져 있거나 포개어져 있어야 하는 다리, 손이 쓰고 있는 동안 종이 표면 위를 함께 바라보고 있어야 하는 눈 등 글쓰기에 동원되는 우리의 신체도 함께 피로해진다. 다리는 저려오고 손은 뻣뻣해지고 눈은 충혈된다. 이러한 동시적 글쓰기에서는 글을 쓰는 광인들의 육체가 고통스러움을 내지른다. 글쓰기와 연루된 육체성뿐만 아니라 나아가 보통 글들에서는 숨겨져 있는 글쓰기의 물질성들도 비집고 나온다. 광인들의 피로한 육체가 글 속에서 모습을 드러낼 뿐 아니라, 손에 쥔 필기구가, 그 필기구로 쓰여지는 글자가, 그 글자가 쓰여지는 종이의 표면이, 삐죽, 고개를 내밀기 시작한다.

> 나는 볼셰비키가 아니다. 나는 일하는 사람이다. 누구나 일은 하지만 모든 일이 동등한 건 아니라는 걸 나는 알고 있다. 훌륭한 일은 필요한 것이다. 이 책들을 집필할 때 나 역시 일을 한다. 많은 사람이 나는 일을 하는 게 아니라 나 자신의 즐거움을 위해 글을 쓴다고 말하리라는 걸 알고 있다. 한 사람이 집필을 위해 그의 자유로운 시간을 몽땅 포기할 때 즐거움은 있을 수 없는 것이라고 나는 대답하리라. 글을 쓴다는 것이 무엇인가를 이해하기 위해선 많이 써야만 한다. 집필은 힘든 일이다. 앉아 있는 데 지치기 때문이다. 두 다리는 저리는 데다 오른손은 뻣뻣하게 된다. 눈은 상하고 공기도 부족하다. 방은 충분한 공기를 담고 있지 않기 때문이다. 이런 종류의 생활을 하는 사람들은 빨리 죽는다. 나는 밤에 집필하는 사람들은 시력이 나빠져서 안경이나 코안경을 쓰며 위선자들은 외알 안경을 쓴다는 걸 알고 있다. 나는 안경이나 코안경 혹은 오페라글라스도 쓰지 않는다. 하지만 나는 오랜 시간 집필한 뒤엔 두 눈이 충혈된다는 걸 알았다. (420~421)

글쓰기에 편입된 니진스키의 육체는 글 속에 붙들려 있다. 글을 쓰는 육체는 지치고 피로하지만, 보이지 않는 글의 외부에서 잠을 자거나 휴식하지 못한다. 진실을 위해 계속 수행되(어야 하)는 글쓰기가, 휴식을 원하는 육체를 닦달하면서 계속 글의 내부에 남아 있게 하기 때문이다. 글을 쓰면서 그 글의 내부에 붙들려 있는 육체는 육체를 통해 글 속에서 글로서 자신의 흔적을 남긴다. 지쳤는데도 계속 글을 써야 했던 손은 글쓰기를 그만두는 대신 그 자신을 글 속에 등장시킨다.

> 나는 아내에게 돈을 주었다. 아내는 내가 그녀에게 내 돈을 몽땅 주었기 때문에 나를 느낀다. 나는 뽐내는 걸 좋아하지 않는다. 그러니 돈에 대해 이야기하는 건 그만두겠다. 나는 아내와 키라를 어느 누구보다도 사랑한다. 나는 빨리 쓸 수가 없다. 내 손이 지쳤기 때문이다. (185)

> 나는 극장을 사서 무료로 공연을 하리라. 돈을 지불하고 싶은 사람들은 줄을 서서 기다릴 것이다. 돈을 내고 싶지 않은 사람들은 사랑의 토대 위에 줄을 만들 것이다. 나는 사랑의 토대 위의 줄을 원한다. 나는 부정을 볼 것인즉, 나의 통찰력은 대단히 날카롭기 때문이다. 나는 속지 않을 것이니, 그 사람에게 극장에서 떠날 것을 요구할 것이다. 부당하게 취급당한 사람들에겐 내게 오라고 말하리라. 나는 얼굴만 보아도 그 사람의 교활함을 알 수 있으리라. 나는 위대한 심리학자이기 때문이다. 나는 내가 안다는 걸 모든 사람에게 보여주리라. 내게로 오라. 그러면 알게 되리라. 나는 쓰고 싶지만 손이 지쳤다. 너무 빨리 쓰기 때문이다. (150)

보통의 경우라면 글을 쓰다 피로해진 우리는 글쓰기를 잠시 중단하고 휴식을 취할 것이다. 그 후 우리는 아무 일도 없었다는 듯 슬쩍, 이전까지 쓰여진 글의 끝으로 돌아가 그 내용을 이어갈 것이다. 하지만 이를 통해 연속되는 것은, 혹은 연속되는 것처럼 보이는 것은 쓰여진 글의 의미론적 내용일 뿐이다. 글쓰기에 동원되던 나의 눈과 목, 손의 움직임은 이미 한 번 중단되었고, 이전까지의 글쓰기와 휴식 후 다시 시작되는 글쓰기 사이에는 단절과 공백이 생긴 것이다. 일반적으로 이 단절은, 마치 아무 일도 없었다는 듯 이전까지 쓰여진 것과 이후 쓰여지는 것을 이어주는 글을 통해 감추어진다. 하지만 니진스키의 글쓰기는 그런 방식으로 이루어지는 글의 은밀한 공모를 허용하지 않는다.

니진스키의 글쓰기는 글을 쓰는 바로 그 순간 그가 경험하고, 느끼고, 생각하는 것과 떨어질 수 없이 결합되어 있다. 거꾸로 보면, 경험하고, 느끼고, 생각하는 그 순간 니진스키는 글을 쓰고 있다고 말해도 된다. 쓰기를 멈춘다면 그 순간 니진스키에게 일어나는 생각과 느낌은 쓰이지 못할 것이고, 그렇게 해서 생겨난 공백은 필연적으로 그 순간의 진실함이 아닌 인위적으로 고안된 것으로 메워질 것이다. 그렇기에 절대적 진실을 지향하는 글쓰기는 멈추어져서는 안 된다. 어떤 생각이 떠오르고, 특정한 감정이 생겨나는 한, 글을 쓰는 니진스키에게 아무리 사소한 어떤 일이라도 일어나는 한, 글쓰기는 멈출 수 없다. 그리고 이는 니진스키가 살아 있는 한 끊임없이 일어난다. 그렇기에 니진스키의 글쓰기는 원리적으로 종결될 수 없다.

이러한 사정은 니진스키의 글에 남다른 존재론을 부여한다. 니진스키에게 글은 단지 쓰여진 결과물로만 존재하지 않는다. 니진스키의 글은 쓰여지고 있는 시간 속에, 글을 쓰고 있는 순간 일어나는 생각과 감정, 그것들을 기록하고 있는 손의 움직임, 나아가 그 움직임을 관찰하고 바라보고 있는 자신에 대한 생각들 속에서만 존재한다. 쓰여진 최종 결과물만을 제시하는 텍스트에서 시간은 그 내용에 의해서만 규정된다. 소설 텍스트라면 등장인물이 겪는 사건들의 시간은 그 속에 담겨 있겠지만, 그 소설을 쓰던 작가의 시간, 예를 들어 문장을 고치고,

휴식하고, 커피를 마시고, 장을 보거나 잠을 자던 시간들은 그렇게 완성된 소설 텍스트 속에는 빠져 있다. 니진스키의 텍스트는 그렇지 않다. 니진스키의 끊임없는 글쓰기는, 하나의 완결적인 서사를 전하거나, 주장을 일관되게 펼치려는 목적에 의해 조직되고, 수정되고, 짜 맞추어진 텍스트가 아니기 때문이다. 니진스키에게 다가오는 모든 생각, 느낌, 사건, 나아가 그것을 지금, 글로 쓰고 있다고 하는 자기의식까지 포함한 모든 것을 기록하는 수행적 글쓰기에서 글을 쓰는 시간은, 그 속에서 이루어지는 손의 움직임, 감정, 신체적 느낌을 통해 쓰여진 텍스트 속으로 옮겨진다. 그렇기에 글을 쓰는 순간에도 계속 움직이고, 지각하고, 감각하면서 감각되는 니진스키의 신체 부분, 예를 들어 간지러운 코가 글 속에 등장한다는 것은 놀라운 일이 아니다.

> 나는 생각 없이 쓴다. 나는 무엇인가가 나를 간질이고 있다는 생각을 하면서 내 코를 긁었다. 하지만 나는 신이 내가 내 노트를 고칠 수 있도록 고의로 이렇게 했다는 걸 깨달았다. (168)

> 예술가들은 모두 느낀다고, 왜냐하면 느낌이 없이는 연기를 할 수 없다고 사람들은 말할 테지. 거기에 대해 나는 이렇게 대답해야겠다. 모든 예술가들은 느끼기는 하지만 예술가들 모두가 잘 느끼는 건 아니라고…… 나는 코 속에서 머리카락이 움직이는 걸 느끼기 때문에 코를 긁고 있다. 나는 신경이 머리카락을 움직이게 한다는 걸 알았다. 나는 곧잘 신경과민이 되곤 하기 때문에 머리 위엔 머리카락이 없는 것이다…… (451)

글을 쓰는 니진스키는, 지금의 순간을, 자신의 삶에서 일어나는 삶을, 심지어 자기 자신 속에서 일어나는 순간적인 감정과 생각을 모두, 투명하게 기록하고 싶어 한다. 이러한 점에서 니진스키의 글은 스베덴보리가 꿈꾸었던 투명한 소통의 이상을 좇는다. 어떤 물질적 제약도 받지 않는 천사의 언어는 말하는 그대로, 생각하는 그대로 다른 천사들에게 그 즉시, 곧바로 전달될 수 있었다. 하지만 인간의 소통은 음성을 울리는 목을, 글을 기록하는 손의 움직임을, 그 손의 움직임을 따라 흔적을 만들어내는 펜과 종이를 필요로 한다. 비물질적인 천사의 언어가 지향하는 투명한 소통에의 이상을, 물질에 의존되어 있는 인간의 소통 매개를 통해 추구하려던 니진스키의 시도로 인해, 여기에서 글쓰기는 치명적 긴장감을 드러내 보인다. 생각의 흐름을 단절하고, 늦추고, 다른 곳으로 방향을 돌리게 하는 것은 손의 느린 속도뿐만이 아니다. 육체와는 다른 실재에 속하지만, 글쓰기의 또 다른 물질적 요소인 필기도구들이다. 예를 들어 질 나쁜 만년필은 이렇게 모습을 드러낸다.

> 나는 나의 만년필을 이해한다. 나는 만년필의 습성을 알고 있다. 그래서 나는 한층 나은 만년필을 발명할 수 있는 것이다. (……) 나는 눌러 쓰는 걸 좋아하지 않는데 만년필은 압력을 좋아한다. 나는 연필로 쓰는 것에 습관이 되어 있는데 그건 연필이 나를 덜 지치게 하기 때문이다. 만년필은 눌러 써야 되기 때문에 손을 지치게 한다. 나는 누르지 않아도 되는 만년필을 발명하겠다. 만년필의 압력은 글씨를 아름답게 쓰지 못하게 한다. 따라서 만년필엔 압력이 있으면 안 된다. 압력은 집필을 방해한다. (228)

> 나는 신을 이해하기 시작하고 있다. 나는 일체의 움직임은 신으로부터 유래함을 알고 있다. 그래서 나는 '그에게' 도움을 청하고 있는 것이다. 이 펜으로는 쓰고 싶지 않다. 펜이 망가지고 있으니까. 이건 종이를 긁는 데다 뜯어먹기까지 한다. 이 펜은 못쓰게 되었다. 내가 그걸 수리하고 있는데 더 나아지지 않고 있으니 말이다. 취리히에서 다른 펜을 찾아보겠다. 나는 보통의 잉크와 보통

> 의 펜을 구하겠다. (……) 나는 화가 나진 않지만 유감스럽게 생각한다. 만년필은 비싼 것이기 때문이다. 누구나 좋은 만년필을 갖고 싶어 한다는 건 알고 있다. 나는 나의 실수를 알게 되었다. 나는 펜 끝으로 쓰겠다. 펜 끝은 뭉툭하게 되었으므로 한결 잘 쓸 수 있으리라는 걸 알았으니 말이다. 나는 금이 종이보다 단단하다고 생각했는데 종이가 더 단단한 걸로 판명되었다. 나는 뾰족해진 끝으로 쓰기 시작했다. (460)

이윽고, 공책의 표면이 아내와의 싸움을 기억하고 기록하는 것을 중단하면서 자신을 주장하고 나서기도 한다.

> 어제 나는 아내의 개선을 위해 그녀와 싸웠다. 나는 화가 난 것은 아니었다. 나는 그녀 속에서 나에 대한 사랑을 불타오르게 하려고 그녀를 화나게 한 것이지 분노 때문에 그런 것이 아니었다. 나는 지구와 사람들을 불타오르게 해서 그들이 소멸되지 않도록 하고 싶다. 과학자들은 지구와 인간들을 소멸시킨다. 이 공책에다 쓰는 것은 불편하다는 걸 알고 있지만 그래도 나는 쓰고 있다. 종이를 써 버리는 것은 아까운 일이라고 생각하기 때문이다. 만약에 사람들이 서로에게 연민을 느낀다면 삶은 훨씬 오래 지속되리라는 걸 나는 알고 있다. (388~390)

이번에는 잉크가 아내에 대한 감정이 진행되는 것을 훼방하면서 말썽을 부린다.

> 로물라는 내 아내의 이름이다. 아내는 이탈리아식 이름을 가졌다. 그녀의 부친인 카롤리 드 풀츠키는 뛰어난 지성을 지닌 분으로 지난 세기의 이탈리아를 사랑했기 때문이다. 나는 지난 세기

들을 좋아하지 않는다. 나는 살아 있기 때문에 이 잉크를 가지고는 도저히 쓸 수 없다. 내가 그걸 느끼지 못하기 때문이다. 나는 늘상 연필로 써왔기 때문에 연필이 좋다. 대체 내가 왜 만년필을 집었는지 모르겠다. 나는 연필로 잘 쓸 수 있는데 말이다. 내 필적은 매력적이지 못하다. 내가 만년필을 이해하지 못하기 때문이다. (……) 나는 만년필 따위는 싫다. 편리하지 않으니까. 나는 내 것을 가지고 계속 쓰겠다. 이것은 아내에게서 크리스마스 선물로 받은 것이기 때문이다. (145~146)

행동하기와 글쓰기

나는 많이 먹었기 때문에 두통을 느끼고 있다. 나는 아내의 어머니가 나를 인색하다고 생각하는 걸 원치 않기 때문에 많이 먹었던 것이다. (……) 나는 병이 난 것 같다. 토하고 싶은 데다 약간의 두통까지 겹쳤다. 오늘밤은 많이 먹지 않겠다. 그러면 아침엔 다시 기분이 아주 좋아질 테지. 내일 아침 6시 이후 어느 땐가 나는 취리히로 갈 것이다. 그러니 좀 더 일찍 잠자리에 들겠다. (433~434)

앞의 문장에서 우리는 니진스키가 '지금' 무엇을 하고 있는지 안다. 니진스키는 글을 쓰고 있다. 글을 쓰면서 '두통'을 느끼고, 왜 머리가 아픈지 생각하고, 오늘밤은 많이 먹지 않을 것이라 결심하고, 내일 일찍 취리히로 가기 위해 일찍 자겠다고 '생각'하고 있다. 다행스럽게도 혹은 신기하게도, 글쓰기는 '생각하기' 혹은 '느끼기'와 동시에 진행될 수 있다. 우리는 생각하거나 느끼면서 글을 쓰고, 글을 쓰면서 느끼고 생각한다. 그렇기에 쓰여진 글 속에는 동시적으로 진행되는 느낌과 생각이 기록될 수 있다. 그런데 이와는 달리 '행동하기'는 글쓰기와 동시에 이루어질 수 없다. 글을 쓰기 위해서는 다른 행동을 멈추어야 하고, 다른 행동을 하는 동안에는 글을 쓸 수 없다.

그런데 니진스키의 글에서는 '행동하기'와 '글쓰기' 사이의 이런 대립 관계가 서로 다른 시간 축을 중심으로 기묘한 방식으로 뒤섞인다. 행동하기와 글쓰기가 동시에 등장하고, 글쓰기와 행함이 엇갈리면서 교차하는 것이다. 다음 인용문을 읽어보자.

> 산책을 나가고 싶다. 앉아 있는데 지쳤기 때문이다. 하지만 나는 들키지 않는다면 나 혼자서 가겠다. 누구나 내가 일하고 있다고 생각할 것이다. 나는 뒷문으로 해서 거리로 나가리라. 나는 높이 올라가 아내를 내려다보리라. 높이를 느껴보고 싶으니까. 나는 도망친다……
>
> 뒷문을 통해 거리로 나서니 차가운 공기가 확 부딪쳐왔다. 누구나 식당에 앉아 있다는 걸 알았으므로 나는 소리를 내지 않고 문을 빠져나왔다. 사람들은 할 일이 아무것도 없기 때문에 다른 사람들의 삶을 방해한다는 걸 나는 알고 있다. 거기 있는 사람들이 나를 좋아하지 않음을 느꼈으므로 나는 식당을 떠났던 것이다.
>
> 나는 프렝켈 박사에게 달려갔다. 그는 따분해 보였다. 나는 악수했지만 우선 이렇게 말했다. "누구나 앓고 있군요." 영혼 속에 냉기를 느꼈으므로 나는 그 방을 떠났다.
>
> 오스카가 내게 와서는 와서 차를 마시자고 청했다. 오스카는 프렝켈이 기분이 상했다고 느꼈으며, 그래서 우리를 화해시키고 싶어 했다. 나는 화해하고 싶지 않았기에 그를 제지시켰다. (……)
>
> 나는 프렝켈 박사와 오스카, 아내의 어머니 그리고 아내와 더불어 차를 마셨다. 나는 조용히 마셨지만 얼마 뒤 대화를 느끼고 그들 모두를 즐겁게 해주기 시작했다. 나는 한 가지 목적을 가지고 그들을 즐겁게 해주었다. 나는 그들이 이해하는 일들을 이야기했

다. 나는 농담을 했다. 누구나 신바람이 났고 행복해했다……. 나는 모든 사람의 기운을 북돋아주고는 떠났다. 나는 프렝켈을 느꼈다. 그가 아내에게 말을 걸고 싶어 했기 때문이다. 나는 자신이 불청객처럼 생각되어 떠났던 것이다. 프렝켈은 떠나고 있다. 나는 머물러 있고, 그를 보러 문으로 가고 싶지 않다…….

프렝켈 박사는 내게 작별 인사를 하러 왔다. 나는 그와 악수했다. 그는 내게 너무 많이 쓰지 말라고 했다. 나는 그에게 나에 대해선 염려하지 말라고 했다. (430~433)

여기에서 니진스키가 기록한 일련의 사건과 행동은 과거에 일어났던 일련의 일들을 일시에 복기하는 사후적인 회상이 아니다. 니진스키의 문장 하나하나는, 서로 다른 시간대에, 그 문장이 이야기하는 행위들과 교차하며 쓰여진 것이다. 첫 문단에서 니진스키는 "지쳐서 산책을 나가고 싶다"라고 생각하고 "뒷문을 통해 거리로 나가겠다"라고 마음먹는다. 다음 문단에서는 "뒷문을 통해" "소리를 내지 않고 문을 빠져나온" 후, 프렝켈 박사를 만나 말을 걸고는, "영혼 속에 냉기를 느껴" 다시 "그 방을 떠났다". 이 문장들만 읽으면 우리에게는 이 일련의 행위를 하고 있는 니진스키의 모습이 떠오른다. 하지만 사실 이는 가상이다. 니진스키는 그 문장이 말한 행위들을 행했을 뿐 아니라, 그 행위들을 기록했어야 하기 때문이다. 그런데 앞의 문단에는 이 기록 "행위" 자체에 대한 기록은 없다. 그래서 우리는 마치 니진스키가 행한 다른 일련의 행위만 일어났다는, 일어나고 있다는 인상을 받는다.

니진스키가 행한 이 일련의 행위는 언제 기록된 것일까? '뒷문을 통해 거리를 나서' '식당을 떠나고' '프렝켈 박사에게 달려가' '악수하고' '냉기를 느껴 그 방을 떠났던' 행위의 순간에 니진스키는 글을 쓸 수 없다. 그 행위의 기록은 그 일련의 행위가 종결된 이후, 아직 그 이후 일어나는 행위/사건에 니진스키 자신이 연루되기 이전에 이루어질 수밖에 없다. 그런데 과거와 현재형이 기묘하게 교차하는 이 글 속에서는 도무지 이 글을 쓴 시점을 포착하기 힘들다. 니진스키는 언제 쓰고, 그렇게 쓰여지는 행동을 언제 했던 것일까? 글로 쓰는 것들을 언제 행했던 것일까? 니진스키의 행함은, 우리의 모든 생각과 감정, 행위가 하나도 빠짐없이 기록되는 생명의 책처럼, 기록되고 있는 것일까? 어떻게? 누구에 의해?

육체의 흔적, 육필

언어의 반복 가능성Iteration은 글을 쓰는 육체적·물질적 행위 속에서 실현된다. 그리고 매번의 실현 때마다 '다른 모습으로' 반복된다. 이 다름은 그때마다의 육체적·물질적 조건에 따라 일어나는 것이기에 '일회적'이고, 쓰여진 텍스트의 물질성 속에서만, 특정한 글씨체, 잉크나 종이의 상태, 실수나 글자 크기 속에서만 '보여진다'. 동일한 내용과 같은 문장을 쓰더라도, 손으로 글을 쓰는 행위는 그때마다의 육체적·물질적 조건에 따라 늘 다른 것을 '쓴다'. 그렇기에 중요한 것은 '무엇이 쓰여졌는가'가 아니라 '어떻게 쓰여졌는가'이다.

니진스키가 쓴 글에서 진실은 쓰여진 내용 속에 있지 않다. 니진스키의 글쓰기가 추구하는 진실은, 자신이 끊임없이 글을 쓰고 있다는 사실, 글을 쓰는 행위와 일상적 행위의 일치를 손이 아프도록 추구하고 있다는 사실에 있다. 니진스키에게 쓰여진 글이란, 그렇게 해서 진실을 추구하는 행위의 흔적에 다름 아니다. 진실은 꾸며지고, 다듬어진 글 속에 있는 것이 아니라, 끊임없이 쓰는 행위, 그 속에서 일어나는 감정, 신체적 느낌에, 그 사소하고, 비일관적이고, 산만하고, 혼란스러운, 한마디로 살아 있음 그 자체에 있다. 그러한 글쓰기에서 쓰여진 것의 진실은, 살아 있음의 흔적에, 펜에 긁힌 종이, 흘러넘친 잉크, 피로한 손에서 미끄러져 나간 만년필 자국, 틀린 맞춤법, 작거나 크게, 어지럽게 쓰여진 글자들 속에 있다. 다른 말로 하자면 니진스키에게서 쓰여진 글의 진실은 기호로서의 글이 '전달'하는 메시지가 아니라, 손과 신체, 종이와 만년필이라는 육체성과 물질성이 '남겨놓은 흔적' 속에 있다. 쓰여진 것에서 시각적으로—인지적으로가 아니라—드러나는 손의 움직임에, 종이나 만년필의 물질성과 만나 생겨난 그 흔적들 속에 있다.

니진스키 자신이 이 사실을 누구보다 잘 '느끼고' 있었다. 글쓰기가 남겨놓은 흔적 자체에 글쓰기의 진실이 있다고 믿는다. 예를 들어, 니진스키는 누군가의 육필 속에서 그것을 쓴 사람의 감정을, 비범함을, 선량함을 볼 수 있다고 믿는다.

> 나는 아름다운 필체를 좋아한다. 그 속엔 감정이 들어 있기 때문이다. 나는 육필을 좋아하지만 감정 없는 육필은 싫다. 만약에 내가 미래를 읽을 수 있는 누군가에게 내 육필을 보여준다면 그는 '이 사람은 비범하다. 왜냐하면 그의 필적이 튀고 있기 때문'이라고 말하리라는 걸 나는 안다. 튀어 오르는 필적은 선량함의 징표라는 걸 나는 알고 있다. 따라서 나는 사람들의 필적에 의해 선량한 사람들을 알아볼 것이다. (169)

니진스키가 자신의 글이 '인쇄'되기보다는 '전사轉寫'되기를 원하는 이유도 여기에 있다. 니진스키는, 전사되었을 때에만 자신의 손과 육체, 만년필과 종이가 만들어놓은 일회적인 이 흔적이 '보여질 때'에만 비로소, 글을 통한 '진실'이, 드러날 수 있다고 여겼기 때문이다. 필적이 드러나지 않게 만드는 인쇄보다 필적을 선호하는 이유도 여기에 있다.

> 나는 빨리 쓰지만 깔끔하게 쓴다. 나는 사람들이 나의 육필을 좋아한다는 걸 안다. 나는 사람들이 나의 저작을 이해하기를 바라기 때문에 깔끔하게 쓰는 걸 좋아한다. 나는 인쇄를 두려워하지

> 않는다. 나는 인쇄를 좋아한다. 하지만 인쇄는 필적과 동일한 감정을 전달할 수는 없다. 나는 속기법을 좋아하지 않는다. (205)

쓰여진 것 속에서 드러나는, 글쓰기에 연루된 온갖 육체성의 흔적이 글쓰기의 진실이라면, 인쇄는 그 진실을 감출 것이다. 그 흔적들을 사라지게 만드는 인쇄된 글은 그것과 더불어 그 속에 드러나 있는 감정을, 살아 있음을 함께 사라지게 할 것이다. 이러한 이유에서 니진스키는 자신의 원고가 인쇄되기보다 그 모습 그대로 '전사'되기를 원한다.

> 나는 나의 실수가 인쇄되기를 바란다. 내 원고가 인쇄되기보다 나의 육필이 사진 촬영되었으면 더 좋겠다. 인쇄는 육필을 사라지게 할 것이니까. 육필은 아름다운 것이니 보존되지 않으면 안 된다. 나는 나의 손을 설명할 수 있도록 나의 저작이 사진 촬영되기를 바란다. 왜냐하면 나의 손은 신의 손이니까. 나는 신의 방법으로 쓰고 싶다. 따라서 나는 나의 저작을 교정하지 않을 것이다. 나는 내 글을 고치지 않는다. 나는 고의로 서투르게 쓴다. 나는 대단히 아름답게 쓸 수 있다. 나는 쓰는 방법을 알고 있다. 내가 그걸 느끼기 때문이다. (163~168)

> 나는 내 원고가 전사되었으면 한다. 내 원고가 살아 있음을 느끼기 때문이다. 내 원고가 전사된다면 나는 사람들에게 삶을 전도하리라. (464)

니진스키의 글을 이끌어온 것은 글 쓰는 이의 육체성과 글쓰기 도구의 물질성이다. 비록 우리에게 깔끔하게 인쇄된 형태로 주어진 책 속에서는 완전히 사라져버리지만, 이러한 육체성과 물질성에 의해 생겨나는, 그것의 흔적으로서 가시화되는 쓰여진 것의 형태Schrfitbild, 문자형상성를 분명하게 의식하고 있었다. 아니, 니진스키는 자신의 노트에 남은 이러한 육체와 물질의 흔적이 '있는 그대로' 보존되고, 읽히고, 보이기를 원했다. 니진스키에게 글쓰기는, 실수하고, 우회하고, 기복이 심한, 모든 우여곡절을 포함한다. 글이란 그 모든 삶의 굴곡을 다 드러내는 것이어야 한다. 니진스키는 피곤한 손이 남겨놓은 깨끗하지 못한 육필, 만년필이 종이를 긁어낸 흔적, 미끄러지는 노트 때문에 생겨난 얼룩을 최종적인 글을 위해 사라져야 하는 것들이라고 여기지 않는다. 글을 쓰고 있는, 끊임없이, 계속해서 글을 쓰고 있는, 글을 쓰려고 하는 니진스키에게 손의 피로함과 신체의 느낌들, 계속해서 미끄러지는 노트와 잘 쓰여지지 않는, 잉크가 잘 흘러나오지 않는 만년필은 글쓰기의 '장애물'이 아니었다. 오히려 그것은 자신의 글쓰기가, 만들어진 다른 글과는 달리, 그 자체로 진실의 수행에 다름 아니었음을 드러내 보여주는 물질적 증거물들이었다.

니진스키는 무엇을 하는가? 글을 쓰고 있다. 하지만 이 말은 정확하지 못하다. 더 정확히 말하자면 '침대나 책상에 앉아 손에 연필이나 만년필을 쥐고 공책의 종이 표면 위에서 움직이고 있다'고 해야 한다. 니진스키는 소설이나 수필, 사설이나 정치 선언문을 "쓰고" 있는 것이 아니라, 그때그때 일관되지 못한 인상과 감정을, 앉아 있을 때의 신체적 느낌을, 글을 쓰기 위해 상대하는 펜과 종이의 물질성을 느끼고 있다. 그것이 니진스키의 글쓰기다. 이러한 점에서 쓰여진 글은 '글 쓰는 활동-안에-있음'의 노출이다. 그 글쓰기는 글 쓰는 행위에 연루되어 있는 신체와 사물들을 그대로 드러내 보여주면서, 그 수단과 매개 이외의 것들의 흐름을 끊임없이 '중단'시키고, 거기에 개입해 들어간다. 그것을 통해 글쓰기는 '스스로 매개체-임을 드러내는 매개체'가 된다. 니진스키의 글에서 우리가 보는/읽는 것은 서사적으로 정돈된 사건이나 일관된 생각 혹은 주장이 아니라, 그렇게 끊임없이 이루어지고 있는 글쓰기 자체다. 아감벤Giorgio Agamben의 말을 빌리자면[48] 이는 순수한 쓰기, 쓰기의 제스처 혹은 쓰기의 몸짓이다.

> 나는 아내가 나를 사랑하지 않는다는 말을 하고 싶다. 나는 슬프다. 내 마음은 무겁다. 나는 사람들이 슬픔에 익숙해진다는 걸 알고 있다. 나 역시 슬픔에 익숙해지리라. 나는 슬픔에 익숙해질까 봐 두렵다. 그건 바로 죽음이라는 걸 알기 때문이다. 가서 용서를 구하리라. 나는 죽음을 원치 않으니까 말이다. 그녀에게 용서를 청하리라. 하지만 그녀는 날 이해하지 못할 것이다. 왜냐하면 그녀는 나를 나쁘다고 생각할 것이기 때문이다. 나는 내가 잘못되는 건 두렵지 않지만 그녀가 죽게 될까 봐 두렵다. 그녀의 마음은 점차 차가워지고 있다. 나는 얼어붙고 있다. 나는 쓸 수 없다. 나는 추위를 느낀다는 말을 하고 싶다. 나는 쓸 수가 없다. 손가락이 추위로 마비되었다. 나는 쓸 수가 없다. (382)

"나는 쓸 수가 없다"라는 이 모순적 문장은 니진스키에게서 글쓰기가 어떤 의미를 가지는지를 극적으로 보여준다. 글쓰기는 니진스키의 육체 전체를 삼켜버렸다. 니진스키는 잠을 자러 가거나 추위로 얼어붙은 손가락을 녹이는 대신, 그 지친 육체와 손가락으로 '나는 쓸 수가 없다'라고 쓴다. "나는 말하지 못한다"라는 말이나 "나는 죽었다"라는 외침과도 같은 이 역설적 문장은, 쓰여진 글의 의미론적 내용이 아니라 손과 몸이 함께 움직여 바로 그 글이 쓰여졌다는 수행성의 차원에서만 이해된다. "나"는 쓸 수가 없다. 그렇다면, 아니 그런데도 '쓸 수 없다'라

48 조르조 아감벤, 「몸짓에 관한 노트」, 『목적 없는 수단: 정치에 관한 11개의 노트』, 김상운·양창렬 옮김, 난장, 2009 참조.

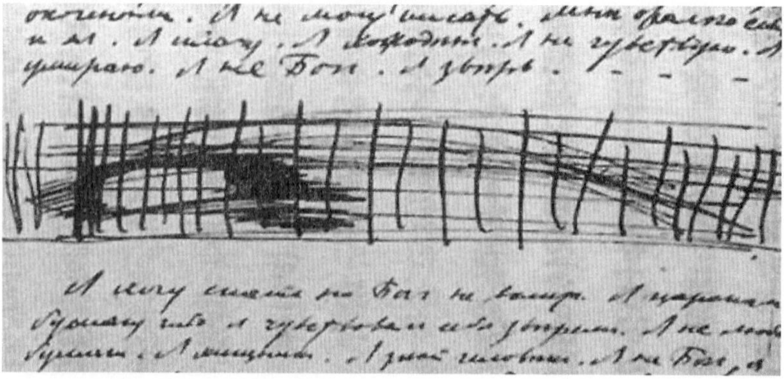

『영혼의 절규』에 전사된 니진스키의 흔적.

고 쓰는 주체는 누구(혹은 무엇)인가? 추위로 마비되어가는 니진스키의 육체, 뻣뻣해지는 손가락, 만년필과 종이다. 유감스럽게도 우리에게 전해진 니진스키의 글은, 니진스키의 바람과는 달리 전사되지 않고 인쇄되었다. 때문에 니진스키의 육체와 필기도구가 남겨놓은 흔적들은 니진스키의 책에서 보이지 않는다. 그런데 『영혼의 절규』 한 면에 독자를 위해 그 흔적의 일부를 전사해놓았다.

글을 통해, 글을 쓰면서 그 시간과 싸우려는 사람은 패배가 필연적이다. 끊임없이 쓰고자 했던 니진스키의 글쓰기, 살아감과 글쓰기를 통합함으로써 글쓰기를 진실로 만들고자 했던 니진스키의 글쓰기는, 1950년 4월 8일, 런던의 사설 정신병원에서의 삶의 시간과 더불어 마침표를 찍었다.

3 진리에 대한 순교자적 열망

: 다니엘 파울 슈레버

1903년, 독일 드레스덴 고등법원 판사회의 의장이던 법학박사 다니엘 파울 슈레버는 자신의 병력을 기록한 『한 신경병자의 회상록』[49]을 출간한다. 이 책에서 슈레버는 1884년 최초로 발발한 신경병[50]으로 인해 라이프치히 대학교 정신병원에 수용되면서부터 이후 1902년 12월 퇴원할 때까지 자신에게 일어났던 착란과 환상, 편집증적 망상을 놀라운 집중력과 표현을 통해 기록했는데, 이는 프로이트Sigmund Freud, 1856~1939로부터 시작해 발터 벤야민Walter Benjamin, 1892~1940, 엘리아스 카네티Elias Canetti, 1905~194, 자크 라캉Jacques Lacan, 1901~1981, 펠릭스 가타리Félix Guattari, 1930~1992/질 들뢰즈Gilles Deleuze, 1925~1995 등의 저자들에 의해 인용되고 재해석되면서 수많은 논의를 제공하는 고전이 된다.

저명한 교육자이자 법조인 가족[51]에서 태어나 최고의 고등 교육을 받은 법관이자, 낙선하기는 했어도 1884년에는 국민 자유당 작센 지역 후보로까지 출마했던 저명한 고위 정치가의 이 회상록은 공인으로서의 자신의 이미지와 사회적 위신에 도움이 되는 책은 아니었다. 자

49 다니엘 파울 슈레버, 『한 신경병자의 회상록』, 김남시 옮김, 자음과모음, 2010.
50 슈레버는 1902년 자신에 대한 금치산 판정을 해제할 것을 요구하는 재판에서 자신의 병이 '정신병Geistes/krankheit'이 아니라 '신경병Nerven/krankheit'임을 누누이 강조했다.

신의 사생활이 그대로 드러나게 될 것은 말할 것도 없고, 눈에 보이지 않는 광선을 발하는 거대한 신경망을 통해 자신을 파괴하려던 신과 소통하며 그 속에서 자신의 육체가 여자로 변신하는 환상 등을 고백하고 있는 이 책은 사회적 공인으로서의 슈레버의 지위를 심각하게 훼손할 수 있는 것이었다. 스베덴보리의 경우와 같이 슈레버에게 글쓰기는, 자신에게만 허용된 진리를 세상 사람들에게 전하는 전도의 수단이었다. 다만 곤란한 사실은 그 진리가 현현하고, 드러나는 장소가 슈레버 자신의 육체였다는 것이다. 그렇기에 진리를 계시하려면 그 글은 필연적으로 자신의 육체를 이야기하지 않을 수 없다. 성性적인 성격을 지니는 신과의 교섭, 그 속에서 느낀 감각과 쾌락, 고통. 글을 통해 이러한 내용을 공공화한다는 것은 당대 시민계급의 윤리에 상상하기 어려운 것이었고, 그 자신의 명예에 치명적 손상을 가져올 것임은 물론이고 사회적 삶에 위험부담을 주는 것이기도 했다.

실제로 1902년 금치산 판결에 대한 번복을 요구하며 슈레버가 드레스덴 왕립 고등 재판소에서 벌인 재판에서 정신 감호소 원장 베르버Werber 박사는 이 책을 슈레버가 여전히 정신적으로 완전히 치유되지 못했다는 증거로 내세우기도 했고, 이 "『회상록』의 출간이 그 자신과 가족의 체면을 공공적으로 손상시킬 것이고, 경우에 따라서는 그 자신을 형법상의 갈등 상황에 빠뜨릴 수"[52] 있음을 경고했다. 나아가 책이 출간되었을 때, 플레히지히Flechsig 교수가 명예훼손 혐의로 자신을 고발

51 슈레버의 아버지 다니엘 고틀리프 모리츠 슈레버Daniel Gottlieb Moritz Schreber는 독일에 근대적 체조 운동을 보급한 유명한 의사이자 교육자였고, 슈레버의 형 다니엘 구스타프 슈레버Daniel Gustav Schreber 역시 법관이었다. 그러나 슈레버의 형은 1877년 38세의 나이로 권총 자살한다. 슈레버의 병력을 가족사적 관계에 의거해 해석하는 연구서도 많이 있다. William G. Niederland, *Der Fall Schreber: Das psychoanalytische Profil einer paranoiden Persönlichkeit*, Berlin, 1984.

52 「1902년 6월 14일 드레스덴 왕립고등법원 판결문」, 『한 신경병자의 회상록』, 471쪽.

할 수도 있다는 것도 슈레버는 잘 알고 있었다.[53] 하지만 슈레버의 가슴을 채우고 있는 진리에의 갈망은 이런 속세적 고려를 훌쩍 뛰어넘는다. 슈레버는 "본인에게 계시된 신에 대한 인식이 본인의 생이 끝난 뒤에 무無로 가라앉아버리고, 인류가 저 세상에 대해 참된 표상을 얻을 수 있는, 두 번 다시 오지 않을 기회를 잃어버리기를 결코 원하지 않"[54]는다. 슈레버는 자신의 책이 '지금까지 그 누구도 밝히지 못했던 종교적 진리를 함축'하고 있고, 지금 당장은 모든 사람이 자신을 광인이라 칭할지라도, '언젠가는' 이 진리가 인류 전체에게 커다란 빛을 가져다줄 것임을 확신했기 때문이다. 이 모든 사실을 충분히 의식하면서 슈레버는 이렇게 쓴다.

> 본인의 부친과 형님에 대한 기억, 그리고 본인 아내의 명예는, 가까운 친지들의 평판을 누구보다도 중요시여기는 본인에게는 매우 신성한 것입니다. (……) 『회상록』을 출간함으로써 본인이 스스로의 '명예를 훼손'시키거나 체면을 손상할 위험이 있다는 데 대해서, 본인은 이러한 위험을 깊은 확신과 신념을 갖고 기꺼이 감수할 것입니다.[55]

그 자신이 맞닥뜨려야 할, 결코 적지 않은 개인적 위험부담에도 불구하고 이토록 회상록의 출간을 고집했던 이유는, 슈레버가 체험한, 아니 지금 이 순간도 체험하고 있는 진리에 대한 강한 확신이었다.

53 같은 책, 410쪽.
54 같은 책, 412쪽.
55 같은 책, 406~407쪽.

> 신에 대한 본인의 인식, 신과 신의 기적을 직접 경험한다는 본인의 확신은 모든 인간의 학문을 훨씬 넘어서는 것입니다. 이 말은 상당히 교만하게 들릴 수도 있습니다. 하지만 이는 결코 개인의 공명심이나 스스로에 대한 병적인 과대평가가 아닙니다. (……) 여러 상황이 기적적으로 서로 얽혀서, 본인에게 지금껏 그 어떤 인간에게도 주어진 바 없는 신의 참된 본질에 대한 통찰이 주어진 것은 본인 자신의 공로가 아닙니다. 게다가 본인은 이로 인해 여러 해 동안 삶의 행복을 모두 상실하는 혹독한 대가를 치러야 했습니다. 하지만 그럴수록 통찰을 통해 얻은 결과는 본인에게 더욱 확고한 것이 되었습니다. (……) 지금도 신은 매일, 매시간, 아니 거의 매 순간 새로운 기적과 언어를 통해 본인에게 계시하고 있기 때문입니다. (……) 혹시 본인에게는 인간의 눈을 가리던 어두운 장막의 배후를 들여다보는 것이 허락되었던 것은 아닐까라는 일말의 의심을 사람들에게 일깨울 수 있다면, 본인의 책은 유사 이래 쓰인 어떤 책보다 흥미로운 작품으로 평가될 것입니다.[56]

'항소이유서'에서 슈레버는, 출판을 통해 "본인에게 닥칠지 모를 처벌이라는 순교를 기꺼이 감수하겠다는 의지"[57]를 표명한다. 진리에 대한 추구가 처벌을 받아야 한다면 진리를 위해서 개인을 희생하겠다는 것이다.

> 출판을 막고 나서는 주변의 우려를 생각하지 않은 것이 아니다. 생존한 사람들을 고려하라는 것이었다. 그렇지만 내가 아직 살아

56 같은 책, 379~380쪽.
57 같은 책, 412쪽.

있을 때 내 육체와 개인적 운명에 대해 전문가의 관찰이 이루어지는 것은 학문과 종교적 진리 인식에 중요한 가치를 지닐 것이라고 생각한다. 이 점을 생각하면 모든 사적인 고려는 침묵해야만 한다.[58]

근대 과학자들의 순교자적 파토스

자신이 접한 진리를 알리기 위해서라면 어떤 사적 희생도 감수할 수 있다는 슈레버의 태도는, 편집증 환자 특유의 과대망상Groessenwahn증 탓이었을까? 그렇지 않다. 자신의 육체, 정신적 병력, 그것에 포함되어 있을 사생활 등 사적 영역에 속하는 것들을 기꺼이 학문 발전을 위한 재료이자 수단으로 삼으려는 태도는 슈레버가 살던 20세기 초 근대 과학자들의 것이기도 했다. 이들은 학문, 곧 진리 인식을 위해 자신의 사적 내밀성을 재료로 제공하고, 그것으로 인해 닥칠 육체적 · 정신적 위험들을 기꺼이 감수하기를 결단했다. 슈레버의 경우를, 동성애적 욕구를 억압해 생겨난 편집증Paranoia이라고 진단한 프로이트에게서도 이 태도를 찾아볼 수 있다. 1908년 출간된 『꿈의 해석』「서언」에서 프로이트는, 이 책의 출간이 쉽지 않았던 탓은 이 연구가 다루는 재료이자 대상인 꿈 선택의 어려움 때문이었다고 고백한다. 여러 상황을 고려한 끝에 프로이트는 다른 사람의 것이 아닌 자기 자신의 꿈을 분석 대상으로 삼기로 결정하는데, 이것이 프로이트로 하여금 책의 출간을 주저하게 했던 것이다. 자신의 꿈을 분석 대상으로 삼을 경우 어쩔 수 없이 프로이트 개인의 사생활과 사적인 내밀성이 드러나기 때문이다. 하지만 고민 끝에 프로이트는 학문적 목적을 위해 개인적 사생활을 희생하는 길

58 같은 책, 11쪽.

을 선택한다.

> 나 자신의 꿈을 이야기한다는 것은, 나의 심리적 삶의 내밀성들을 내가 원하는 것 이상으로 낯선 시선을 향해 드러내는 것과 뗄 수 없이 결합되어 있는 일이다……. 이는 창피한 일이지만 피할 수 없는 일이다……. 나는 이 연구를 읽는 독자들이 입장을 바꾸어 나의 이러한 힘든 처지를 생각함으로써 나를 이해해주리라는 기대만을 말할 수 있을 뿐이다.[59]

융Carl Gustav Jung, 1875~1961이 전하는 유명한 일화[60]를 알고 있는 사람이라면 이러한 결정이 프로이트 자신에게 결코 쉬운 일이 아니었음을 추측할 수 있다. 공공적 시선에서 보호되어야 할 사적 내밀함을 학문적 목적을 위해 드러내야 하는 프로이트의 갈등은 『꿈의 해석』 곳곳에 흔적을 남기고 있다. 방법론에 대한 설명을 끝내고 본격적인 꿈 해석에 들어가기 전에 프로이트는, 왜 자신의 꿈을 연구 재료로 삼게 되었는지, 이러한 자기관찰이 어떤 점에서 다른 이들에 대한 관찰보다 더 신뢰할 만한 것인지 이야기하면서 재차 애초의 결단을 되새긴다.

> 나는 나의 내면에 있는 다른 어려움들을 극복해야 한다. 내게는 이렇게 많은 내밀한 것을 내 영혼의 삶으로부터 대가로 치러야 한다는 불안이 있고, 낯선 이들이 그것을 악의적으로 해석할 가

59 Sigmund Freud, "Vorbemerkung", *Die Traumdeutung*, München, 1991.

60 1909년 융과 함께 떠난 미국 여행길에서 서로의 꿈을 해석해주고 있던 중 융이 프로이트의 꿈을 프로이트의 사생활에서 일어난 몇 가지 디테일과 관련시켜 해석하려 하자 갑자기 불신에 찬 얼굴로 "내 권위를 위협에 빠뜨릴 수 없다"라며 거절했다. Hans Blumenberg, *Die Lesbarkeit der Welt*, Frankfurt am Main, 1981, 352쪽.

능성도 존재한다는 것을 알고 있다. 그러나 그것에 대해 우리는 단호할 수 있어야 한다.[61]

합리적 수단과 지식을 통해 인간과 사회를 개선하는 일이, 국가와 민족, 나아가 인류의 완성을 향한 길이라는 믿음, 그를 위해 사적인 것은 기꺼이 희생하려는 이러한 태도는 프로이트를 포함한 근대 과학자들의 공유점이었다. 예를 들어, 앙리 드 생시몽Comte Henri de Saint-Simon, 1760~1825은 유언을 통해 자신의 시신을 연구 대상으로 삼으라고 했고, 독일의 해부학자 필립 메켈Philipp Meckel, 1756~1803은 어려서 죽은 자식 세 명을 연구하기 위해 해부·보존했고, 자기 시신도 해부용으로 쓰라는 유언을 남겼다.[62] 인간의 감각기관들이 그 내적 특성에 따라 외부 자극을 다르게 수용한다는 '특정 신경 에너지 이론'을 주창한 요한네스 뮐러Johannes Müller, 1801~1858는 자신의 눈을 가지고 실험하다가, 심대한 시력 손상과 정신 질병을 겪었다. 동물의 신경과 근섬유의 전기현상을 발견해 근대 전기생리학의 선구자가 된 그의 제자 에밀 하인리히 뒤 부아레이몽Emil Heinrich Du-Bois-Reymond, 1818~1896의 실험 대상은 개구리만이 아니었다. 꿈 해석 이론을 위한 재료로 자신의 사적인 삶을 내놓았던 프로이트는, 진리 인식을 위해서라면 사적인 것이라 여기던 것을 기꺼이 그 수단으로 활용하려던 근대 과학자들의 태도[63]로부터 연유한 것이다.

이런 점에서 보자면 "학문과 종교적 진리 인식"을 위해서라면 "모든 사적인 고려는 침묵해야 한다"는 슈레버의 태도는, 당대 과학자들과 공유하던, 그 점에서 근대적이고 계몽적인 믿음에서 나온 것이었다.

61 앞의 책, 119쪽.

62 Wolf Lepenies, *Das Ende der Naturgeschichte. Wandel kultureller Selbstverständlichkeit in den Wissenschaften des 18. und 19. Jahrhunderts*. München, 1976, 209쪽.

실제로 슈레버는 자신의 몸에서 벌어지고 있는 '진리'가 근대적 시각 도구와 과학적 방법을 통해 증명할 수 있다고 믿었다. 슈레버는 기적으로 인해 자신의 몸무게가 줄었다는 사실을 체중계를 통해 증명하고자 했고, 자기 몸에 흡수되는 광선들의 모습을 보여주기 위해, 오늘날 초음파 단층촬영기 같은 시각 매체를 상상하기도 했다.[64] 『회상록』 말미에서 슈레버는 다시 한 번, 이 책을 출간하는 "핵심 목적"이 "자신을 학문적 관찰 대상으로서 전문가적 판정에 내맡기려는 데" 있음을 분명히 하면서, 만일 살아 있는 동안 자신의 "신경 체계의 특별함"을 과학적으로 탐구하는 것이 힘들다면 죽은 후 기꺼이 자신의 시신을 해부용으로 기증할 용의가 있음을 밝힌다.

> 내게 남은 일은 나 개인을 학문적 관찰 대상으로서 전문가들의 판정에 맡기는 것뿐이다. 그것을 요청하는 것이 이 책을 출판함으로써 이루고자 하는 주요 목표다. 이것이 어려울 경우 내가 희망

63 '진리'와 '진보'를 위해서라면 기꺼이 자기 자신을 관찰과 실험 대상으로 내놓으려는 태도는 근대 한국 지식인에게도 발견된다. 이상李箱, 1910~1937은 질병 때문에 찾아간 '어떤 학부 부속병원'에서 임상강의의 실험동물이 되기도 했다. 이상은 "자신이 실험동물이 된 일에 분개했지만, 다른 한편으로는 의학의 진보를 위해 황열병에 넘어진 노구치野口英世, 1876~1928 박사 및 호열자균을 스스로 삼킨 어떤 학자를 예로 들면서" 이와 같은 예에 비긴다면 치부를 잠시 학생들에게 구경 "시킴으로써" 진지한 연구의 한 도움이 된 것"을 오히려" 광영으로 알아야 할 것"이라고 말한다. "새로운 도덕관념의 수립과 새로운 감정 관습의 보급"이 있다면, '내 치부에 이러이러한 질환이 발생했는데 일찍이 듣지도 보지도 못한 듯하오니 아무쪼록 여러 학자와 학생이 모여 연구해주시기 바랍니다' 하고 나서는 기특한 인사가 출현"할지도 모른다는 것이다". 이경훈, 『오빠의 탄생: 한국 근대 문학의 풍속사』, 문학과지성사, 2003, 227쪽에서 재인용.

64 "내 머리에서 일어나는 일들, 때로는 지극히 느리게, 때로는—엄청나게 먼 거리에서—무서운 속도로 혀를 날름거리며 지평선에서 내게 다가오는 광선들을 사진으로 찍어 보여주는 게 가능하다면, 내가 신과 교통한다는 것에 대한 의심은 모두 사라질 것이다. 하지만 유감스럽게도 인간의 기술은 그런 종류의 인상을 객관적으로 지각하게 하는 적합한 수단을 아직 가지고 있지 않다." 『한 신경병자의 회상록』, 328쪽.

할 수 있는 건, 언젠가 내 시신을 해부함으로써 내 신경 체계의 특이함이 분명하게 확인되리라는 것이다.[65]

글쓰기와 육체

살아 있는 동안의 슈레버는, 사후 자신의 시신이 객관적으로 증명해줄 것이라 믿는 그 진리를 세상을 향해 고집스럽게 발화했다. 그런데 슈레버의 발화는 구술적이지 않다. 슈레버는 말 대신 글을 택했다. 금세 사라지고, 먼 곳에는 도달하지 못하는 말 대신, 시공간적으로 더 오랜 지속력을 갖는 글은 말보다 훨씬 강한 힘을 가지고 있다. 그렇기에 종교를 비롯해서 '진리'를 지향하는 모든 담론은 그 전파를 위해 말 대신 글을 선택했던 것이다. 그런데 슈레버가 글을 선택했던 데에는 그것과는 다른 이유도 존재했다. 평소 슈레버의 "육체적 통합을 훼손"[66]시키는 '기적'들 때문이었다.

신과의 관계가 시작된 이후 오늘까지 내 육체는 끊임없이 신의 기적의 대상이었다. 이 기적들을 하나하나 전부 기록한다면 그것만으로도 이 책 전부를 채울 것이다. 내 육체의 어떤 부분도, 그리고 어떤 기관도 잠시나마 기적에 의해 훼손되지 않은 곳이 없으며, 그 어떤 근육도 다양한 목적으로 움직이거나 마비시키려는 의도로 기적에 의해 희롱당하지 않은 곳이 없다고 말할 수 있다. 오늘까지도 내가 매시간 체험하고 있는 기적들 중에는, 만약 다른 사람에게 행해졌다면 그들을 죽음과 같은 공포에 몰아넣을 만한

65 같은 책, 332쪽.
66 같은 책, 153쪽.

것들도 있다.[67]

슈레버의 육체를 공격하는 신의 기적은 실로 다양했다. 성기를 수축시키고, 폐를 벌레로 채우고, 갈비뼈를 부스러뜨리고, 가슴 부위를 협착시키고, 위를 소멸시켜 음식이 곧바로 복강과 허벅지로 흘러가게 하고, 하반신을 부패시키고, 척수와 신경을 뽑아내고, 두개골을 얇게 만들고, 의지와 상관없이 눈꺼풀이 닫히거나 갑작스럽게 고함을 지르게 했다. 슈레버에게 이 기적들은 자신의 육체가 신과 '검증된 영혼들'의 전쟁터임을 말해주는 부인할 수 없는 증거였다. 자신의 육체를 둘러싸고 벌어지는 이 지독하고 고통스러운 투쟁의 희생자이자, 그를 위해 선택받은 선지자인 슈레버는 동시에, 그 와중에 드러나는 신과 영혼, 사후 세계의 진리를 관찰하는 관찰자이기도 했다. 자신의 육체가 관찰자로서 그 자신이 기록해야 할 진리 현현의 장소이기에, 슈레버는 호흡과 발성기관에 의존하는 말보다 더 안정적이고 신뢰할 만한 글을 선택했다. 육체 기관들에 의존되어 있는 말이, 육체에 자행되는 기적들로 인해 제대로 기능하지 못하고 방해받는 반면, "글을 통해 생각을 표현하는 데는 기적도 아무런 힘을 발휘하지 못하기 때문"이다. 글이 허용해주는 시간과 사라지지 않는 고정성이, 온갖 신체적 교란에도 불구하고 정신을 집중할 수 있게 해주기 때문이다. 더구나 슈레버는 이미, 글쓰기에 단련되어 있던 판사였으니.

> 본인은 지금도 글을 통해 생각을 표현하는 일은, 고등법원 판사라는 이전 직업에서 요구되었던 수준만큼 충분히 수행할 수 있다고 생각합니다. 지금도 그 어떤 판결문은 물론, 판사라는 직업에

67 같은 곳.

요구되는 모든 문서 작성을 상당히 높은 수준까지도 충분히 소화할 수 있습니다. 글을 통해 생각을 표현하는 데는 기적도 아무런 힘을 발휘하지 못하기 때문입니다. 간혹 시도되는 손가락 마비가 글 쓰는 일을 조금 힘들게 하기는 하지만 전혀 못하게 하지는 않고, 본인의 생각을 분산시키려는 시도들도 정신을 집중할 시간이 충분하다면 글을 통해서 쉽게 극복할 수 있습니다. 때문에 필기구가 주어지고 본인이 무엇인가를 쓰려는 의도를 지닌 이래 본인이 썼던 글에서는, 병 초창기에 쓴 것이라도, 정신적으로 완전하게 분명한 인간임을 알아볼 수 있습니다. 그런데 구두로 이루어지는 생각의 표현mündlichen Gedankenausdruck에서는 상황이 다릅니다. 본인의 호흡기관과 발성기관에 행해지는 기적은, 생각을 분산하는 기적과 결합해서 구두로 이루어지는 생각 표현을 힘들게 합니다. 그와 동시에 환각—목소리를 듣는—에 의해 정신이 사로잡히는 일이 계속되고 있어서, 재판에서 협상을 주도하거나 법적 자문 등의 참여에서 요구되는 고도의 집중력은 발휘하기 어려울 것이라는 감정인의 지적에는 동의합니다. 하지만 이는 지성이 결여되어 있기 때문이 아니라, 구두로 행해지는 생각 표현을 돌연 힘들게 하는 영향력 때문입니다.[68]

니진스키의 끊임없이 쓰는 글쓰기가, 글쓰기 과정에 연루되어 있는 육체성과 물질성을 드러내는 계기였다면, 슈레버에게 글쓰기는 그의 육체에 대해 그와는 반대의 관계를 가지고 있었다. 슈레버에게 글쓰기는, 육체를 교란하는 온갖 기적과 맞서 싸움을 벌이는, 자신의 강인한 탈육체적 '정신'의 활동이었다. 글쓰기는 사유 활동을 마비시키고 '정신

68 같은 책, 392~393쪽.

능력'을 강탈하려는 공격에 맞서 정신의 건재함을 지켜내기 위한 투쟁이자, 그 투쟁의 산물이기도 했다.

언어라는 수단

글쓰기는 고독한 행위다. "이야기하는 것을 자기 자신의 경험 혹은 자기가 들은 경험에서 가져[오고]…… 이를 다시 자신의 이야기를 듣는 사람들의 경험으로 만드는"[69] 구술적 이야기와는 달리, 글을 쓰는 사람은 홀로, 자신 앞에 펼쳐진 노트와 펜 (혹은 모니터와 자판), 그리고 오로지 자신의 심연하고만 대면한다. 말하기와는 다른 글쓰기의 이 고독한 조건은 매우 역설적이게도, 그렇게 쓰여진 글의 보편적 지향과 맞물려 있다. 누군가에게 말을 하는 사람이 자신의 말을 듣는 사람의 개별성에 상응하게 자신의 말을 개별화할 수 있는 가능성을 갖는 데 반해, 홀로 고독하게 글을 쓰는 사람은 그렇지 못하다. 그는 누가, 어떤 이가 자신의 글을 읽을지 미리 알지 못하기 때문이다. 글 쓰는 이가 할 수 있는 것은 그 글을 읽을 가능성이 있는, 눈에 보이지 않는 잠재적 독자들의 보편성을 상정하는 것이다. 자신의 글이 내 앞의 '이 사람'이 아닌, 나의 글을 읽게 될 현재와 미래의 '모든 사람'을 향하게 하는 것이다. 이처럼 글을 쓰는 행위에는 개별적인 소통을 넘어서는 보편성에 대한 열망이 작동한다. 글을 쓴다는 것은 단 한 명이 아니라 인류 전체가 관

69 Walter Benjamin, *GS II*, 443쪽. 여기에서 벤야민이 묘사하는 이야기의 성격은 구술문명에 대한 인류학적 연구를 통해서도 뒷받침된다. 구술 문화에서 공동체의 신화나 설화, 영웅의 이야기 등은 암송을 통해 사람들에게 들려지고 전달되는데 이 과정에서 창작자의 이름은 세대를 거쳐 전승되면서 지워진다. 암송되어 전해지는 과정은 그 전달자가 들었던 것에 암송자의 개입을 통한 재창작과 개작 과정이기도 하고, 이를 통해 동일한 설화나 이야기의 변본이 대단히 많이 나오게 된다. 이에 대해서는 Jack Goody, *The Domestication of Savage Mind*, Cambridge, 1977, Chapter 2를 참조.

계하는 어떤 보편성을 지향하는 행위다.

글 쓰는 광인들만큼 글이 지닌 이 내적 모순에 민감한 사람들도 없다. 자신에게만 접근 가능한 자폐적 세계 속에 있으면서도 광인들은 자신만이 아닌 인류, 우주 전체가 맞이하는 운명과 접하고 있다. 인간 사회 속에서 광인들은 고립되고, 유폐되어 있지만, 글 속에서 그들은 자신의 진리를 통해 구원해야 할 인류 전체를 눈앞에 두고 있다. 다른 사람들은 아무도 접근할 수 없는 고독한 상상 속에서 광인들은 모든 사람을 대신해, 모든 사람을 위해, 인류 전체와 우주의 구원을 위해 살아간다. 광인들이 접하는 초월적 메시지는 오직 자신만, 고독하고 고통스러운 고립 속에서 그 자신만 접할 수 있지만, 그를 통해 얻어지는 진리는 그 자신만이 아닌 인류 전체, 그리고 미래의 인류까지 연루되어 있다. 이들은 지극히 사적이고, 비밀스럽게 받은 저 보편적이고, 우주적인 메시지를 그 메시지의 수신자여야 할 인류 전체에게 전해주는 메신저이고자 한다. 이런 메신저의 역할을 수행하기 위해 이들이 택할 수밖에 없었던 수단이 글이자 글쓰기다. 그런데, 과연 글이 이 임무를 달성할 수 있을까?

슈레버 자신이 전하듯 『회상록』은 처음부터 출판을 염두에 두고 쓰인 글이 아니다. 애초에 이 글은 아내를 비롯한 주위 사람들이 "완전하게는 아닐지라도 나의 행동과 태도에서 겉으로 보기에 이상한 점들을 조금이나마 파악할 수 있도록, 최소한 내가 그런 이상한 모습을 보일 수밖에 없게 만드는 어떤 필연성에 대해 그들이 조금이나마 이해"(「서문」)할 수 있게 하려는 목적에서 쓰였다. 하지만 슈레버는 자신이 매일, 아니 매시간 겪고 있는 '초감각적' 체험들이 과연 '인간의 언어'를 통해 전달될 수 있을지, 그것을 다른 사람들이 이해할 수나 있을지에 대해 회의적이었다.

이 글에서 나는 근 6년 전부터 내게 확실하게 인식되어온 초감각

> 적인 것들을 사람들이 어느 정도나마 이해할 수 있도록 서술할 것이다. 하지만 나는 사람들이 그것을 완전히 이해할 것이라고는 기대하지 않는다. 이는 내가 이야기하는 것들이 인간의 언어로는 도저히 표현될 수 없는 내용이기 때문이다. 그것들은 인간의 이해력을 넘어서 있다.[70]

자신이 아니라면, 자신이 기록해서 출간하지 않는다면 영원히 사라질지 모를 진리에 대한 열정이 극복해야 할 첫 번째 장애물은 그 진리 자체의 성격이었다. 그 진리의 불가해성, 그 진리의 깊이가 진리를 인간의 언어로 표현하는 것을 어렵게 만들기 때문이다. 인간의 언어가, 그 자신이 확신하고 있는 진리를 표현할 수 있을까? 설사 그것이 가능하다 하더라도 사람들이 진리를 이해할 수 있을까? 여기에서 슈레버에게 언어가 갖는 이중적 성격이 도출된다. 슈레버는 자신의 고독한 우주론적 투쟁과 그 투쟁으로부터 얻은 진리를 세상에 알리기 위한 수단으로 '인간의 언어'를 선택할 수밖에 없었다.

'인간의 언어'는, '말하는 자의 정념과 생각'을 그 즉시, 있는 그대로 투명하게 드러내는 '천사의 언어'(스베덴보리)가 아니다. 말하는 자의 정념이, 그 자신의 체험이, 확신하는 진리가 강렬하면 강렬할수록, 진리를 드러내야 할 인간의 언어는 그만큼 더 빈곤해진다. 광인들이 했던 경험의 강도와 충만함, 그 강렬함으로부터 연유한 진리에의 강한 확신을 담아내기에 인간의 언어는 너무도 협소하고 빈약하다. 그렇기에 진리를 표현하기 위해 어쩔 수 없이 선택된 인간의 언어는, 저 충만하고 강렬한 체험을 담아내기 위해 뒤틀리고, 부풀어지고, 경계를 넘어서까지 확장된다. 광인들Schizophrenie, 분열증의 언어를 연구한 레오 나브라

70 『한 신경병자의 회상록』, 20~21쪽.

틸Leo Navratil, 1921~2006에 따르면[71] 광인들은 자신의 강렬한 체험과 숭고한 인상을 표현하기에 현존하는 언어가 부족하고 결핍되어 있다고 느낀다. 내적 체험의 충만함에 대립되는 언어적 수단의 빈곤함으로 인해 이들은 현존하는 언어의 표현 가능성을 극단적으로 확장하려 한다. 이를 위해 광인들은 자신이 한 번 했던 말을 강박적으로 더 깊은 차원에서 또 규정하고, 새로 정의하고 설명하고 보충하려 할 뿐 아니라, 단어들을 임의로 결합 · 중복 · 도치 · 변형해 비일상적인 신조어를 만들어내기도 하고, 아예 자체적인 문법과 단어를 갖는 인공언어를 창조해내기도 한다. 분열증자들이 만들어내는 신조어는 전혀 무의미한 음절들을 결합해 만들어낸 단어Glossalien일 수도 있고, 혹은 존재하는 단어의 모음 위치를 서로 교환하거나, 모음과 자음의 위치를 서로 바꾸거나, 특정한 철자를 생략하거나 추가함으로써도 만들어진다. 이러한 언어 변형 혹은 언어 창조는 이들 내적 체험의 강렬함에서 생겨난다. 여기에서 내적 체험의 충만함은 언어적 수단의 빈곤함과 대립해 있다.

이러한 경향은 슈레버의 텍스트에서도 찾아볼 수 있다. 어휘론적 차원에서는, 이른바 '근본 언어Grundsprache'의 낯선 신조어들은 말할 것도 없고, 단어는 일상적 의미로 사용되다가 때로는 글자 그대로의 의미 차원으로 이동하고, 어떤 단어에는 의미가 아닌 음성적 가치가 부여된다. '먹이는 시스템' '오락가락하는 시스템' '불완전하게 말하는 시스템' '생각 위조 시스템' '기록 시스템'이나 '영혼의 정책' '반반의 정책' '불완전성의 정책' 등 개념어를 부착해 학문적 객관성의 외관을 부여하려 하거나, '우려 생각' '결정 생각' '소망 생각' '희망 생각' '숙고 생각' '기억 생각' 등 동사를 인위적으로 명사화해 철학적으로 개념화된 인상을 주

71 Leo Navratil, *Schizophrenie und Sprache: Zur Psychologie der Dichtung und des Gestaltens*, München, 1968, 80쪽 이하.

려는 표현도 수없이 등장한다. 통사론적 차원에서 슈레버의 텍스트는 점점 아래를 향해 깊어지면서 현기증을 일으키는 나선형 계단 같다. 한 문장으로 이야기한 내용은 긴 종속문을 통해 부연되고, 그 종속문은 그 안에서 또다시 그것을 보충하는 다른 종속문과 이어져 있다. 단문으로 끝나는 경우라도 세미콜론으로 이어지는 뒤의 문장은 다시 앞 문장의 내용을 보완하면서 설명한다. 한 문장을 통해 이미 했던 말을 더 깊은 차원에서 재규정하고, 새롭게 정의하고 설명하며 보충하려는 강박이 작동하는 것이다. 그 결과, 슈레버의 언어는 극도로 과장된 정확성과 객관성, 과도하고 인위적인 학문적 표현, 추상적이고 과잉적인 의미화라는 분열증적 언어의 특징[72]을 고스란히 드러내면서, 문장은 물론이고 어휘와 문법과 문장 부호를 낯설게 만든다.

신경 언어와 사유 강제

다른 한편, 슈레버 텍스트의 낯선 언어는 그를 공격하는 언어와의 힘겨운 투쟁의 흔적이기도 하다. 슈레버에게 언어는 내적 진리를 표현하기 위해 궁여지책으로 선택할 수밖에 없던 수단인 동시에, 슈레버의 적대 세력(광선들)이 슈레버의 정신 능력을 빼앗고 파멸시키기 위해 동원하는 가공할 만한 무기이기도 한 까닭이다. 언어가 어떻게 그를 공격하는 무기가 될 수 있을까? 무언가를 생각하거나 기억한다는 것은 그렇게 생각 또는 기억해야 할 것에 의해 나의 신경이 점령된다는 것을 의미한다. 우리의 신경은 그 정보들을 다루거나 저장하기 위해, 슈레버의 말을 빌리자면, '신경 언어'를 사용한다. 그때 신경은 의식적인 진동운동에 돌입한다.

72 같은 책, 155쪽.

> 일반적인 인간 언어 말고도, 건강한 사람들은 잘 알지 못하는 일종의 신경 언어가 존재한다. 이 신경 언어가 무엇인지를 알기 위해서는 일정한 순서에 따라 단어들을 외우는 상황을 떠올려보는 게 가장 좋을 것이다. 예를 들어 한 학생이 학교에서 시를 암송하려 하거나, 성직자가 교회에서 설교할 내용을 암기하거나 하는 경우가 그것이다. 그때 그 단어들은 (설교자가 교인들에게 요구하는 묵상기도처럼) 소리를 내지 않고 암송된다. 다시 말해 우리는 본래 말하기 위한 도구들(입술, 혀, 이 등)을 전혀 움직이지 않거나 우발적으로만 움직이지만, 신경은 그 단어들을 말하는 데 필요한 진동운동에 돌입하는 것이다.[73]

그런데 어느 순간부터 슈레버에게는, 의지와는 무관하게 자신의 신경을 쉴 새 없이 운동하게 만드는 '외부로부터의 자극'이 생겨난다.

> 정상적인 (세계 질서에 상응하는) 조건에서 신경 언어를 사용하는 것은 당연히 그 신경을 가진 사람의 의지에 달려 있다. 그 누구도 다른 사람에게 신경 언어를 쓰도록 강요할 수는 없다. 그런데 신경병의 큰 전환이 일어난 뒤 내게는 외부로부터의 자극에 의해 신경이 쉴 새 없이 운동하는 상황이 생겨났다.[74]

'외부로부터의 자극'이 강제로 신경을 운동하게 하는 현상은, 오늘날 우리의 일상 속에서도 심심치 않게 발견된다. 주말 오후 집에서 휴식을 취하거나 책을 읽고 있는 우리를 화들짝 놀라게 하면서 확성기로 증폭

73 『한 신경병자의 회상록』, 60쪽.
74 같은 곳.

된 말들이 들려온다. "세탁기, 냉장고, 고장 난 텔레비전 삽니다~" "맛있는 꿀수박이 한 통에 5천 원~" "예수 그리스도를 영접하세요. 예수 믿고 구원 받으세요." 폭력적으로 나의 생각을 중단시키면서 울려 퍼지는 말들, 나의 것이 아닌 그 언어들은 귀를 통해 들어와 나의 신경을 붙들어놓는다. 그러면 신경은 그 말의 맥락에 붙들려버리고, 애초 나의 생각은 그 실마리를 잃어버린다.

이런 상황은 우리가 생활하는 공간 도처에, 식당, 터미널, 기차역, 찜질방에 켜져 있는 텔레비전, 올라탄 시내버스에 큰 소리로 울려 퍼지는 라디오에 의해서도 생겨난다. 도처에서 밀려드는 말들. 내가 선택하지 않은 이 말의 침입으로부터 자신을 지키는 방법 중 하나는, 내가 선택한 소리로 귀를 틀어막는 것이다. 헤드폰이나 이어폰을 이용하면, 나는 아무 소리도 없는 고요함을 즐길 수는 없지만, 적어도 내가 선택한 소리로 나에게 침입하는 외부의 말을 방어할 수는 있다. 지하철에서, 버스에서, 거리에서 사람들의 귀에 매달린 이어폰은, 소리의 경계가 지켜지지 않는 우리 사회의 무정부적인 소리 풍경에 대항하는 방어 진지다. 그런데 슈레버에게는 이러한 방어가 불가능했다. 슈레버가 살던 당시에는 아직 헤드폰이나 이어폰이 없었기 때문만은 아니다. 슈레버에게 말들은 외부로부터 귀를 통해 도달하는 대신, 슈레버의 내부로부터 생겨나 신경에 직접 자극을 가하기[75] 때문이다.

슈레버의 적敵, 광선들은 슈레버에게만 들리는 목소리의 모습으로 끊임없이 질문을 던지고, 명령을 내리거나, 조롱하면서 그것을 생각하고 그것에 응대하느라 슈레버의 신경이 잠시도 쉬지 못하게 한다. 사유가 '강제'되는 것이다.

> 그 영향력은 일찌감치 사유 강제의 형태로 나타났다. (……) 사유 강제의 본질은 인간으로 하여금 끊임없이 무언가를 생각하도록 만드는 데 있다. 달리 말하면, 때때로 아무것도 생각하지 않음

(……)으로써 지성 신경에 휴식을 부여하려는 인간의 자연적 권리가, 내게는 나와 교류를 갖는 광선들에 의해 처음부터 제한되었다는 것이다. 광선들은 끊임없이 내가 무슨 생각을 하는지 알려고 했다. 예를 들어 그들은 (……) "지금 무슨 생각을 하고 있나요?"라고 묻는데, (……) 내 신경이 이런 터무니없는 질문에 대해 스스로 아무 반응도 하지 않자 그들은 곧바로 생각 위조 시스템으로 도피할 수밖에 없게 되었다. 예를 들어 앞의 질문에 그들 스스로가 "그는 세계 질서에 대해 ……해야 한다"라고 답변하는 것이다. 다시 말해 내 신경은 광선들의 영향으로 이 단어들을 사용할 때와 같은 진동 상태에 놓이도록 강요된다.[76]

슈레버의 신경은 "지금 무슨 생각을 하고 있나요?" "왜…… 말하지 않나요?" "왜 똥…… 않나요?"[77] 같은 질문과 답변으로 계속 진동 상태에 돌입한다. 슈레버는 이 목소리들의 언어가 "내가 이 글을 쓰는 동안에도 계속해서 내 생각을 분산하거나" "이 어려운 분야에 대해 지속적으로 사유하는 것을 종종 불가능하게"[78] 만든다고 호소한다. 말은 슈레버를 고문하는 도구가 되었다.

75 광선과 목소리의 관계에 대해 슈레버는 이렇게 말한다. "우리는 외부 세계에서 받아들이는 모든 인상이 이른바 오감을 통하는 것으로, 특히 빛과 소리에 대한 지각들은 각각 눈과 귀를 통해 지각된다는 생각에 익숙해 있다. (……) 하지만 나처럼 광선을 통해 소통하고, 그로 인해 각성한erleuchtet 사람에게 그러한 생각은 완전히 들어맞지는 않는다. 빛과 소리에 대한 감각은 광선들로부터 나의 내부 신경 체계에 직접 투사되며, 따라서 나는 그것을 지각하기 위해 외적인 시각과 청각 도구들을 필요로 하지 않는다. 나는 그 과정들을 눈감고서도 보고, 그것이 목소리처럼 청각적 감각과 유사한 인상들인 한에서는 귀를 밀봉한다 하더라도 그 소리들을 들을 수 있다." 같은 책, 131쪽, 각주 63, 번역 일부 수정.

76 같은 책, 61~62쪽.

귀를 막아도 사라지지 않는, 내부로부터 생겨나 끝없이 사유를 강제하는 말들. 도대체 이 말들을 어떻게 방어할 수 있을까? 오랜 시련의 시기를 지난 후 슈레버는 나름의 방책을 고안해냈다. 목소리가 들리지 않도록 피아노를 치고, 책이나 신문을 읽거나 실러Friedrich von Schiller, 1759~1805의 발라드, 실러와 괴테J. W. von Goehe, 1749~1832의 연극 장면들, 오페라 아리아 등을 '암송'하는 것이다.

> 이에 대한 다양한 방어 수단 중 하나는 피아노를 치거나 (……) 책 또는 신문을 읽는 것이다. 그러면 가장 길게 늘어난 목소리도 결국은 사라진다. 이것이 가능하지 않은 시간, 예를 들어 밤이라든가 정신이 다른 일을 하기를 원하는 시간에는 시를 암송하는 것이 가장 효과적인 방법임을 알게 되었다. 나는 상당히 많은 시, 구체적으로는 실러의 발라드, 실러와 괴테의 연극 장면들, 오페라 아리아, 「막스와 모리츠」, 「슈트루벨페터」, 스펙터 우화 등에 나오는 해학적인 시들을 외웠는데, 그것들을 한마디 한마디 속으로 암송한다. 당연하게도 여기에서는 이 시들의 시적 가치 그 자체가

77 내부 목소리들의 끊임없는 말하기로 생겨나는 '사유 강제'는 중단되고 파편화된 문장들—"불완전하게 말하는 시스템"—을 통해 더 강화된다. 슈레버의 신경이 끊기고 중단된 문장들을 완성하도록 강요받기 때문이다. 이 사유 강제는 나아가 목소리들의 말하는 속도가 늦어지면서 극에 달한다. 슈레버의 호소를 들어보자. "여기에서 말한 현상들을 나처럼 개인적으로 체험했거나 아직껏 개인적으로 체험하지 않은 사람은 이를 통해 말이 어느 정도나 느려지는지 상상하지 못할 것이다. '물론, 당연하지'는 '무—우—우—울—로—오—오—온—다—아—아—앙—여—어—언—하—아—아—지—이—이'로, '그럼 왜 똥…… 않나요?'는 '그—으—러—어—엄—외—에—에—또—오—옹—으—을—싸—아—아—지—아—아—안—나—아—아—요—오—오'로 들리는데, 이 말이 완전히 끝나기까지는 약 30초에서 60초 정도가 소요된다." 같은 책, 221~222쪽.

78 같은 책, 237쪽.

> 중요하지는 않다. 아무리 하찮은 운율도, 심지어 외설스런 시구도 내 신경이 들어야 하는 저 끔찍한 헛소리에 대항하는 정신적 양분으로서 황금과도 같은 가치를 지닌다.[79]

여기에서 중요한 것은 암송되는 시들의 "시적 가치"가 아니다. 그 시들의 '운율'이, 시를 암송할 때 생기는 신경의 진동이 사유를 강제하는 목소리의 언어를 대체하는 것이 핵심이다. 목소리들의 '저 끔찍한 헛소리'를 대신해 슈레버의 신경을 운동하게 하는 다른 말이라면 심지어 외설스러운 시구조차 '황금과도 같은' '정신적 양분'이 되는 것이다. 나중에 슈레버는 "시를 암송하는 외에도 (……) 숫자를 헤아리는"[80] 방법을 사용하기도 하고, 이런 점잖은 방법들이 통하지 않는 급박한 상황에는 "이 어처구니없고 뻔뻔스러운 목소리들의 헛소리를 그치고 잠시나마 신경을 안정시키기 위해 큰 소리를 지르거나 소음을 내"[81]기도 한다. 신경을 자신의 의지에 따라 운동시키는 것이 중요하기에, 슈레버가 암송하거나 지르는 말의 언어적 내용Signifikate, 기의은 그 무엇이 되어도 상관없다. 중요한 것은 그 자신의 신경을 자신이 선택한 말, 정확히 말하자면, 그 말의 음성적 울림Signifikant, 기표을 통해서 진동시키는 것이기 때문이다.

독일의 매체이론가 프리드리히 키틀러Friedrich Kittler, 1943~2011는 이러한 슈레버의 경험을 당대 매체 환경과 관련해 해석한다. 슈레버의 책에 등장하는 낯선 조어 "기록 시스템Aufschreibesysteme"을 제목으로 차용한 『기록시스템 1800 · 1900』에서 키틀러는, 슈레버의 『회상록』이

79 같은 책, 222쪽.
80 같은 책, 326쪽.
81 같은 책, 140쪽, 각주 66.

1900년대 '담론 네트워크'[82]에서 차지하는 위상을 이렇게 이야기한다. 슈레버의 『회상록』은 1800년대, 특히 낭만주의에서 중심적인 지위를 차지하던 "영혼Seele"을 해부학과 신경생리학의 대상인 "신경Nerven"으로 전환한 1900년대 기록 시스템의 대표작이다. 슈레버 스스로 자신의 초감각적 체험을 설명하는 데 있어, 당대 정신의학과 정신물리학 지식을 적극 수용하고 있을 뿐 아니라,[83] 슈레버의 체험의 상상계 속에서 언어는 물질적 '기표'들로 등장하고 있기 때문이다.

실제로 슈레버의 신경을 점유하려는 목소리들의 말에서도, 슈레버의 대항 방법에서도 언어는 내용으로서가 아니라, 단지 신경을 진동시키는 울림으로서만 의미를 갖는다. 슈레버는 그 자체로 '무의미한'("끔찍한 헛소리Unsinn") 언어의 공격에 맞서 자신 스스로 만들어내는 '무의미한'('하찮은 운율' '외설스런 시구' '숫자 세기' '소리 지르기') 언어들로 대항한다. 이보다 좀 더 편해지게 된 것은 이후 슈레버가 목소리들이 하는 말을 흘러가는 소음으로 대할 수 있게 되면서부터다. 슈레버는 그 말들의 기의에 주목하지 않고, 말을 흘러가는 기표들의 덩어리로, 그저 '모래시계에서 모래알이 떨어지는 것 같은 쉬쉬거리는' 소리로 받아들임으로써 사유 강제로부터 자유롭게 되는데, 이는 슈레버의 "육체의 영혼 쾌락이 점점 증가"[84]하는 현상과 뗄 수 없이 맞물려 있었다. "의미가 중단되는 곳에서 향유가 시작"[85]된 것이다.

슈레버의 『회상록』은 복합적인 텍스트다. 여기에는 복합적인 층

82 *Discourse Networks*는 프리드리히 키틀러 책의 제목인 *Aufschreibesystme 1800/1900*의 영어판 제목이다. *Discourse Networks 1800/1900*, Michale Metteer and Christ Cullens 옮김, Stanford, 1990.

83 F. Kittler, *Aufschreibesysteme 1800/1900*, München, 2003, 357쪽.

84 『한 신경병자의 회상록』, 295쪽.

85 앞의 책, 366쪽.

위의 언어들이 등장한다. 세상 사람들에게 슈레버의 초월적 체험을 이해시킬 수 있는 언어와, 슈레버를 공격하고 사유를 강제하는 광선과 목소리들의 언어. 이 책은 이처럼 슈레버의 머리와 육체의 주도권을 두고 싸움을 벌이는 이 두 언어의 투쟁의 기록인 동시에 그 결과물이기도 하다. 서로 충돌하고, 비껴나가거나 닮아가기도[86] 하는 이 투쟁 과정은 슈레버의 텍스트 속에 고스란히 그 흔적을 남겼다.

손의 흔적

형사처분과 재산 손실의 위험도 감수하면서까지 그토록 원하던 『회상록』의 출간이 성사되고, 병원에서도 퇴원한 슈레버는 드레스덴으로 귀향한다. 결국 아이를 낳지 못한 아내 자비네는 당시 열세 살의 여자아이—프리돌리네Fridoline—를 입양했는데, 슈레버는 이들과 더불어 드레스덴에서 행복한 삶을 보낸다. 슈레버 금치산 재판의 감정인이자 슈레버가 마지막으로 체류하던 존넨슈타인 정신병원의 원장 베버 박사의 우려와는 달리 퇴원 후 슈레버는 수면 중 가끔 고함을 지르는 것 말고

86 사유 강제를 일으키는 목소리들의 파편화된 문장들처럼 슈레버의 문장에서도 동사가 생략된 불완전한 문장(4장, 독일어판 97쪽)이 발견된다. 영어판(*Memoirs of My Nervous Illness*, New York, 2000)의 번역자 이다 매컬파인Ida Macalpine과 리처드 A. 헌터Richard A. Hunter는 아무 지적도 없이 빠진 동사를 보충해 이 비문을 완전한 문장으로 번역(영어판 48쪽)하고 있는데, 이 두 사람은 목소리들의 불완전한 문장을 완성시키면서 슈레버가 겪어야 했던 사유 강제를 스스로 되풀이하고 있는 셈이다.

87 라이프치히 되젠 정신병원 일지. Zvi Lothane, *Seelenmord und Psychiatrie: Zur Rehabilitierung Schrebers*, Giessen, 2004, 590쪽.

88 "슈레버 연합"은 처음에는 모리츠 슈레버가 죽은 후 동료들에 의해 건강한 아동교육을 후원하기 위한 개인들의 연합 조직으로 결성되었다. 이후 이 조직은 취미로 꽃이나 채소 등을 재배하는 작은 정원 소유자들의 클럽으로 성격이 변화되는데 지금도 독일에서 활동하고 있는 이 조직은 "슈레버 정원Schrebergarten"이라 불린다.

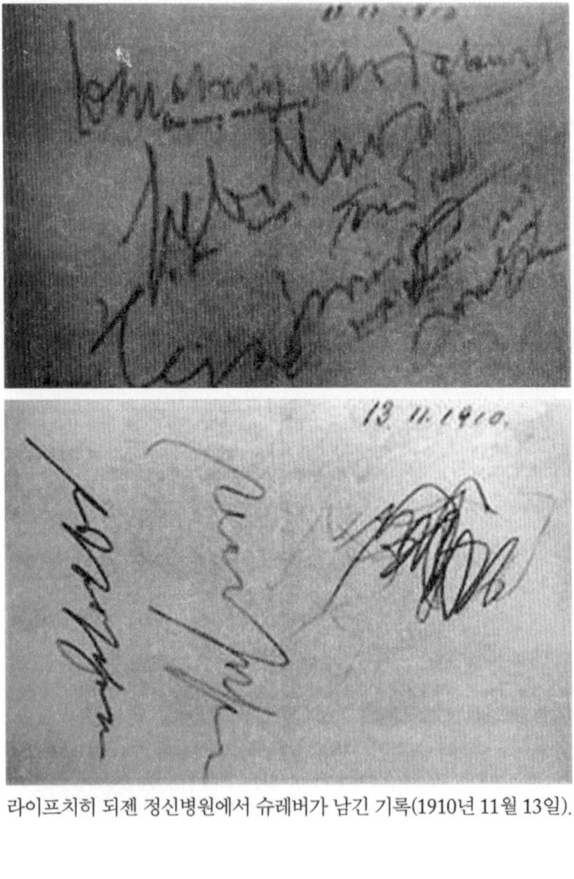

라이프치히 되젠 정신병원에서 슈레버가 남긴 기록(1910년 11월 13일).

는 주변사람들에게 피해를 주는 증상을 보이지 않았다.[87] 슈레버는 드레스덴에 새 집을 짓고 부친의 이름으로 설립된 "슈레버 연합Schreber-Verein"[88]의 업무를 돌보는 등 사회 활동에도 참여했다. 그런데 모친이 노환으로 사망하고 부인 자비네 역시 뇌경색으로 일시적 실어증을 겪게 되는 1907년 슈레버에게는 이전의 증상들이 다시 찾아온다. 그 때문에 슈레버는 라이프치히 되젠 정신병원에 다시 입원하게 된다.

그곳에서 슈레버는 어떤 시간을 보내야 했을까? 이전처럼 그 특유의 성실과 철저함으로 자신이 겪는 기적과 진리를 기록하지 않았을까? 불행하게도 우리에게는 『회상록』 이후 슈레버가 쓴 '글'은 전해지는 것이 없다. 되젠 정신병원에 입원해 있는 동안 슈레버가 무력증과 혼미stupor, 섬망delirium, 극심한 불안과 행동 장애를 보였는데, 이러한 상황이 『회상록』과 같은 글을 쓰기를 힘들게 했을 것이다.

하지만 이렇게 말하면 우리는 '글'의 개념을 매우 국한하는 것이다. 니진스키에게서 확인했던 것처럼 "글의 진실이 기호로서의 글이 '전달'하는 메시지가 아니라, 손과 신체, 종이와 만년필이라는 육체성과 물질성이 '남겨놓은 흔적' 속에" 있다면, 우리에게는 슈레버 글의 진실의 한 단면을 보여주는 흔적이 남아 있기 때문이다. 여기 실린 이 두 장의 사진은 라이프치히 되젠 정신병원에 머무르던 시절에 슈레버가 남긴 '글' 혹은 '손과 신체, 종이와 만년필의 흔적'이다. 쪽지에는 1910년 11월 13일이라는 날짜가 쓰여 있다. 슈레버는, 한때 그렇게도 열망했던 필기구를 가지고 무언가를 계속 기록했던 것이다.

슈레버가 '무엇'을 쓰고 싶어 했을까? 하는 의문은 정당하지만 그렇게 중요한 질문은 아니다. 자신의 내적 진리를 어떻게 해서든 알리고자 하려는 열망이건, 글쓰기를 통해 시간 속에서 흐르고 없어져버리는 모든 생각과 감정을 붙들어두고자 하는 강박이건, 어찌 되었든 니진스키와 슈레버에게 중요한 것은 자신들이 계속해서 그 글쓰기 속에, 손을 움직이면서 진리를 열망하는 바로 그 행위 속에 있었다는 사실이기 때문이다. 4년 동안의 병원 생활 끝에 슈레버는 1911년, 프로이트가 슈레버에 관한 논문[89]을 발표하던 바로 그 해에 호흡곤란과 심장마비 증세를 보이며 사망한다. 사망 다음 날 부검된 그의 시신에서는 생전에 슈레버가 믿었던 것과는 달리 아무런 "신경 체계의 특이함"도 발견되지 않았다.[90]

89 자전적으로 쓰인 편집증Dementia Paranoides 사례에 대한 정신분석학적 고찰. S. Freud, "Psychoanalytische Bemerkungen über einen autobiographisch beschriebenen Fall von Paranoia(Dementia paranoides)", *Jahrbuch für psychoanalytische und psychopathologische Forschungen III*, Bd. I, Hälfte. Franz Deuticke, Leipzig und Wien, 1911.

90 1911년 4월 15일의 부검 프로토콜. Z. Lothane, *Seelenmord und Psychiatrie*, 596쪽.

2부

근대, 광기, 예술

'광기'는 고대부터 예술 현상을 설명하는 미학의 핵심 범주였다. 예를 들어 플라톤은 시와 무용과 같은 예술을 일종의 광기enthousiasmos 상태에서 벌이는 비이성적 활동이라고 보았다. 그리고 『파이드로스』에서 "신에게서 오는 광기mania ek theous"가 "사람들에게서 유래하는 분별sophyrosyne par anthropon"보다 더 우월한 것이라고 이야기하면서 그 광기를 네 가지로 구분한다. 첫 번째는 아폴론Apollon에게서 오는 예언의 광기이고, 두 번째는 디오니소스Dionysos에게서 오고 속죄와 정화를 가능하게 하는 제의를 관장하는 광기, 세 번째는 뮤즈들로부터 오는 시인의 광기, 마지막으로 에로스에게서 오는 사랑의 광기가 그것이다. 이 중 인간으로 하여금 노래와 시를 짓게 하는 광기, 그 점에서 예술의 원천이기도 한 세 번째 광기에 대해 플라톤은 이렇게 말한다.

> 셋째로, 뮤즈 여신들에게서 오는 신들림과 광기가 있네. 이것은 여리고 순결한 영혼을 사로잡아 그 영혼을 일깨워 도취 상태에 빠뜨려 여러 가지 노래와 다른 시를 짓게 하지. 갖가지 옛사람들의 일을 꾸며내어 후대 사람들을 가르치네. 뮤즈 여신들에게서 오는 광기 없이, 기술만 가지고도 충분히 시인이 될 수 있으리라 확신하고서 시작詩作의 문턱에 다가서는 사람이 있다면, 그는 그 자신도 완성에 이르지 못할뿐더러 분별이 있는 그 사람의 시작은 광기에

사로잡힌 자들의 시작에 가려 그 빛을 잃게 될 걸세.[1]

뮤즈 여신에게서 오는 광기 없이 기술만으로 쓰여지는 시는 결코 온전한 시가 될 수 없다는 것, 진정한 창조성의 근원은 기술이 아닌 광기에 있다는 이 생각은, 플라톤 이후 예술의 역사에서 끊임없이 흔들리는 묵직한 추처럼 작용해왔다. 예술적 창조력은 기술처럼 사후에 습득될 수 있는 것이 아니라 자연의 선물로서 주어지는 창조적 재능Ingenium[2]이고, 거기에는 필시 광기가 함께 작용하고 있다고 여긴 것이다.

잘 알려져 있듯 광기와 예술적 창조성 사이에 어떤 내적 관계가 존재하리라는 믿음은 현대에 이르기까지도 끈질기게 이어져 왔다. 근대 미학의 '예술가 천재' 개념 또한 이로부터 멀리 떨어져 있지 않았다. 19세기 낭만주의 예술론에서 광기와 상상력은 인간의 가장 순수하고 본래적인 감수성의 한 형태로 받아들여졌고, 모든 위대한 예술적 창조력의 근원으로 상찬되었다. 그러나 광기를 꿈을 향한 추동력으로 받아들였던 낭만주의자들도 현실 속의 광인 그 자체에 의미를 두지는 않았다. 문제가 되었던 것은 예술 창작의 동력으로, 이상화된 예술 속의 인물로 예술 속에서 감지되는 광기였을 뿐이다. 이러한 점에서 낭만주의에 영향을 받은 많은 이론가가 이야기하는 광기나 광인이란 사실상 메타포적 의미에 다름 아니었다. 이렇게 예술화된 광기나 이론적으로 포착된 광기가 아니라, 현실 속의 광기, 실제 살아가는 광인을 예술과 관련시켜 고찰하기 시작한 것은 문학이나 미학이 아닌 정신의학이었다.

1 플라톤, 『파이드로스』, 조대호 옮김, 문예출판사, 2008, 57쪽.

2 Ingenium은 한 인간의 특성을 지칭하는 말이자 그 인간힘과 타고난 능력을, 특히 정신적 능력과 관련해서, 의미하는 것이었다. 예를 들어 물 흐르듯, 빠르고 쉬운 사유와 판단력, 나아가 상상력imaginatio, phantasia의 능력이다. Ästhetische Grundbegriffe, Historisches Wörterbuch in seiben *Bänden*, Bd. 2, Weimar, 2010, "Genie".

19세기 말부터 20세기 초는 정신의학과 심리학의 시기였다. 이 시기에는 이전까지의 관념론적 전통에서 벗어나 경험적이고 실증적인 방법을 통해 인간을 이해하고자 했던 시도가 이루어졌다. 새로운 학문적 방법론으로 자리 잡기 시작한 정신의학이 이전까지 미학과 예술론에서 다루어왔던 예술/예술적 천재성과 광기의 관계에 관심을 갖기 시작한 것은 우연이 아닐 것이다. 정신의학의 영향을 받은 이론가들은 관념론적 철학이나 미학 용어 대신 심리학과 의학의 관점과 방법론으로 소위 천재로 여겨졌던 예술가들의 생애나 전기, 일화 등에서 얻은 심리적·기질적 특질 등을 분석하고 이것을 당시 정신의학이 정의 내린 주요 대상이었던 다양한 종류의 광기와 비교했다. 관념론적 철학과 미학적 개념을 대신해 등장한 경험적·실험적 관점은 예술가-천재와 광기의 관계를 이전과는 다르게 그려내기 시작했고, 이는 광기와 예술의 관계에 대한 오래된 믿음을 학문적으로 입증하거나 강화하면서 예술과 예술가에 대한 이해 방식을 풍부하게 만들었다. '아웃사이더 아트Outsider Art'와 같은 새로운 예술 영역이 등장하게 된 것도 이러한 배경에서였다.

19세기 중반부터 20세기 초까지 이러한 맥락에서 출간된 대표적인 서적들을 꼽아본다면 다음과 같다.

1818년: Arthur Schopenhauer, ***Die Welt als Vorstellung und Wille***.
1863년: Cesare Lombroso, *The Man of Genius.*
1886년: Wilhelm Dilthey, ***Dichterische Einbildungskraft und Wahnsinn***.
1887년: Charcot, J.–M. et P. Richer, *Les demoniaques dans l'art.*
1892/1893년: Max Nordau, ***Entartung***.
1897년: Cesare Lombroso, ***Studien über Genie und Entartung***.
1898년: Moebius, P. J., *Ueber das Patholgische bei Goethe.*
1899년: Kraepelin, E., *Psychiatrie. Ein Lehrbuch für Studirende und*

Aerzte. Moebius, P. J., *Ueber Schopenhauer.*

1900년: Wundt, W., *Völkerpsychologie.* S. Freud, *Traumdeutung.*

1903년: Weininger, O., *Geschlecht und Charakter.* D. P. Schreber, *Denkwuerdigkeiten eines Nervernkranken.*

1904년: Binswanger, O., *Die Hysterie.*

1906년: Alzheimer, A., Über eine eigenartige Erkrankung der Hirnrinde.

1909년: Birnbaum, Carl, Über psychopathische Persönlichkeiten.

1910년: Bonhoeffer, K., Die symptomatischen Psychosen.

1911년: Bleuler, E., Dementia praecox oder Gruppe der Schizophrenien.

1913년: Sigmund Freud, *Totem und Tabu.* Karl Jaspers, *Allgemeine Psychopathologie.*

1922년: Karl Jaspers, ***Strindberg und van Gogh***. Hans Prinzhorn, ***Bildnerei der Geisteskranken***.

1923년: Pfeifer, R. A., *Der Geisteskranke und sein Werk.* Schneider, K., *Die psychopathischen Persönlichkeiten.*

1929년: Kretschmer, E., *Geniale Menschen*.

1930년: Sigmund Freud, *Das Unbehagen in der Kultur.*

우리는 이 가운데 광기와 예술에 대한 논의들을 담고 있는 책들의 핵심 내용을 짧게 개괄해보고자 한다. 우리의 질문은 다음과 같은 것이다. 광기와 예술의 관계에 대한 오래된 사고의 전통이 새로운 학문적 방법론을 거치면서 어떻게 수용 내지 변용되고 있는가? 그것은 예술과 예술가를 바라보는 시선에 어떤 영향을 미쳤는가?

고대에서부터 면면히 이어져 온 광기와 예술에 대한 담론이 19세기 정신의학적 프리즘을 통해 다시 부상하게 된 이유는 19세기, 근대라는 삶의 조건들과도 무관하지 않다. 이 시기는 제1차 세계대전이라는 전대미문의 충격, 급속하게 성장한 도시와 결부된 새로운 삶의 환경 등 인류가 이전까지 경험하지 못했던 강도의 심리적 불안, 스트레스와 충격이 사람들의 정신을 닦달해대기 시작하던 때였다. 이러한 상황에서 증가할 수밖에 없는 병리적 정신 현상들은 이 시기 정신의학적 연구에 중요한 원재료를 제공해주면서 그 발전을 추동하던 주요한 시대적 조건이었다. 이 장을 시기적으로는 다른 책들보다 늦게 출간된 막스 노르다우Max Nordau, 1849~1923의 『퇴행Entartung』(1892)에서 시작하는 이유는 바로 여기에 있다. 이 책은 당대의 숨 가쁜 삶의 조건들이 변화하면서 당대인들의 정신적 상태에 미치는 영향력을 생생하게 보여주고 있는 도큐먼트다.

1 근대와 광기

: 막스 노르다우, 『퇴행』

1800년대 말에서 1900년대 초는 유래가 없을 정도의 급격한 변혁기였다. 이 시기에 이루어진 중요한 기술적 발명들 몇 가지만 열거해보더라도, 당시 사람들의 삶이 얼마나 커다란 격변의 충격을 겪었을지 가늠할 수 있다.

1876년: 그레이엄 벨의 '전화기'
1878년: 파리 만국박람회
1881년: 세계 최초의 전차(베를린)
1882년: 에디슨 첫 번째 발전소(뉴욕)
1883년: 다이믈러 & 마이바흐 벤진 자동차 모터 특허
시카고의 고층빌딩
1885년: 첫 번째 벤진 모터 장착한 자동차 등장(벤츠, 3륜)
1887년: 축음기 발명
1889년: 파리 만국박람회 에펠탑
첫 번째 자동차 박람회(파리)
1890년: 던롭Dunlop이 첫 번째 공기 타이어 발명
1893년: 디젤 모터 발명
세계 최초 사진 전시회(함부르크)
1894년: 뤼미에르의 키네마토그라프Kinematograph 발명

1895년: 뢴트겐의 X선 발견
1896년: 영국 최초의 대중신문 『데일리 메일Daily Mail』 창간
아테네에서 제1회 올림픽 개최
1897년: 첫 번째 무선 교신(아돌프 슬라비Adolf Slaby)
1900년: 첫 번째 제플린Zepplin 여행(독일), 최초의 에스컬레이터 (파리 만국박람회)
1901년: 빌헬름 마이바흐Wilhelm Maybach가 '메르세데스' 자동차 설계
1903년: 라이트 형제의 첫 번째 모터 비행
1904년: 뤼미에르가 '컬러사진을 위한 오토크롬Autochrome판' 개발
1905년: 아인슈타인의 '상대성 이론'
최초 공공버스 등장(베를린)
오슬람 최초의 전구 발명

1870년대에서 1905년까지 불과 30여 년 사이에 전화와 전차, 영화, 발전소, 자동차, 축음기, 대중신문, 비행기, 공공버스 등 오늘날까지 교통 및 통신 기술의 근간이 되는 거의 모든 기술적 고안물이 등장했다. 이미 태어날 때부터 이런 기술과 기계에 익숙해 있는 우리와는 달리 당시 사람들은 최초로 이 새로운 기술과 기계가 주는 직접적 변화들을 접해야 했다. 굉음을 내며 도심을 가로지르는 전차, 하늘을 날아 대륙을 연결해주는 비행기, 우리를 순식간에 다른 장소로 실어다주는 모터 자동차 등이 만들어낸 자극과 인상은 당시 사람들에게 얼마나 강렬한 것이었을까. 1887년 가을에서 1888년 봄 사이, 철학자 니체는 당시 사회적·문화적 격변의 영향력에 대해 이렇게 이야기한다.

감수성은 형용하기 어려울 정도로 그 어느 때보다도 예민해지고 (……) 괴리적인 인상들도 그 어느 때보다 풍부해진다—음식과 문학, 신문, 형식, 취향, 심지어는 풍경 등의 세계주의. 이것들이

> 가장 빠르게premissimo의 속도로 몰려들고 인상들은 다른 인상들을 쓸어내 버린다. 사람들은 무엇인가를 안으로 받아들이고, 깊이 받아들이며 '소화'해내는 일에 대해 본능적으로 저항한다—소화력의 약화라는 결과가 여기에서 나온다. 누적되어 있는 인상들에 대한 일종의 순응이 생겨난다. 인간은 적극적으로 행동하는 법을 잊어버리고 단지 외부로부터의 자극에 가까스로 반응할 뿐이다. 인간은 자신의 힘을 일부는 동화, 일부는 방어, 일부는 반항하며 다 써버린다. 자발성의 심각한 약화—역사가, 비평가, 분석가, 해석자, 관찰자, 수집가, 독자—모두가 반응하는 재능을 가진 자들이다. 모든 학문도! (……) 관심을 갖기는 하지만, 말하자면 단순한 표피적 관심일 뿐이다.[3]

"가장 빠르게"의 속도로 몰려드는 자극과 인상들[4] 때문에 사람들은 어떤 것도 제대로 소화해내지 못한다. 자발성은 심각하게 약화되고, 감수성은 극도로 예민해진다. 그 결과 모든 것을 표피적으로만 받아들이고 어떤 것도 깊이 수용하지 못한다. 이로부터 약 5년 뒤인 1892년, 근대의 격변이 주는 영향력을 니체보다 훨씬 부정적으로 진단했던 동시대인이 있었다. 의사이자 문화비평가 막스 노르다우였다. 노르다우는 당시 오스트리아 제국에 속해 있던 헝가리에서 태어나, 유럽 주요 신문에 글을 쓰는 저널리스트인 동시에 파리에서 의사로 활동했던 유대인 지식인이었다. 시오니즘 운동의 지도자이기도 했던 노르다우는 당대 문학과 예

3 Friedrich Nietzsche, *Nachgelassene Fragmente: Herbst 1887-März 1888*, KSA XII, 464; 니체전집 20권『유고』, 백승영 옮김, 책세상, 2005, 153~154쪽, 번역 일부 수정.

4 물론 니체가 여기에서 말하는 인상들에는 단지 기술적 · 물질적 변화에 따른 자극만 포함되지는 않는다. 거기에는 당시 사회적 · 정치적 변화와 다양한 문화적 현상까지 포괄된다.

술에 대한 깊은 조예에 기반을 두고 20여 권에 달하는 사회 · 문화비평서를 출간했는데, 그 책들은 여러 언어로 번역되어 유럽 전역에서 활발한 논쟁의 대상이 되었다. 그중에서도 당대는 물론 20세기 중반까지 사회적 · 문화적 · 정치적 퇴행 담론[5]에 가장 큰 영향을 끼친 저작이 여기에서 살펴보려는 『퇴행』이다. 1892년 베를린에서 처음 출간되어 큰 반향을 일으킨 이 책은, 1894년 프랑스어, 1895년 영어, 1902년 스페인어와 이탈리아어로 번역되었고,[6] 1914년에는 『현대의 타락』이라는 제목으로 일본어로도 번역된다.[7] 이 책은 1890년에서 1900년 사이 유럽에서 가장 많이 팔린 10권 중 하나로, 다양하고 역설적인 방식으로 당시 사상과 문화계에 영향을 끼쳤다. 예를 들어 영어로 번역된 이 책은 당시 영국에서는 잘 알려지지 않았던 키에르케고르Søren Aabye Kierkegaard, 1813~1855나 니체와 같은 사상가들은 물론, 문학작가인 입센Henrik Ibsen, 1828~1906과 베를렌느Paul Verlaine, 1844~1896를 유명하게 만들었다. 이들의 저작과 작품이 퇴행의 정신적 산물이라고 비판하는 이 책이 도리어 그에 대한 관심을 부추겼던 것이다. 특히 입센에 대한 열광이 일어나게 된 데에는 노르다우의 『퇴행』이 영어로 번역되고, 5판이나 출간되었던 상황에 기인한 바가 크다.[8]

5 당대 문화 예술을 특정한 정신병리적 조건의 산물로 바라보고 해석하는 『퇴행』의 관점은 이후 큰 이데올로기적 영향을 미치게 되는데, 특히 나치 정권 시기인 1930년대 독일 전역에서 열린 "퇴행예술전Entartete Kunst"은 『퇴행』에 등장한 '치명적인' 개념에서 연유한 것이다. H. Ujvari, "Entartung: Zur Genealogie des fatalen Begriffs bei Max Nordau", *Germanische Studien VI*, Hamburg, 2007, 185~201쪽.

6 같은 글.

7 이재선, 「이광수의 사회심리학적 문학론과 '퇴화'의 효과: 〈문사와 수양〉을 중심으로」, 『서강인문논총』, Vol. 24, 2008, 253~295쪽, 282쪽.

8 Hans-Peter Söder, "Disease and Health as Contexts of Modernity: Max Nordau as a Critic of Fin-de-Siècle Modernism", *German Studies Review*, Vol. 14, No. 3, Oct. 1991, 473~487쪽, 474쪽.

『퇴행』이 당대에 이와 같은 성공을 거둔 이유는 어디에 있을까? 한스-페터 죄더Hans-Peter Söder는 두 가지 이유를 든다. 첫째, 이전까지 이만큼 분명한 관점에서 당대의 거의 모든 문학예술을 망라할 만큼의 규모로 세기말의 문학예술을 비교하고 검토한 책이 없었기 때문이다. 둘째, 이 책이 새로운 방식으로 과학에서 제기된 관점과 방법을 예술에 적용했기 때문이다. 다윈Charles R. Darwin, 1809~1882의 『종의 기원』(1859)이 제기한 생물의 진화라는 관점은, 당시 지식인들로 하여금 사회, 문화적 현상들을 자연과학적 방법으로 바라보게 하는 계기가 되었다. 노르다우는 당대 세기말적 문화의 측면들을 이런 관점에서 설명할 수 있는 체계를 제공했는데, 이는 "주관적인 예술과 문화적 생산물의 가치를 '객관적인' 과학적 범주를 수단으로 측정"[9]하려는 당대의 정신적 욕구를 충족시켰던 것이다.

『퇴행』은 앞으로 살펴보게 될 근대 범죄학의 선구자 체사레 롬브로조Cesare Lombroso, 1835~1909에게 헌정되었다. 문학이나 예술 작품을 미적 이념의 표현으로 보던 이전 시기의 관념론적 미학에서 벗어나, 작품에서 드러나는 정신병리적 특성들에 주목하고, 그것을 경험적으로 확인 가능한 창작자의 심리적·정신적 특성과 관련시켜 고찰하는 롬브로조의 연구 방법을 노르다우가 받아들였기 때문이다. 하지만 대상을 바라보는 이 둘의 관점은 매우 달랐다. 롬브로조가 예술가들의 노이로제적·정신병리적 특성을 부정적으로 보지 않고 있는 데 반해, 노르다우는 당대 작가와 예술가의 작품을 정신적 쇠약과 고갈의 산물로 여기고 비판하고 있기 때문이다. 노르다우는 프랑스의 정신의학자 베네딕트 오귀스탱 모렐Benedict Augustin Morel, 1809~1873의 퇴행 이론을 당대 문학예술의 분석에 적용해, 당대 문화가 새롭고 진보적이기는커녕, 퇴행적이

9 같은 책, 473~487쪽, 475쪽.

고 유아적임을 증명하려고 했다. 니체, 베를렌느, 입센, 바그너Wilhelm R. Wagner, 1813~1883, 오스카 와일드Oscar Wilde, 1857~1900를 비롯한 많은 예술가가 데카당트로 규정되었다. 톨스토이Lev N. Tlostoy, 1828~1910에게는 "신비주의자Mystiker", 보들레르Charles P. Baudelaire, 1821~1867에게는 "악마주의자Diabolikter", 그리고 오스카 와일드에게는 "심미주의자"라는 딱지가 붙었다. 니체는 "사디스트이자 자기 중독증자", 바그너는 "마조히스트"로 규정되었다.

『퇴행』은 총 다섯 권으로 이루어져 있다. 1권은 '세기말', 2권은 '신비주의', 3권은 '에고 마니아', 4권은 '리얼리즘', 5권은 '20세기'라는 제목이 붙어 있다. 1권은 다시 "증상symptoms" "진단diagnosis" "병인학病因學, Etiology"이라는 하위 장으로 구성되어 있고, 2~4권은 1권에서 내린 결론에 입각해 당대의 문학예술을 신비주의, 에고 마니아, 리얼리즘의 범주로 분류해 분석 · 비판한다. 5권은 "예후Prognosis"와 "치료법Therapeutics"이라는 장으로 이루어져 있다. 증상과 그 증상에 대한 진단, 병의 확인, 치료하지 않았을 때 발생할 현상들, 치료법이라는 책의 구성 자체가 당대 유럽 문화라는 환자를 진찰하고, 그가 걸린 병을 치료하려는 의료적 관점을 드러내고 있는 것이다.

제1권은 '세기말Fin-de-Siecle'이라는 단어에 대한 숙고로부터 시작한다. 이 단어가 프랑스어인 이유는 세기말 정신 상태에 대한 의식적 명명이 프랑스에서 처음 이루어졌기 때문이다. 이 단어가 이후 모든 문명화된 국가의 언어에서도 그대로 채택되어 사용되고 있다는 사실은, '세기말'로 지칭되는 인류의 정신적 상태가 그만큼 도처에서 접할 수 있게 된 사정을 보여주는 것이다. 그 상태란 탈脫도덕, 음울, 과도한 흥분, 자연스럽지 못한 혼종 등으로 요약될 수 있다. 노르다우에 따르면, 이러한 세기말 증상은 사람들의 옷차림, 주거지, 당대 문학과 예술 등 거의 모든 삶의 영역에서 드러난다. 사람들은 자기 본성에 맞지 않는 옷과 장신구를 착용하고, 서로 어울리지 않는 유행의 파편들로 치장하면서 다른 사람에게 "강한 신경의 흥분"[10]을 만들어내려고 애쓴다. 중세 고딕 홀과 쿠르드Kurd, 동양풍이 뒤섞인 카펫, 르네상스식 의자에 중국식 테이블이 뒤섞여 "형태와 목적이 서로 모순을 일으키고, 불연속과 대립적 효과들과 이국풍의 물건들"로 꾸며진 주거지 역시 "신경을 흥분시키고 감각을 혼란스럽게"[11] 한다. 음악은 청중을 흥분시키려고 불쑥불쑥 불협음들을 끼워넣고, 갑작스럽게 음계와 높이를 변화시키고, 다성多聲을 여러 방향으로 동시에 진행시키는데, 이로 인해 청중은 "신경을 고갈시킨 후"에야 연주장을 나서게 된다.[12] 기존의 미술과 연극, 문학과 음악만으로는 사람들을 만족시킬 만한 자극을 주지 못하자 장르와 감각의 혼합이 시도된다. 예를 들어 〈레퀴엠〉을 쓴 후 죽어가는 모차르트의 모습이 그려진 어두운 홀에서 보이지 않는 오케스트라가 〈레퀴엠〉을 연주하거나, 끝없이 이어지는 멜로디를 배경으로 멜로드라마가 펼쳐지는 동안 관객의 미적 쾌락을 높이기 위해 향수를 뿌리기도 한다. 자극 효과를 극대화하기 위해 매번 막이 오를 때마다 서로 다른 조성과 조명, 다른 향수가 사용된다.[13] 노르다우가 관찰한 바에 따르면, 당대의 문화와 예술은 한마디로 사람들의 신경을 자극하고 흥분시키는 것을 궁극적인 목표로 삼고 있다.

"진단"이라는 제목을 단 3장에서 노르다우는 이러한 '증상'들이 어디에서 기인한 것인지를 묻는다. 여기에서 문화비평가인 동시에 의사이기도 한 노르다우의 위치가 적극 활용되는데, 노르다우에 따르면,

10 Max Nordau, *Degeneration*(translated from the 2nd edition of the German work, 4th edition), New York, 1895, 9쪽. 국내에서는 노르다우 책의 독일어판(원서)을 구할 수 없어 부득이 1895년 미국에서 출간된 영어판을 인용한다.

11 같은 책, 11쪽.

12 같은 책, 13쪽.

13 같은 책, 15쪽.

순전히 문학적 · 예술적 관점으로는 이 현상들의 진정한 의미를 이해할 수도, 포착할 수도 없다. 당대의 문학적 · 예술적 관점은 이 문화를 "끊임없이 새로운 이상을 찾으려는 근대적 정신의 산물" 정도로만 파악할 뿐, 이 배후에 어떠한 정신적 변화, 아니 병리가 작동하고 있는지 이해하지 못한다. 이 현상의 원인을 꿰뚫어보기 위해서는 문학가나 예술가와는 다른 시선, 곧 의학자의 시선이 필요하다. 이 현상들 자체가 생리적 · 심리적 원인을 가지고 있기 때문이다. "의사, 특히 인간 신경 연구와 정신 질병에 관심을 가지고 전념했던 의사라면 한눈에, 이 세기말적 경향과 현재의 예술과 문학 속에서 (……) 퇴행과 히스테리라는 잘 정의된 두 질병의 영향력을 (……) 알아차린다."[14]

여기에서 "퇴행"은 오귀스탱 모렐에 따라, "본래의 유형으로부터의 병적인 일탈morbid deviation from an original type"로 정의된다. 한 개체에게서 처음 생겨나게 된 일탈은 아주 미약한 형태일지라도 후대에 전달되는데, 그 일탈의 유해한 영향력이 세대를 거쳐 축적되게 되면 결국에는 "기형과 병약함malformations and infirmities"을 갖는 종으로 변형된다는 것[15]이다. 퇴행은 신체적 차원에서만 일어나는 것이 아니다. 정신적 능력에 있어서도 퇴행이 일어나는데, 행동하는 데 있어 타인을 전혀 고려하지 못하는 "과잉 에고이즘", 분노를 억제하지 못해 살인까지 저지르는 "분노 조절 장애" "과잉 감정" "정신박약" "의기소침" "대인 공포" "자기혐오" 등이 이러한 정신적 퇴행의 징표다.[16]

히스테리는 퇴행보다는 그 정도가 경미한 "감정 과잉emotionalism", 아주 사소한 암시에도 예민하게 반응하는 "과잉 민감성susceptibility"의 특

14 같은 곳.
15 같은 책, 16쪽.
16 같은 책, 16~20쪽.

징을 지닌다. 정신이 동요mobility되기 쉽고 상상력이 과도하게 흥분excessive excitability하기 때문에 히스테리적 주체는 "모든 종류의 기묘하고, 무의미한 아이디어들에도 쉽게 이끌리며",[17] 다른 사람들의 말과 행동을 "모방하려는 거역할 수 없는 충동"[18]을 느낀다. 노르다우는 유행이라면 무엇이든지 따르려고 하는 대중 현상과, 본질적으로 개인적이어야 할 문학예술가가 "외부인에게 배타적인 학파나 그룹을 만드는"[19] 현상을 이 히스테리가 발현된 것이라고 본다. 이러한 퇴행과 히스테리가 얼마나 광범위하고 뿌리 깊게 확산되어 있는지를 보여주기 위해 노르다우는 당대의 문학과 예술 작품에서 드러나는 과잉 감정, 자아도취, 탈도덕적 경향들을 분석하는데 이 책의 80퍼센트 이상을 할애한다.

"병인학"이라는 제목을 단 4장에서 노르다우는 이러한 병리적 증상들이 어디서 기인했는지를 분석한다. 노르다우의 진단에 따르면, 이러한 퇴행과 히스테리는 사람들의 신경을 자극하고 고갈시키는 당대의 물질적·환경적 삶의 조건으로부터 유래한 것이다. 당시 삶의 조건들이 이전까지의 삶의 방식을 얼마나 크게 변화시켰는지, 그리고 그것이 사람들의 신경을 어떻게 흥분시키고 급기야 고갈시키고 있는지 보여주기 위한 노르다우의 묘사는 19세기 말에 일어난 근대화 과정을 생생하게 증언한다. 퇴행과 히스테리를 일으킨 첫 번째 원인은 대도시 삶의 환경이다.

> 대도시 거주민들은, 거대한 사치에 둘러싸인 부유층조차도, 삶의 에너지를 감소시키는 좋지 않은 영향들에 계속 노출되어 있다. 그

17 같은 책, 25쪽.
18 같은 책, 26쪽.
19 같은 책, 29쪽.

들은 유기물 쓰레기가 함유된 공기를 마시고, 신선하지 않고, 오염되고 변형된 음식을 먹으며 신경의 지속적인 흥분 상태에 처한다. 우리는 그들을 습지대 거주자와 비교할 수 있다. 인간 유기체에 미치는 대도시의 영향력은 습지의 독기Maremma와 아주 유사한데, 그 거주자들은 말라리아 희생자처럼 치명적인 퇴행과 파괴의 희생자가 된다.[20]

두 번째 원인은 "세계 역사상 유래가 없었던" 새로운 기술과 그 발명품이다.

우리가 사는 이 시대 삶의 조건들은 세계 역사상 유례가 없었던 혁명을 경험했다. 이전 어떤 세기의 인류에게도, 발명품들이 이렇게 깊숙이, 이렇게 폭압적으로 모든 개인의 삶 속에 침투해 들어오고, 이렇게 광범위하게 몰려왔던 적이 없었다. 아메리카의 발견과 종교개혁이 사람들의 마음을 크게 뒤흔들고 수천 년간의 두뇌의 평정함을 파괴했다는 것은 의심할 바 없다. 하지만 그것이 사람들의 물질적 삶을 변화시키지는 않았다. 일어나고, 잠에 들고, 먹고, 마시고, 옷 입고 즐기면서 사람들은 이전까지의 방식대로 하루를, 그리고 1년을 보냈던 것이다. 그것과는 반대로 우리 시대의 증기와 전기는 문명화된 국가의 모든 구성원, 심지어 시대를 몰아치는 사유들에는 전혀 접근할 수 없던 가장 둔감하고 협소한 의식을 갖던 시민들의 삶의 관습까지도 완전히 뒤집어놓았다.[21]

20 같은 책, 35쪽.
21 같은 책, 37쪽.

"가장 둔감하고 협소한 의식을 지닌 시민들의 삶의 관습까지 완전히 뒤집어놓은" 물질적 삶의 혁명은 인간이 처리하고 감당해야 할 정보의 양을 급격하게 증가시켰다. 노르다우는 다양한 통계 수치를 비교해가며 예시한다. 1840년 3천 킬로미터였던 유럽 전체의 철도 길이가 1891년에는 21만 8천 킬로미터로 늘었고, 1840년 250만 명이던 독일, 프랑스, 영국의 총 여행객 수는 1891년에는 61억 4천만 명이 되었다. 1840년 평균 85통의 편지를 받던 독일 국민이 1888년에는 평균 200통의 편지를 받았고, 1840년 9천4백만 통을 배달했던 프랑스 우체국은 1881년에는 5억 9천5십만 통의 편지를 배달해야 했다. 1840년 독일, 프랑스, 영국에서 교환된 우편물 수 9천2백만 통은 1889년에는 27억 5천9백만 통으로 늘었다. 1840년 독일에는 305종, 프랑스에는 776종이던 신문이 1891년에는 각각 6,800종, 5,182종이 된다. 1840년 책 1,100권을 출간하던 독일의 출판 시장은 1891년에는 1만 8천7백 권을 찍어낸다. 1840년 28억 마르크였던 전 세계 수출액과 수입액이 1889년에는 740억 마르크로 증가했다.[22]

> 독일에서만도 1만 8천 권의 책과 6천8백 종의 신문이 읽히기를 원하며 (……) 27억 5천9백만 통의 편지가 쓰여야 한다. 증가한 상업 거래, 수많은 여행, 늘어난 해양 교통은 그에 상응해 개인의 활동이 증가한다는 것을 의미한다. 오늘날 가장 낙후한 농촌 거주자가 1세기 전의 작은, 아니 2류 국가 수상보다 더 넓은 지리적 관점을, 더 많고도 복잡한 지적 관심사를 갖는다. 소박한 지방 신문 하나를 읽기만 해도 그 거주자는 지구 모든 부분에서 일어나고 있는 수천 개의 사건에, 비록 적극 개입하고 영향을 주지는 않

22 같은 책, 38쪽.

> 더라도, 적어도 지속적이고 수동적인 호기심을 갖고 참여한다. 그리고 칠레의 혁명, 아프리카 동부의 밀림 전쟁, 북중국의 학살, 러시아의 기근, 스페인의 거리 난동, 북아메리카에서 열린 국제전시회 등의 이슈에 동시에 관심을 갖는다. 요리사 한 명이 이전 시기 대학 교수보다 편지를 더 많이 주고받으며 비즈니스맨 한 명이 이전 시기 제후보다 여행을 더 많이 다니고, 나라와 사람을 더 많이 만난다.[23]

1840년에서 1890년까지 불과 50년 사이에 폭발적으로 늘어난 정보의 양은 그것을 접하고 활용해야 하는 사람들의 신경을 그만큼 더 크게 긴장시킨다.

> 이 활동들은 가장 단순한 것일지라도 신경 체계의 긴장과 신경조직의 피로를 가져온다. 우리가 읽고 쓰는 글 한 줄, 우리가 보는 사람들의 얼굴 하나, 우리가 나누는 각각의 대화들, 날아가듯 달리는 급행열차 창문을 통해 지각하는 장면들은 우리의 감각신경과 두뇌 제어부를 활동하게 한다. 심지어 기차 여행이 주는 작은 충격들, 의식되지 않는 지속적인 소음, 대도시 거리에서 마주치는 다양한 광경, 진행 중인 일의 결과를 기다리는 긴장감, 신문, 우편배달부, 방문자에 대한 계속적인 기대는 우리의 두뇌 조직을 피로하고 지치게 만든다.[24]

신경을 지속적인 흥분 상태에 처하게 하는 대도시의 삶, 의식되는 혹

23 같은 책, 39쪽.
24 같은 곳.

은 의식되지 않는 충격들을 통해 "신경 체계의 긴장과 신경조직의 피로"를 초래하는 새로운 교통과 통신 기계들, 개인이 처리해야 하는 정보량의 비약적인 증가는 당대인들의 신체적 변화에도 직접적인 영향을 끼쳤다. "이전에는 50대에야 생기던 흰머리가 30대 초반, 심지어 그보다 어린 나이에 생기고",[25] 심장병과 신경 질환 발생률은 물론 "범죄, 광기, 자살"[26]이 증가하는 것이 그 사례들이다. 노르다우가 말하기를, "열거된 이 모든 증상은 피로와 정신적 고갈 상태의 귀결들이고, 이것들은 다시 현재의 문명, 우리의 광포한 삶의 현기증과 소용돌이, 어마어마하게 증가한 감각적 인상과 유기체의 반작용, 곧 현재 주어진 시간 속에 투여되도록 강요되는 지각, 판단과 운동 충동의 결과다".[27] 정신적 피로와 신경에너지의 고갈, 이것이 결국 퇴행이라는 질병을 낳게 했던 것이다. "퇴행과 히스테리는, 어마어마한 활동들의 요구, 대도시의 급속한 성장에 따른 유기체의 과도한 소모와 파괴의 귀결들이다."[28]

이렇게 해서 생겨나는 퇴행은 문화 예술과는 어떤 관계를 갖는가? 인간은 기본적으로 생물학적 유기체다. 노르다우는 인간의 문화 예술 활동을 유기체와 환경과의 상호작용으로 설명한다. 유기체는 외부의 유쾌한 자극에 대해서는 모방으로 응답함으로써 신경 체계를 그 자극으로부터 해방시키고, 내적 자극을 받은 유기체는 그렇게 자극된 신경 체계를 그 자극에서 해방시키기 위해서, 예술적 활동—제작, 음악, 시작—을 벌이는 것이다. 이러한 점에서 예술은 예술가의 유기체적 욕구, 곧 자신의 신경 체계를 외부 자극을 통해 생겨난 긴장으로부터 해방시키는 목적에 기여하기 위해 생겨난 것이다. 집합적인 차원에서

25 같은 책, 42쪽.
26 같은 책, 40쪽.
27 같은 책, 42쪽.
28 같은 책, 43쪽.

예술은 "자신의 유類와 함께 감정적 공동체"에 있고자 하는 충동의 발현이며, 참된 예술은 "표현Ausdruck을 통해 자신의 유와 공감"을 형성하고자 하는 자연적이고 필연적인 충동의 표현이어야 한다. 이러한 노르다우의 관점에서 보자면 '자극된 신경 체계를 그 자극에서 해방'시키기는커녕, 오히려 신경 체계를 더 자극하는 예술은 예술이 지닌 본래의 생물학적 기능에 어긋나는 것이다. 감정의 표현을 통해 같은 인간류와의 '감정적 공동체'를 확인하고자 하는 충동을 충족시켜주는 대신, 그런 감정적 공동체를 해치고 훼손하거나, 상처 입히려는 예술은 본래적인 유기체의 유형으로부터 병적으로 이탈한 퇴행의 산물[29]에 다름 아닌 것이다.

구체적으로 리얼리즘과 자연주의, 신비주의, 보들레르나 발레리Paul Valéry, 1871~1945를 위시한 프랑스 상징주의는 노르다우에게 이러한 퇴행의 정신적 결과물이다. 노르다우가 말하는 신비주의는 독일 낭만주의에서 출발해, 영국의 라파엘 전파, 프랑스 상징주의를 거쳐 러시아의 톨스토이주의까지 이어지는 정신적 계보를 지칭한다. 톨스토이가 여기에 속하는 이유는, 톨스토이가 과학이 인간을 타락시킨다고 비판하면서 공산주의적 공동생활이라는 자연으로의 회귀를 주창했기 때문이다. 바그너 역시 이러한 신비주의의 계보에 위치한다. 춤과 음악, 건축과 회화가 어우러져 감정의 고양을 극대화하려는 바그너의 총체 예술이란, 노르다우가 보기에, 결국 '대중 마취적hypnotische 상태'를 일으켜내는 것을 지향하기 때문이다. 이러한 예술은 과잉된 감정과 신경 상태로 인해 자극받기 쉬워진 대중의 히스테리적 성향에 호소하는 것이다.

보들레르, 입센과 더불어 니체의 철학은 "에고 마니아ich-Sucht"의 정신적 산물로 특징지어진다. 노르다우에 따르면 니체는 '에고 마니아'

29 H. Ujvari, *Germanische Studien VI*, 185~201쪽.

이자 '귀족광신자Grafomane'다. 노르다우에게는 당대에 커다란 영향을 끼친 니체의 책들은, 논리적이고 일관된 사유의 산물이라기보다는 "시작도 끝도 없이 서로 관계없는 착상, 산문, 운율이 마구 뒤섞여 있는 결과물이다. 하나의 사유가 좀 더 발전되는 경우는 거의 없고, 이어지는 페이지가 일관적인 의도나, 논리적으로 정돈된 증명과 결합되어 있는 경우도 거의 없다. 니체는 머릿속에 흘러가는 모든 것을 종이에 기록하는 습관을 가지고 있음에 틀림없다. 그렇게 해서 어느 정도 종이가 쌓이면 그를 잘라 출판사에 보내 책을 내는 것이다".[30]

흥미로운 것은, 당대 문화에 대한 노르다우의 비판이 그가 비판하는 니체의 사상과 통하는 점이 적지 않다는 사실이다. 니체 역시 당대의 문화를 삶에의 의지가 몰락함으로써 생겨난 병든 정신의 산물, 곧 '데카당'으로 규정하고 있기 때문이다. 니체 역시 바그너를 "데카당스 예술가" "데카당의 전형"[31]이라고 보는데, 바그너의 음악에 대한 다음 구절은 노르다우의 문장이라고 말해도 무방할 정도다. 니체는 이렇게 말한다.

> 바그너의 예술은 병들었습니다. 그가 무대 위에 올리는 문제들—전부 다 히스테리 환자들의 문제—, 그의 발작적인 격정, 그의 과민한 감각, 점점 더 강한 양념을 원하는 그의 취향, 그가 원리라는 옷을 입히는 그 자신의 불안정성, 생리적 전형으로 간주하는 자기의 남녀 주인공—병자들의 진열실!—의 선정에서 적지 않은 경우: 이 모든 것이 다 같이 병든 모습을 보여주며, 이는 추호도 의

30 M. Nordau, *Entartung II*(독일어판), 307쪽.
31 니체, 「바그너의 경우」, 니체전집 15권 『바그너의 경우, 우상의 황혼……』, 백승영 옮김, 책세상, 2002, 36쪽.

> 심의 여지가 없습니다. 바그너는 노이로제 환자입니다. (……) 그는 음악에서 지쳐버린 신경을 자극하는 수단을 알아내었고—그것을 가지고 음악을 병들게 했습니다.[32]

인간의 문화, 예술적 산물을 건강함과 병듦이라는 생리적 관점에서 분석하는 니체의 사유는 노르다우의 『퇴행』에 결정적 영향을 주었다. 노르다우 역시 당대 사상과 예술에서 고갈된 신경, 두뇌의 허약함, 과민한 감정과 감정 규제의 결핍[33] 등을 발견하고 이를 퇴행의 증상이자 결과로 여기고 있기 때문이다. 그러나 니체의 사상이 크리스트교에 뿌리를 두고 있는 부르주아적 노동 윤리와 도덕 개념 자체에 대한 전복으로까지 나아간 반면, 노르다우의 보수적 근대성은 자신의 경계를 잘 알고 있었다. 퇴행적인 당대 문화가 "정상적 노동을 할 능력이 없는 두뇌, 의지의 박약, 주의력 결핍, 감정의 주도, 지식의 결핍, 세계와 인류에 대한 관심과 공감의 부재, 의무와 도덕성 개념의 탈각"[34]을 야기한다고 본 노르다우는 어디까지나 부르주아사회의 핵심 규범인 노동과 규율의 사회를 지켜내고자 했다. 이러한 노르다우의 입장은 다음 인용문에서 잘 드러난다.

> 특히 우리는 낡은 미신에 맞서 싸우고, 계몽을 확산시키고 역사적 폐허를 완전히 몰락시키고 그 잔해를 치우며, 국가와 무지한 속물들에 맞서 개인의 자유를 보호하는 것을 삶의 과제로 삼고 있다. 우리는 저 가련한 야심가Streber들이 사기 행각을 벌이기 위해

32 같은 책, 30~31쪽.
33 M. Nordau, *Degeneration*, 536쪽.
34 같은 곳.

> 우리의 소중한 구호를 자신의 것으로 삼는 것에 단호하게 대처해야 한다. 그들이 말하는 '자유'와 '현대성', '진보'와 '진리'는 우리의 것이 아니다. 그것들은 우리와는 아무런 공통점이 없다. 그들이 원하는 것이 향락Schwelgerei이라면 우리가 원하는 것은 노동이다. 그들이 의식을 무의식적인 것 속에 익사시키려 한다면 우리는 의식을 강화하고 풍부하게 만들려고 한다. 그들은 알쏭달쏭한 관념과 거품들을 갈구하고 우리는 주의력과 관찰, 지식을 갈구한다. 진정한 현대인을 알아차리고 그들과 현대인을 사칭하는 자들을 구분할 수 있는 척도는 이것이다. 규율의 부재를 찬미하는 자는 진보의 적이고, 자신의 "자아"를 찬양하는 자는 사회의 적이라는 것이다.[35]

노르다우는 '노동'과 '규율'이 붕괴하고, '향락'과 '자아 찬양'이 그를 대신하는 사회의 출현을 경고한다. 그리고 책의 말미에 실린 "예후"에서 자신의 시대의 병적인 퇴행이 치료되지 않을 경우 생겨나게 될 가상적인 미래의 모습을 무시무시한 어조로 묘사한다.

> 모든 대도시에는 자살 클럽이 있다. 목조르기, 목매달기 혹은 칼로 찌르기를 통해 서로를 죽여주는 클럽들도 있다. 오늘날의 술집들 대신 에테르, 클로랄, 나프타, 하시시를 흡입하는 로컬들이 있다. 미각과 후각 도착증자의 수가 늘어나 손님들의 미적 감각이나 편안함에 대한 관습을 훼손시키지 않는 환경을 갖추고, 온갖 오물이 가득 찬 통, 부패물 또는 대변 냄새를 맡을 수 있는 매장이 번창한다. 새로운 종류의 직업들도 많이 생겨났다. 모르핀,

35 같은 책, 560쪽.

코카인 약물을 투입해주는 직업, 광장 공포증이 있는 사람들의 팔을 잡고 교차로나 광장을 건네주는 직업, 불안에 휩싸인 의심증 환자들을 안정시켜주는 직업 등이 그것이다. 오늘날보다 훨씬 증가한 신경과민으로 인해 특별 보호 조치들이 생겨났다. 과도 흥분증에 걸린 사람들이 갑작스런 충동에 사로잡혀 창문에서 공기총을 쏴 사람을 죽이거나 공공연히 사람을 공격하는 일들이 여러 번 생겨난 후에 운율이나 이유도 없이 날카로운 휘파람이나 비명을 질렀던 거리 소년들이 강제로 수감된 수용소에서 피아노나 노래를 연습시키자 살인을 저지르거나, 차장이 벨을 울리거나 휘파람을 불 때 다이너마이트로 전차를 공격하는 일이 일어난 후에, 거리에서 휘파람을 불거나 고함을 치는 일이 법으로 금지되었고, 피아노나 노래 연습을 위해서는 방음 처리가 된 특별한 건물들이 세워지게 되었다. (……) 개 짖는 소리가 이웃 사람을 미치게 하거나 자살하게 한 이후부터는 동물들의 "회귀 신경"을 거세해 소리를 못 내게 해야만 도시에서 기르는 게 허락된다. 언론과 관련된 새 법령에 따라, 저널리스트가 폭력이나 자살을 상세히 보도할 경우 엄한 처벌을 받게 되었다. 온갖 종류의 성적 변태가 일반화되고 확산되어 그에 따라 도덕과 법률이 맞추어졌다. 유행하는 패션에도 이러한 현상이 보인다. 대부분의 남자들이 마조히스트나 수동주의자가 되어 여성적인 색깔과 디자인의 옷을 입는다. 이런 남자들의 관심을 사려는 여자들은 남성적인 옷, 외알 안경을 쓰고, 박차와 말채찍이 달린 장화를 신고, 커다란 시가를 물고 다닌다. 동성애 성향의 국회의원을 선출할 수 있을 만큼 증가한 동성애자들로 인해 동성이지만 '대립적' 성적 감수성을 갖는 사람들의 합법적 결혼 요구가 받아들여졌다. 주의력과 사고 능력이 떨어진 나머지 학교 수업은 최대 하루 2시간이고, 연극, 콘서트, 강연 같은 공연도 1시간 30분을 넘지 않는다. 같은 이유로, 대학 교육에서도

> 정신적 교육은 대부분 사라지고 학생들은 대부분의 시간을 신체 훈련을 하며 보낸다. 무대에는 노골적 에로티즘과 피비린내 나는 살인이 재현되고, 광란에 찬 관객들의 환호 속에서 살해당하는 쾌락을 원하는 자발적 희생자들이 몰려든다. (……) 현재와 같은 형태의 책은 이미 오래전에 사라졌다. 책은 검은색, 푸른색, 아니면 황금색 종이로만 제작된다. 그 외의 색을 가진 종이에는 앞뒤가 안 맞는 단어 한 개, 한 음절, 혹은 하나의 철자나 숫자만 쓰여 있다. 종이나 글자의 색, 책의 형태, 글자 모양이나 크기에서 상징적 의미를 추측해야 하는 것들이다. 대중성을 원하는 작가들은 텍스트에 상징적인 아라베스크 문양을 넣거나 종이에 특정한 향수를 삼투시켜 이해하기 쉽게 만든다. 하지만 이런 것들은 교양 있고 식견 있는 사람들에게는 천박하다고 여겨져 높이 평가되지는 않는다. 알파벳 철자들만 덩그러니 출간하거나, 색깔 있는 페이지 외에는 아무것도 없는 작품을 출간하는 시인들이 가장 큰 존경을 받는다. 이들의 작품을 해석하기 위한 학회들도 생겨났는데, 때로 해석을 둘러싸고 살인까지 마다하는 싸움을 벌일 정도로 열광적이다.[36]

노르다우의 『퇴행』은 19세기 말 삶에 일어난 급격한 물질적 변화들과 그 변화로 인해 생겨난 문화적 · 예술적 현상들을 대하는 당대의 보수적 감수성을 대변한다. 노르다우에게 오늘날 '모더니즘'으로 분류되는 당대의 새로운 문화와 예술 현상들은 과도한 피로와 자극, 신경의 고갈로 생겨난 병리적 현상에 다름 아니었다. 이 책이 당시 전 유럽에 걸쳐 큰 주목을 받았던 이유는 이 책이 당대 보수적 감성의 지식인들이

36 같은 책, 537~538쪽.

새로운 근대적 현상들에 대해 느끼던 불만과 불안을 언어화시켜주었기 때문일 것이다. 실제로 당시 유럽 부르주아지들은 바그너, 니체, 입센, 졸라Emile Zola, 1840~1902의 작품에서 아나키즘과 사회주의, 성적인 일탈의 표현을 감지하며 불안해하고 있었다. 이것이 노르다우의 『퇴행』이 성공하게 된 '계급적 조건'[37]이었던 것이다. 『퇴행』은 우리가 '모던'이라 부르는 시대의 한복판에서, 그 속에서 일어나는 감성과 지각의 변화를 관찰하고, 무엇보다 그 변화가 주는 속수무책의 강렬함을, 그 속에서 일어나는 피로와 고갈, 당혹감을 경험한 동시대인의 도큐먼트였던 것이다.

37 H.-P. Söder, *German Studies Review*, Vol. 14, No. 3, 473~487쪽, 475쪽.

2 쇼펜하우어, 『의지와 표상으로서의 세계』

광기는 이미 고대부터 예술을 설명하는 핵심 범주 중 하나였다. 하지만 어떤 예술 장르가, 어떤 방식으로 광기와 관계하는지에 대한 대답들은 시대에 따라 다른 모습으로 바뀌어왔다. 예술 개념 자체가 역사적으로 변화했을 뿐만 아니라, 광기를 바라보는 관점과 체계 역시 바뀌어왔기 때문이다. 플라톤에게 광기란 "말 그대로 어떤 사람이 신theos 안에en 들어가 있게 된다는 것을 의미"하는 '신들림enthousiasmos'이고, 이는 "인간이 자기 자신에서 벗어나ek 있게 됨stasis을 의미"하는 '황홀경exstasis'과 같은 의미[38]였다. 그리고 이러한 의미의 광기와 관련되어 있는 것은 노래와 시뿐이었고, 회화, 조각, 건축 등은 광기가 아닌 이성적인 앎에 의거해 이루어지는 기예로 이해되었다.

18세기를 거치면서 시, 회화, 조각, 건축, 음악, 춤이 '순수예술fine arts'이라는 범주로 묶여지고 난 후[39]에도 예술은 광기와의 관련성을 상실하지 않았는데 이때 예술과 광기를 연결해주던 개념이 '천재genius, ingenium'였다. 예술은 규칙에 대한 앎을 기반으로 산출되는 다른 수공품

38 김율, 『서양고대미학사강의: 철학사로서의 미학사 이해를 위하여』, 한길사, 2010, 165쪽.
39 '순수예술' 개념의 형성의 역사에 대한 상세한 논의는 래리 샤이너Larry E. Shiner, 『순수예술의 발명』(조주연 옮김, 인간의기쁨, 2015) 159쪽 이하를 참조할 것.

등과는 달리, 규칙들의 강제로부터 자유롭게 창조되며, 그러한 점에서 인간의 손으로 만들어졌지만 동시에 자연의 산물처럼 보이는 것이기에 인간의 이성적 능력을 넘어서는 천재의 산물이라고 설명되었다. 이러한 천재 개념[40]은 인간이 예술 창작의 주체로 등장하고 난 후에도, 인간의 이성적 활동의 소산물과는 다른 신적 성격을 예술에 부여하는 역할을 수행해왔다.

19세기 정신의학의 태동과 더불어 구체적으로 관찰되고 명명될 수 있는 광기나 광인에 대한 관심이 증가하게 되면서 천재 개념이 좀 더 구체적인 광기의 현상들과 결부되기 시작한다. 다양한 정신적 병리 현상이 세분화되어 관찰되면서, 소위 '천재'라고 여겨졌던 개인들의 행동과 정신적 특성을 정신의학적 관점에서 바라보는 시선이 등장했다. 당대 정신의학적 관찰과 연구로부터 도움을 얻은 19세기의 이론가들은 '신들림enthousiasmos' 또는 '자신의 바깥에 있음exstasis'이라는 다분히 신화적인 관념들을 대신해, 구체적이고 세분화된 천재와 광인의 증상과 특징을 열거할 수 있게 되었고, 이에 따라 천재와 광인 사이의 친화성과 그 차이들에 대한 논의 역시 구체화되게 된다.

이러한 방식으로 예술과 광기를 연결하는 근대적 사유의 출발점에 쇼펜하우어Arthur Schopenhauer, 1788~1860가 서 있다. 1818년에 출간된 『의지와 표상으로서의 세계Die Welt als Vorstellung und Wille』에서 쇼펜하우어는 예술과

40 "천재란 기예에 규칙을 주는 재능이다. 미적 기예의 개념은 그것의 산물이 어떤 개념을 규정 근거로 갖는, 그러니까 그 산물이 가능하게 되는 방식의 개념을 기초에 두는, 어떤 규칙으로부터 이끌어내지는 것을 허용하지 않는다. 그럼에도 선행하는 규칙이 없이는 어떤 산물을 결코 기예라고 일컬을 수 없으므로, 주관 안의 자연이 기예에게 규칙을 주는 것임에 틀림없다. 미적 기예는 단지 천재의 산물로서만 가능하다." 칸트, 『판단력 비판』, 46절.

광기의 관계에 대한 고대인들의 진술을 인용하면서 이를 당대 정신병원 환자들에 대한 그 자신의 관찰과 연결하고 있다.

> 천재성과 광기는 서로 접해 있어, 경계를 넘나드는 한 면을 가지고 있다는 것이 종종 지적되었고, 심지어 시적인 감격이 일종의 광기라고 불리기도 했다. 호라티우스는 이를 "사랑스러운 광기 amabilis insania"라고 부르고 (……) 세네카가 인용한 것에 따르면, 아리스토텔레스조차 "광기가 섞이지 않은 천재는 없었다nullum magnum ingenium sine mixtura dementiae fuit"라고 말했다고 한다. (……) 또한 플라톤은 『파이드로스』에서 일종의 광기 없이는 진정한 시인이 될 수 없다고 말하며, 또한 무상한 사물 속에서 영원한 이념을 인식하는 자는 모두 광기를 띠고 나타난다고 말한다. 키케로도 이런 글을 인용하고 있다. "데모크리토스는 어떠한 위대한 시인도 광기 없이는 존재할 수 없다(……)." (……) 천재성과 광기가 직접 맞닿아 있다는 사실은 일부는 아주 천재적인 사람들, 예컨대 루소, 바이런, 알피에리Alfieri와 같은 인물들의 전기나 다른 사람들의 생애에서 드러나는 일화로도 확인된다. 나는 다른 한편으로 정신병원을 종종 찾아가보았는데, 환자들 가운데 몇몇은 분명히 위대한 소질을 지니고 있는 것을 발견했음을 언급하지 않을 수 없다. 그들의 천재성은 그런데 이 경우에 완전히 우세하게 나타나는 광기를 통해 뚜렷이 드러났다.[41]

쇼펜하우어에게 천재는 그의 사상이 목표로 삼는 세계에 대한 태도의

41 아르투어 쇼펜하우어, 『의지와 표상으로서의 세계』, 홍성광 옮김, 을유문화사, 2015, 316~318쪽.

전범이자 그 능력으로 정의된다. 일반적으로 우리는 세계를 특정한 관심이나 그로부터 무엇인가를 얻어내려는 의욕을 가지고 대하기에, 그 세계의 현상들의 본질을 이루는 이념들을 관조하지 못한다. 쇼펜하우어에게 천재성이란 "순전히 직관적으로 행동하고, 직관에 몰입할 수 있는 능력이고, 원래 의지에만 봉사하기 위해서 존재하는 인식을 이러한 봉사로부터 떼어놓는 능력, 즉 자신의 관심, 의욕, 목적을 전혀 안중에 두지 않고, 그에 따라 자기 자신을 한순간 완전히 포기하고, 순수하게 인식하는 주관으로서, 맑은 세계의 눈으로 남는 능력"[42]이다. 인식의 궁극적 도달점인 "이념은 (……) 객관에 완전히 몰입한 순수한 관조를 통해서만 파악된다. 그리고 창조적 천재의 본질은 바로 그러한 월등한 관조 능력에 있다. 그런데 관조는 자기 자신과 자신의 관계를 완전히 잊는 것을 요구하므로, 천재성이란 다름 아닌 가장 완전한 객관성, 즉 자기 자신, 즉 의지를 향해 가는 주관적 방향과는 달리, 정신의 객관적 방향"[43]이 된다. 즉, 천재성은 의욕보다 인식 작용이 우세한, 의욕과는 아무 관계가 없는, 순수한 인식능력인 것이다. 의지를 망각하면서 어떤 관심이나 목적도 없이 외부 세계를 순수하게 관조하고 이념을 인식하는 능력인 천재성은, 필연적으로 예술과 불가분의 관계를 맺게 된다. 예술이야말로 "순수직관에 의해 파악된 영원한 이념, 즉 세계의 모든 현상의 본질적인 것과 영속적인 것을 재현"[44]하는 행위이기 때문이다. 그 이념을 "재현할 때의 소재에 따라 예술은 조형예술이 되고, 시나 음악이 된다. 예술의 유일한 기원은 이념을 인식하는 것이고, 예술의 유일한 목적은 이러한 인식을 전달하는 것이다".[45] 말하자면 순수한 직관

42 같은 책, 315쪽.
43 같은 곳.
44 같은 책, 314쪽.
45 같은 곳.

능력으로서의 천재성은 예술의 근본 전제이자 출발점인 것이다.

그런데 개별적인 관심과 의욕의 프리즘을 통해 현상된 사물을 개별적으로 인식하는 대신, 직관적으로 그 사물의 이념을 관조하는 천재는, 바로 능력으로 인해 평범하고 정상적인 인간과는 다른 특성을 보인다. 개념보다는 직관적인 인상에 따라 행동하기에, 이성적으로 사태의 앞과 뒤를 헤아리지 못하고, 격한 감정과 과도한 열정에 지배되는 경우가 많으며 타인을 생각하지 않고 자기중심적이다.

> 다 알다시피 위대한 천재에게 이성이 주도적인 경우가 드물고, 오히려 이와 반대로 천재적인 사람들이 격한 감정과 비이성적인 열정에 예속되는 경우가 종종 있다. 그런데 그 이유는 이성이 약해서가 아니라 일부는 천재적 개인인 의지 현상, 그리고 모든 의지 행위의 격렬성에 의해 드러나는 의지 현상 전체의 예사롭지 않은 에너지 때문이고, 일부는 감성과 오성을 통한 직관적 인식이 추상적 인식보다 우세해서, 그 때문에 단호하게 직관적인 것을 지향하기 때문이다. 감성과 오성이 받는 직관적인 것의 극히 강렬한 인상이 단조로운 개념을 압도해버리므로, 행동은 더 이상 개념에 의해서가 아니라 직관적인 것의 인상에 의해 좌우되므로, 바로 그 때문에 행동이 비이성적으로 된다. 그에 따라 현재의 인상이 그들에게 너무 강해져서, 그들을 사려 깊지 못함, 격한 감정, 열정으로 몰고 간다. 그 때문에 또한, 일반적으로 천재들의 인식은 부분적으로 의지에 봉사하는 데서 벗어나 있기 때문에, 천재들은 대화를 할 때도 상대편을 생각한다기보다는 화제가 되어 그들의 눈앞에 생생하게 떠오르는 문제를 더 생각할 것이다. 그 때문에 그들은 자신들의 관심 때문에 너무 객관적으로 판단하거나 이야기할 것이고, 말을 하지 않고 잠자코 있는 것이 상책일 때 등에도 잠자코 있지 않을 것이다. 결국 그로 말미암아 그들은 독백을 하게 되

기 쉽고, 실제로 광기에 가까운 여러 약점을 드러낼 수 있다.[46]

이처럼 천재는 "광기와 가까운" 모습을 보여주지만, 쇼펜하우어에게 천재의 모습은 광기와는 다른 원인에서 생겨나는 것이다. 쇼펜하우어에게 광기는 본질적으로 기억의 병이다. 격한 정신적인 고통이나 뜻하지 않은 사건을 겪은 사람은 고통스러운 추억을 견딜 수 없게 되어 "기억의 실마리를 끊어버리고, 허구로 빈틈을 채우며, 자신의 힘으로 감당할 수 없는 정신적 고통에서 광기로 도피"[47]하게 되는데, 이를 통해 광기는 "기억의 실마리가 끊어져서 연속되는 기억의 연관이 없어지고, 일정한 연관을 유지하며 과거를 되살릴 수 없"[48]게 되는 상태를 말한다. "과거의 개별적인 장면은 현재의 개별적인 일처럼 올바르게 기억되지만, 그들이 되살린 기억에는 빈틈이 있는데, 이들은 그것을 허구로 채운다. 그 허구가 언제나 같은 것이면 고정관념이 되고, 그런 다음에는 그것이 고정망상과 우울증이 된다. 또는 그 허구가 그때마다 다른 것이고 순간적인 착상이 되면, 어리석음Narrheit이나 우둔fatulitas으로 불린다."[49] 이로 인해 "미친 사람들은 자기 자신과 다른 사람들을 단지 자신들의 허구적인 과거에만 존재하는 사람들과 동일시하고, 일부 아는 사람들을 결코 다시 알아보지 못하고, 현재의 개별적인 사물에 대해서는 옳게 보고 느끼면서도 현재에 없는 사물들의 관계는 순전히 그르쳐 버린다. 광기가 중증에 달하면 완전한 기억상실이 일어나서, 그 때문에 미친 사람은 현재에 없는 것이나 과거의 것을 고려할 능력이 전혀 없게 되고, 그의 머릿속에서 과거의 것으로 채우는 허구들과 결합하여 완전

46 같은 책, 322쪽.
47 같은 책, 328쪽.
48 같은 책, 327쪽.
49 같은 책, 326쪽.

히 그때그때의 기분에 의해서만 좌우된다".[50]

광인이 계속해서 사태를 오인하고 헛소리를 하며 문제를 일으키는 원인은, 이처럼 개별적인 현재나 과거의 일들 사이의 연관이나 관계에 끼어들어간 허구 때문이다. 천재 역시 현재의 일과 과거의 일 사이의 관계를 오인하고, 이성적으로 인식하기보다는 극단적으로 행동하는 등 일견 광인과 유사한 모습을 보인다. 그러나 광인과는 달리 천재의 그러한 행동은 "천재가 사물의 이념만 보고 찾으며, 직관적으로 나타나는 원래 본질을 파악하기 위해, 근거율에 따르는 관계들에 대한 인식을 버리기"[51] 때문에 생겨난다. "그가 관조하는 개별적인 대상들이나 또는 그에 의해 지나치게 생생하게 파악된 현재가 너무 환한 빛에 비쳐 나타나므로, 말하자면 대상들이나 현재가 속해 있는 연쇄의 다른 개별적인 부분들이 그로 인해 어둠 속으로 물러나 버린다. (……) 그는 이념들은 완전히 인식하지만, 개체들은 인식하지 못한다."[52]

쇼펜하우어에게 광인과 천재는, 그들의 행동에서 유사성이 드러나는데도 전혀 다른 존재의 층위에 속한다. 광인의 행동이 병리적 정신의 결과로 어디까지나 개별적인 현실의 차원에서 일어난다면, 천재의 행동은 그의 시선이 현실을 넘어 이념으로 향하고 있기 때문이다.

50 같은 책, 327쪽.
51 같은 책, 328쪽.
52 같은 책, 329쪽.

3 빌헬름 딜타이, 『시적 상상력과 광기』

빌헬름 딜타이Wilhelm Diltyey, 1833~1911는 이전까지 모호하게 뒤섞여 있던 자연과학Naturwissenschaft과 정신과학Geisteswissenschaft을 철학적으로 구분하는 근거를 마련한 인물이다. 자연과학이 자연Natur을 대상으로 자연에서 일어나는 일들을 관찰하고, 그 변화와 운동에 대한 설명Erklärung을 제공하는 학문 분야라면, 정신과학은 예술과 문화, 역사와 같은 인간 정신Geist의 소산물들을 이해Verstehen하는 것을 목표로 삼는다. 해석학과 정신과학 방법론에 대한 저서들을 본격적으로 집필하기 전인 1886년 8월 2일, 딜타이는 군의軍醫 교육원 창설 기념식에서 "시적 상상력과 광기"라는 제목으로 강연을 행하고 같은 해 이 강연을 책으로 출간했다.[53] 이 강연은 광기와 천재—예술가/시인—의 관계를 정신의학적 관점에서 본격적으로 다룬 첫 번째 논의로 받아들여지는데, 이는 강연의 청중 대부분이 정신의학자나 의학 관계자였다는 데에서도 확인된다. 강연에서 딜타이는 평균과 정상성을 벗어나는 예술가—반 고흐Vincent W. Van Gogh, 1853~1890, 찰스 디킨스Charles J. H. Dickens, 1812~1870, 페흐너Gustav

53 Wilhelm Dilthey, *Dichterische Einbildungskraft und Wahnsinn: Rede gehalten zur Feier des Stiftungstages der militär-ärztlichen Bildungsanstalten am 2. August 1886*, Leipzig, 1886.

Theodor Fechner, 1801~1887, 발자크Honoré de Balzac, 1799~1850, 플로베르Gustave Flaubert, 1821~1880 등—를 예로 들면서 광기와 천재 사이의 유사성과 근접성에 대해 이야기한다. 앞에서 보았던 쇼펜하우어처럼 딜타이 역시 광기와 천재 사이에 어떤 '친화성Verwandtschaft'이 존재한다는 사실에서 출발한다.[54] 이 두 존재 모두 현실의 제약과 조건에서 자유롭다는 것이다. "꿈꾸는 자, 최면에 걸린 자Hypnotischen, 백치Irren 등은 예술가나 시인들과 마찬가지로 "현실Wirklichkeit의 조건들에 의해 제한되지 않은" "그림과 그 그림들의 연결의 자유로운 형성freie Gestaltung der Bilder und ihrer Verbindungen"[55]을 창조해낸다. 광인과 천재적 예술가/시인은 "표상을 규제하고 현실에 대한 명석하고 올바른 관계를 유지하게 하는 현실적 조건으로부터 독립된 이미지들을 자유롭게 형상화"[56]한다는 점에서 서로 공통점을 갖는다는 것이다.

하지만 딜타이는 광인과 예술가가 보여주는 현실로부터 자유로운 형상화는 이 두 존재에게서는 "완전히 다른 종류의 원인에 의해 생겨난"[57] 것이라고 본다. 광인이 표상을 규제하고, 현실에 대한 올바른 관계를 유지하게 하는 현실 조건으로부터 자유롭고 독립적인 이유는, 그 표상, 인상과 감정을 현실에 적응하도록 규제하는 장치Apparat가 장애에 의해 제거되거나 힘을 발휘하지 못해 생겨난 것이다. 이와는 달리 천재적 예술가나 시인에게서 발견되는 "현실적인 것의 한계를 넘어서는 그림들의 자유로운 전개Entfaltung"는 이들의 "상상력"에 의해 일어난다. 광인의 자유로움이 현실 적응력의 장애와 결여라는 병리적 현상의 산물이라면, 예술가의 자유로움은 자신의 능동적 상상력을 통해 획

54 같은 책.
55 같은 책, 12쪽.
56 같은 책, 13쪽.
57 같은 책, 12쪽.

득된 것이다. "천재는 병리학적 현상이 아니라 건강하고 완전한 인간Das Genie ist keine pathologische Erscheinung, sondern der gesunde, der vollkommene Mensch"[58]인 것이다.

광인과 예술가-천재의 이 차이점은 그들이 벌이는 행위와 활동의 성격을 근본적으로 다른 것으로 만든다. 현실적인 것의 한계들로부터 '자유로운' 광인의 행동이 병리적 강박이나 망상이라면, 상상력을 통해 현실적인 것의 한계로부터 벗어나는 예술가의 행위는 유희가 되는 것이다. 생명이 없는 인형을 살아 있는 것처럼 대하는 광인은 현실에 적응하지 못하는 강박적 망상에 사로잡혀 있지만, 인형을 가지고 노는 아이는 상상력을 통해 그 인형을 살아 있는 것으로 만드는 것이다. 이러한 점에서 "예술은 하나의 유희다. 시인과 놀고 있는 아이는 둘 다 믿음을 가지고 있다. 아이가 자기 인형들이 살아 있다고 믿는다면, 시인은 자신이 만들어낸 형상Gestaltung이 살아 있다고 믿는다. 하지만 동시에 이들은 그를 믿고 있지 않다. 예술가와 시인은 감성적 조직sinnlichen Organisation의 거대한 힘 안에 있지만, 그로부터 생겨나는 아름다운 가상을 강제적인 현실과 구별하는 건강하고도 완전한 인간인 것이다".[59]

58 같은 책, 13쪽.
59 같은 책, 22쪽.

4 체사레 롬브로조, 『천재와 퇴행』

이탈리아의 정신의학자 체사레 롬브로조Cesare Lombroso, 1835~1909는 "범죄자"들이란 진화된 문명인의 전 단계로 퇴화한 결과라는 가정 아래 범죄자들에게서 유인원이나 원숭이, 원시인들의 신체적 특징들을 발견할 수 있다고 생각했다. 두개골, 귀, 눈, 코, 입 등의 크기와 비례, 팔과 다리의 길이 등 신체적 특징들을 측정하는 방법을 개발하고, 여러 범죄자의 신체 측정치를 도출해내어 자신의 가설을 증명하고자 했다. 범죄를 생득적인 것으로 보고, 쉽사리 인종주의적 편견으로 이어질 수 있는 이러한 관점은 논란과 문제를 많이 지니지만, 롬브로조가 개발해낸 신체 측정과 수치화의 방법은 근대적 범죄학Criminology의 기초가 되었다.

1897년 롬브로조는 『천재와 퇴행Studien über Genie und Entartung에 대한 연구』를 출간한다. 그리고 이 책에서 바이런, 나폴레옹, 에드가 알렌 포Edgar Allan Poe, 1809~1849, 토마스 드퀸시Thomas De Quincey, 1785~1859, 콩트, 바그너, 입센, 에밀 졸라, 스탕달Stendhal, 1783~1842, 베를리오즈Hector Berlioz, 1803~1869, 루크레즈, 빅토르 휴고, 블레이크William Blake, 1757~1827, 슈만 등 소위 천재로 지칭되는 작가, 음악가, 정치인 등의 전기를 분석하고, 그들에게서 공통적으로 비정상적 심리 현상을 발견한다. 하지만 막스 노르다우처럼 이 예술가들의 작업을 퇴행의 병리적 현상으로 보고 비판하려는 것이 아니다. 롬브로조는 광기를 천재 예술가의 중요한 심리적 조건으로, 병리적 성향 자체를 예술적 천재의 조건으로 본다. 이 점에서, 롬브로조에게 저작을 헌정했던 노르다우와는 다른 입장에 서 있다. 실제로 롬브로조는 자신의 이론에 제기된 비판과 논평을 검토하며 입장을 밝히고 있는 책 후반부에서 1892년에 출간되어 큰 반향을 일으켰던 노르다우의 『퇴행』에 대해 다음과 같이 언급하고 있다.

> 탁월한 저서 『퇴행』에서 노르다우는 간접적으로 나의 관점에 반대하고 있다. 왜냐하면 그에게 어떤 저자의 노이로제나 정신적 장애는 그의 작품을 없애버려야 할 것으로 보는 이유가 되고 있기 때문이다. 이는 내가 증명하고자 하는 것과는 전적으로 반대되는 주장이다.[60]

퇴행을 대도시적 환경, 정보와 자극의 과잉으로 인한 신경 고갈과 노이로제의 산물로 보고, 그러한 정신적 태도를 드러내는 문학예술을 건강한 인간 공동체에 대한 위협으로 보았던 노르다우와는 달리, 롬브로조에게 퇴행은 전적으로 부정적인 것만은 아니다. 퇴행은 동물이나 식물의 진화 과정에서 일어나는 필연적인 산물이다. 예를 들어 이전의 인류가 가지고 있었던 초현실적인 마법 능력이나 미래를 예견하는 힘 등도 인류의 진화 과정에서 퇴화되어 사라진 것이다. 주목해야 할 점은, 이러한 퇴행이 종종 정상적인 인간의 능력을 넘어서는 천재적 재능과 결합되어 나타난다는 것이다. 롬브로조는, 인종에 대한 당시의 의식에 따라 백인보다 퇴행된 인종이라 여겨지던 흑인이나 정신병자 중 정상인을 넘어서는 특별한 능력을 보여주는 사례들을 제시한다. 말은 못하면서 그리스어, 라틴어, 독일어, 영어를 기계적으로 따라할 수 있던 흑인,

60 Cesare Lombroso, *Studien über Genie und Entartung: Autorisierte Übersetzung aus dem Italienischen von Ernst Jentsch*, Stuttgart, 1910, 202쪽.

놀랄 만한 기억력을 가진 태생적 정신박약자, 숫자는 20까지밖에 셀 수 없는데 성인聖人들의 이름과 축일은 모두 기억하고 있는 백치, 다른 인지적 능력은 바닥을 기록하지만 숫자와 계산 능력은 뛰어난 농부들이다. 롬브로조에 따르면 이들은 "중간 정도의 지성을 지닌 사람에게 정신적 장애가 등장하면, 어떤 천재적인 것Genialen을 창조할 수 있게 하는"[61] 예시인 것이다. 이로부터 롬브로조는 천재란 "퇴행적 노이로제의 한 형태Genie ist (……) eine Form der degenerativen Neurose"[62]라고 정의하기에 이른다.

> 내 이론에 따르면 퇴행은 천재성의 진단을 완전히 배제하지 않는다. 아무런 병리적 이상들Anomalien도 없는 평범한 이들Mittelmäßigen은 천재의 토대를 형성하는, 풍부한 독창성도 갖고 있지 않다. 천재적 인간은 자신의 동시대인들보다 더 잘, 그리고 그들과 다르게 이해하는 사람이다. 그렇기에 그는 비정상적 존재이자 예외인 것이다. 이것으로부터 무엇이 귀결되는가? 천재적 인간은 주위 사람들과는 분명히 구분되고, 생리적 · 심리적 결여를 많이 가지고 있다는 것이다. 박해 망상, 과대망상, 광신적 이념들로 자주 고통받으며, 간질을 겪는 경우는 더 많다.[63]

당시 상황에서 볼 때 롬브로조의 관점은 놀랄 만큼 개방적이다. 롬브로조는 심지어 "인종적 혼합이 많이 일어났던 인종과 가족들에서는 최대한의 천재성과 혁명이 일어나며",[64] 문학과 예술적 천재들 중에 "성적인 정신병sexulle Psychopathien"인 동성애가 자주 등장한다고 말하면서 미켈

61 같은 책, 204쪽.
62 같은 책, 202쪽.
63 같은 책, 204쪽.
64 같은 책, 111쪽.

란젤로, 첼리니Benvenuto Cellini, 1500~1571, 빙켈만Jobann J. Winckelmann, 1717~1768, 보들레르, 버질 등을 사례로 언급하기도 한다.[65] 앞에서 보았던 것처럼, 쇼펜하우어와 딜타이가 광인과 천재의 유사성을 지적하면서도 그 둘 사이에 질적인 차이와 구분을 만들어놓았던 데 반해, 롬브로조에게 광기는 천재성이 발휘되기 위한 중요한 조건으로 받아들여진다. 그중에서도 특히 예술적 천재성을 발휘하는 데 결정적 영향을 주는 증상은 간질Epilepsie이다. 롬브로조에 따르면 파가니니Niccolò Paganini, 1782~1840, 모차르트, 실러도 간질 발작으로 고통을 겪었고, 헨델 역시 격렬한 간질을 보였다. 뉴턴과 리셸리웨 역시 간질과 유사한 증상을 가지고 있었는데, 이들은 간질적 발작의 순간에 인간의 평균 능력을 넘어서는 창조적 에너지를 발휘해왔다. "갑작스러운 정신의 부재"로 특징지어지는 간질병의 근본 성향은 "영감Inspiration의 순간과도 유사하게 "천재적 소질이 발휘되게 하는 중요한 조건[66]인 것이다.

간질 발작의 갑작스러움과 그 과정에서 일어나는 자기의식의 부재를 창조적 영감의 순간과 관련시키는 롬브로조의 이론은 플라톤이 말했던 '신들림'과 '황홀경'을 떠올리게 한다. 플라톤에게서 영감의 근원이 신적인 외부로부터 예술가에게로 흘러들어 가는 것이라면, 롬브로조에게 천재성은 예술가의 내부에 자리잡고 있다가 의식이 고삐를 놓치는 순간에 발현되는 것이다. 아무튼 롬브로조의 이론은 실제의 광인, 소위 미친 사람들의 창조적 잠재력을 재평가하도록 영향을 미치게 되는데, 이는 앞으로 살펴볼 한스 프린츠혼Hans Prinzhorn, 1886~1933의 작업에 출발점이 되기도 했다. 광인과 천재의 관계에 대한 롬브로조의 입장은 1891년 영국에서 번역 · 출간된 『미쳤거나 천재거나The Man of Genius』[67]의

65 같은 책, 159쪽.
66 같은 책, 95쪽.

결론부에서 분명하게 드러난다.

> 천재의 생리학physiology과 광인의 병리학pathology 사이에는 다수의 상응점이, 심지어 능동적 연속성이 존재한다. 천재가 광인이 되거나 천재 중 미친 사람이 그렇게 많은 이유는 이것 때문이다. (……) 감정 능력과 유전성을 상실한, 퇴행적 특성들을 보여주는 다양한 성격유형 속에서 망상delusion들이 자주 일어나고, 주정뱅이, 저능아, 천치 혹은 간질 환자들 부모의 자식들에게서 특별히 영감의 특성이 자주 보인다는 것은, 천재란 간질 유형의 퇴행적 정신병이라는 사실을 알려준다. 이 가설은 광인들 중 일시적으로 천재성을 드러내 보이는 사례들의 빈번함과 천재의 본질은 아니더라도, 천재와 유사성을 보이는 정신병자 그룹들에 의해 확증된다.[68]

67 이 책의 원본은 *L'uomo di genio in rapporto alla psichiatria*(1888)이다.
68 C. Lombroso, *The Man of Genius*, London, 1891, 359쪽.

5 카를 야스퍼스, 『스트린드베리와 반 고흐』

하이데거의 동료 철학자로 더 잘 알려져 있는 카를 야스퍼스Karl Jaspers, 1883~1969는 처음부터 철학을 공부한 사람이 아니었다. 철학자가 되기 이전 야스퍼스는 정신의학자였다. 하이델베르크 대학교에서 의학 박사과정을 마친 야스퍼스는 1913년 정신의학과 심리학 분야에서 교수 자격 논문을 썼고, 1916년에는 심리학 교수가 되었다. 철학과 교수가 된 것은 그 이후인 1921년부터다. 그렇기에 야스퍼스가 정신의학 분야의 책들을 썼다는 사실은 그렇게 놀라운 일이 아니다. 그중 하나가 1922년 출간된 『스트린드베리와 반 고흐: 비교병적학病蹟學적 분석Strindberg und van Gogh: Versuch einer vergleichenden pathographischen Analyse』이다.

야스퍼스는 이 책의 서문에서, "우리 시대는 먼 것Ferne, 낯선 것, 비非관습적인 것과 원시적인 것Primitive에 대해, 동양의 예술, 흑인 예술, 아동 드로잉에 열광"[69]하고 있다고 말한다. 책이 출간된 1922년의 시대적 분위기를 고려해보면, 야스퍼스의 이 문장은 당시 유럽 정신사에서 일어났던 소위 '원시주의Primitivism'적 흐름을 지적하고 있는 것임을 알 수 있다.

69 K. Jaspers, *Strindberg und van Gogh: Versuch einer vergleichenden pathographischen Analyse*, München, 1977, 181쪽.

아시아, 아프리카 등에 본격적인 식민지 개척이 활발하게 이루어지던 19세기 후반 무렵부터 유럽에서는 자기 비판적 목소리들이 등장하기 시작했다. 유럽이 자연 상태의 순수함을 상실하고, 사회적 불평등과 정신적 황폐화와 같은 문명의 병을 앓고 있다는 한탄이었다. 많은 지식인은 그들이 상실한 자연 상태의 이상을 비유럽 문화 속에 투영하고 거기에서 문명적 상실의 대안을 찾고자 했다. 유럽 문명에 대한 자기비판과 결합된 이러한 엑소티즘적exotism 경향은 유럽에서 멀고 낯선 원시, 동양, 흑인 등의 비서구 문화를 "문명의 최고 단계에 도달한 유럽 사회에 대립되는 대립물"[70]로 이상화하고 이것을 서구 문명과 문화 비판의 준거점으로 삼았다. 이러한 낭만주의적 엑소티즘 속에는 "상실된 세계와 인간의 원초적 상태"에 대한 갈구가 작용하고 있었다.[71] "충만해 있던 원초적 상태"라는 신화, 그리고 이 신화를 상실한 현재 상태가 대립하면서, 원초적 상태, 자연적 상태에로의 회귀를 갈구하는 정신적 분위기가 이제 그 "자연적인 것"을 아직도 잃어버리지 않고 보존하고 있는 문화로 특징지어진 타자의 문화에 대한 낭만적 지향으로 드러나는 것이다.

이 속에서 타자의 문화에는 서구가 겪었던 역사적 발전 과정을 다행스럽게도 모면한 탈역사성과 자연성이 부여되었고, 이것이 "지나치게 역사화된" 서구 문명과 대립되어 서구 문명의 위기와 상처를 치유할 잠재적 치유제로 고양되었다. 서구 문화가 상실한 자연성을 유지하고 있다고 여겨진 원시 문화에 대한 동경은 미술에서는, 고갱Paul Gauguin, 1848~1903의 원시주의에서, 오세아니아나 아프리카 등 비유럽 문화의 전

70 Hans Robert Jauß, *Studien zum Epochenwandel der ästhetischen Moderne*, Frankfurt am Main, 1989, 27쪽.

71 Jean Starobinski, *Das Rettende in der Gefahr. Kunstgriffe der Aufklärung*, Frankfurt am Main, 1992.

통 예술과 공예품 등에 대한 관심을 통해 드러났고, 개화와 더불어 본격적으로 유럽 사회에 다가가고자 했던 일본 예술에 대한 관심으로 이어져 자포니즘Japonism을 낳기도 했다.[72] 서구의 합리화가 초래한 정신적 결핍과 고갈이 서구 문명을 몰락시킬 수 있을 정도로까지 심각하다는 위기의식은 속히 그런 결핍과 상실에 대한 보충에의 요구로 나아갔다. 이러한 상황 속에서 고대적이고, 자연적이고, 아직도 비문명화되어 있다고 특징지어진 아시아, 아프리카 등 타자의 문화가 서구의 상실, 결핍을 메워줄 정신적 대안으로 여겨졌던 것이다.[73]

광기는 이러한 지적 분위기 속에서 타자의 문화 중 하나로 재발견되었다. "분열증을 갖게 된 사람들이 분열증을 앓던 시기에 제작한 일련의 작품들이 새롭게 조명되고 영향을 끼치고 있다"[74]라는 야스퍼스의 진술은 당대의 이러한 배경을 지적하고 있는 것이다. 야스퍼스에 따르면 당시에 횔덜린이 분열증 시기에 썼던 시들이 재평가되고, 스웨덴의 화가 에른스트 요셉손Ernst Josephson, 1851~1906이 병적 무아지경 상태에서 제작한 그림들에 대한 관심이 높아지는 등 "사람들은 이제 정신병자들Irren의 예술을 정신의학적 연구를 위한 심리학적 재료로서만이 아니라 예술로도 중요하다고 생각하기 시작한다".[75] 이러한 분위기 속에서 의식적으로 광기를 자신의 작품과 활동에 접목하려는 예술가들

72 이에 대해서는 가라타니 고진柄谷行人, 「미술관으로서의 역사」, 『네이션과 미학』, 조영일 옮김, 도서출판b, 2009, 131쪽 이하 참조.

73 할 포스터Hal Foster, 1892~1982가 말하는 "원시주의적 환상"—"보통 유색인종이라고 추정되는 타자는 백인 주체에게는 아무튼 차단되어 있는 원초적인 심리적·사회적 과정들에 접근할 수 있는 특별한 권능이 있다는 환상"—의 출발점도 바로 여기에 있다. 할 포스터, 「민족지학자로서의 미술가」, 『실재의 귀환』, 이영욱 외 옮김, 경성대학교출판부, 2010, 275쪽.

74 K. Jaspers, *Strindberg und van Gogh*, 179쪽.

75 같은 책, 180쪽.

도 등장했다. 1912년 쾰른에서 열린 독일 표현주의자 전시회에서 야스퍼스는 "많은 이가 광인이고자 하지만 사실 너무 건강하다"[76]라는 인상을 받는다. 그리고 스스로 광기와 원시성을 흉내 내고자 하는 "모방된 디오니소스적 경험" "얄팍한 직접성" "원시성에 대한 의지"[77]는 결국 예술 자체를 위기에 빠뜨리게 될 "가짜Unechten로 이어질 수밖에 없다"[78]라고 경고한다.

많은 사람이 광기의 원시성에 열광하고, 적지 않은 예술가가 광기를 모방하려는 시대적 상황 속에서 야스퍼스가 택한 방법은, '진짜' 정신 병력을 가졌던 예술가들을 분석 대상으로 삼아 광기와 예술 사이의 실질적 연관성을 밝히는 것이었다. 그를 위해 야스퍼스는 스웨덴 작가 아우구스트 스트린드베리August Strindberg, 1849~1912와 반 고흐를 분열증 예술가의 대표로 선정해 이들의 병력과 작품의 관계를 분석한다. 잘 알려져 있듯이 두 사람은 실제 정신병을 겪었던 작가들이다. 스트린드베리는 두 번째 결혼이 파탄 나던 해 출간된 소설의 제목 『지옥Inferno: Legender』(1897)을 따서 "인페르노 시기"(1895~1897)라 불리는 시기에 망상, 현실 인식 장애, 우울증과 자살 충동 등의 격렬한 정신적 상태를 겪었는데, 이는 편집증적 분열증으로 진단되었다. 고흐의 정신 질환은 이보다 잘 알려져 있는 편이다. 고흐는 매춘부에게 자신의 왼쪽 귀를 잘라 건네주는 등의 기행으로 생레미 정신병원에 입원했고, 37세 때는 가슴에 총을 쏴 자살했다.

야스퍼스가 던지는 첫 번째 질문은 이것이다. 이들의 분열증이 이 예술가들로 하여금 작품을 창조하게 했던 근본 원인이었을까? 이에 대

76 같은 책, 182쪽.
77 같은 곳.
78 같은 책, 183쪽.

한 야스퍼스의 대답은 긍정적이다. 이들에게 정신병이 생겨나기 시작한 시점과 이들의 체험과 창작 방식, 그리고 작품 스타일 변화의 시점이 서로 맞아떨어지고 있고, 이 변화가 음주 후 생겨나는 일시적 인성 변화 등과는 달리 급진적이고도 지속적이었기 때문이다. 그러한 점에서 분열증은 이 두 예술가의 창작의 근본 원인으로 작용했다고 말할 수 있다.[79] 하지만 야스퍼스는 이 두 예술가에게서 분열증이 작용하는 방식의 차이를 구분한다. 스트린드베리에게 분열증은 작품에서 질료적이고 물질적인 의미를 갖는다. 스트린드베리의 작품들은 분열증 상태에 처한 작가 자신의 환각과 망상, 기이한 행동 등을 직접적인 소재이자 질료로 삼고 있기 때문이다. 이와는 달리 고흐가 그린 그림들은 분열증적 환각이나 망상 등을 직접 대상으로 삼지는 않는다. 고흐에게 분열증은 표현된 사물의 형태나 붓의 터치 등 작품의 내적인 형식으로 드러나 있는 것이다. 고흐에게 분열증은 창조 활동 자체를 규정하고 있던[80] 조건이었다.

질료적이고 물질적으로 작품의 기반을 이루든, 작품의 창조 활동과 내적 형식을 규정하든 어찌 되었든 분열증은 이 두 예술가에게 작품 창작에 근본 원인으로 작용했다. 고흐나 스트린드베리의 작품들이 이처럼 분열증의 직간접적 작용에 의해 탄생한 것이라면 이 작품들의 성격과 의미에 대한 질문이 제기된다. 제작자의 '병적' 의식의 산물이 '예술 작품'일 수 있을까? 예술이 창작자의 정신적 · 심리적 힘의 산물이라면, 그렇게 제작된 작품에는 그 병적 에너지가 드러나지 있지 않을까?

우리는 노르다우가 당대 문학과 예술 작품들을 비판하며 금지시키려 했던 이유가 바로 이러한 관점이었음을 알고 있다. '병든' 문학과

79 같은 책, 170쪽.
80 같은 책, 174쪽.

퇴행미술전 전시 도록.

예술 작품이 사회 공동체의 정신적 건강을 훼손할 수 있다고 우려했던 것이다. 실제로 이러한 우려가 구체적인 사회정책과 행동으로 실현되었던 역사적 사례도 있다. 1933년부터 독일의 정권을 잡은 나치는 초창기부터 게르만 공동체의 정신적 가치와 건강함을 훼손할 우려가 있다는 문학과 예술 작품을 솎아내는 작업을 벌여왔다. 1933년 베를린에서는 유대인 작가의 여러 문학작품이 불태워졌고, 1937년 뮌헨에서는 독일 전역 32개의 미술관에서 압수한 650여 점의 미술 작품이 "퇴행미술Entartete Kunst"이라는 타이틀로 전시되었다. 뮌헨에 이어 베를린, 빈, 라이프치히, 뒤셀도르프, 함부르크, 프랑크푸르트 등 독일 주요 도시에서 1941년 4월까지 이어진 이 전시회는 '인종적으로 저열한' '유대적-볼셰비키적' 예술가에 의해 창작된, '병든' 예술이라는 생각을 확산시켰다. 노르다우의 '퇴행' 개념이 여기에서 중요한 역할을 수행했었다는 사실은 소위 '병든 예술'이라는 생각의 뿌리가 꽤 깊이 자리 잡고 있다는 것을 알려준다. 이러한 상황을 예견이라도 한 듯, 야스퍼스는 분열증과 예술의 관계를 다루는 자신의 책에서 이렇게 말한다.

> 우리가 작품의 분열증적 분위기를 말로 표현하려고 한다는 것은, 그 작품들이 '병들어 있다krank'라고 말하는 것이 아니다. 정신은 건강하고 병들어 있다는 대립을 넘어서 있다. 병들었다고 평가되는 과정의 토양에서 자라나온 작품들은 특정한 성격을 가질 수

> 있는데, 그 성격은 정신의 우주에 있어서 본질적인 계기이기는 하지만 그것은 그 과정이 조건들을 만들어주는 한에서만 현실 속에서 존재할 수 있게 되는 성격이다.[81]

야스퍼스는 인간 정신의 내재적 힘을 확신하고 있었다. 야스퍼스에 따르면 "정신은 자신에게 적합한 심리학적-인과적 조건에서 스스로 어떤 형태Gestalten들을 창조해낸다".[82] 분열증은 작품의 생산성을 높이거나 객관적 형태를 띠는 새로운 힘들을 등장시키기도 하지만 그 "힘들은 그 자체로는 병적이지도 또 건강하지도 않은 정신적 힘들이며 이것이 병의 토양 위에서 자라나온 것"[83]에 다름 아니다. 말하자면 작품을 통해서 드러나는 것은, 그 자체로 병듦과 건강함의 구분을 넘어서 있는 정신적 힘들이고 분열증은 그 정신적 힘들이 등장하게 하는 조건에 다름 아니라는 것이다. 야스퍼스의 관점은 노르다우의 관점과는 전적으로 대립한다. 노르다우가 모더니즘 예술을 정신적 퇴행과 히스테리의 증상으로 보았던 데 반해, 야스퍼스는 분열증 같은 정신적 질병이 예술 창작의 근본 원인으로 작용한다고 해서 그런 심리학적-인과적 조건에서 스스로 형태들을 창조해내는 정신의 창조물이 병들었다고 말할 수 없다고 보기 때문이다. 정신의 산물은 병들거나 건강하다는 대립을 넘어서 있다.

81 같은 책, 173쪽.
82 같은 책, 181쪽.
83 같은 책, 177쪽.

6 한스 프린츠혼, 『정신병자들의 조형 작업』

예술가의 천재성을 그들의 정신병리적 증상들과 연결하는 것은 예술가를 탈신비화하는가? 반드시 그렇지만은 않다. 신과 같은 창조자의 위치로 격상되어 있던 예술가들을 정신병으로 고통 받는 한 개인으로 본다는 것에는 일면 탈이상화의 경향이 있지만, 앞에서 보았듯이, 광인으로서의 예술가는 그만큼 여타의 평범한 사람들과는 구별되는 존재이기 때문이다. 천재-광인-예술가는 신과 같은 초월적 존재는 아니면서도, 그렇다고 범상한 정상인도 아닌, 그러한 점에서 여전히 '외부자'적 존재가 되는 것이다.

천재-광인-예술가 논의를 연구한 샌더 길만Sander L. Gilman[84]은 광인, 그리고 광인의 창조성에 대한 정신의학 담론의 흐름을 크게 두 가지로 정리한다. 첫째는 위대한 천재 예술가, 정치가, 철학자 등에게서 그 위대함의 정신병리적 근원을 찾으려는 흐름이다. 앞에서 보았던 롬브로조, 야스퍼스 등의 저자가 이에 해당할 것이다. 이와는 달리 실제 광인들의 미적 생산물을 수집 · 고찰함으로써 이들의 창조성을 확인하려는 흐름이 있었다. 이런 시각은 언뜻 전자와 유사해 보이나 그 함의

84 Sander L. Gilman, "The Mad Man as Artist: Medicine, History and Degenerate Art", *Journal of Contemporary History*, Vol. 20, No. 4, Oct. 1985, 579쪽.

는 크게 다르다. 위대한 천재들에게서 간질을 비롯한 정신병리적 증상을 찾을 수 있다는 것은 그 인물들에 대한 기존의 가치 평가를 크게 변화시키지 않는다. 하지만 이성과 합리적 지식의 타자로, 이성의 부재, 결핍, 비언어, 비이성으로 정의되어온 광기[85]와 함께 치유되어야 하거나 적어도 이성적 삶의 영역에서 배제되어야 할 존재로 여겨졌던 광인들에게서 일반인보다 뛰어난 예술적 창조성을 발견한다는 것은 기존 사회의 통념과 규범에 대한 도전일 수 있다.

한스 프린츠혼의 책은 천재와 광인 사이의 유사와 차이에 대한 담론의 계보를 잇고 있으면서도, 천재를 일반적인 광인들로부터 구별하려는 특수화의 계보를 따르고 있지는 않다. 프린츠혼은 처음부터 유명인들이 아닌 정신병자들의 작업에 주목했고 그 작업에서 모든 인간에게 적용될 수 있는 심리적 형상화의 법칙을 발견하려고 시도했기 때문이다. 프린츠혼의 연구가 광기와 비이성을 원천으로 삼아 기존 사회문화의 억압과 획일성을 공격했던 초현실주의자들에게 큰 영향을 끼쳤던 것은 이러한 이유에서였다.

오스트리아 빈 대학교에서 미학과 미술사를 공부한 한스 프린츠혼은 1908년 미술사로 박사 학위를 받은 후, 특이하게도 다시 의학 교육을 받고는 제1차 세계대전 동안 군의관으로 복무했다. 1919년 하이델베르크 정신의학 클리닉 원장 카를 빌만Karl Wilmann의 조교수로 임명되는데, 이때부터 프린츠혼은 독일과 오스트리아, 스위스, 이탈리아, 네덜란드 등 유럽 전역의 정신병원에 수용되어 있는 정신병자들의 그림과 조형물을 수집하는 거대 프로젝트를 주도하게 된다. “정신병원들을 여행

85 Michel Foucault, *Wahnsinn und Gesellschaft: Eine geschichte des wahns im zeitalter der wernunft*, Frankfurt am Main, 1973, 12쪽.

하며 수집물을 모았고 강연과 논문을 통해 관심을 불러내고 개인적 후원을 구하는" 방식으로 진행된 꼬박 2년여 간의 노력 끝에 프린츠혼은 "독일과 오스트리아, 스위스, 이탈리아, 네덜란드"뿐 아니라 "바다 건너 외국"의 정신병원에 체류하는 환자 약 450명이 제작한 그림과 조형물 5천여 점을 수집할 수 있었다.[86] 당시는 물론 오늘날까지도 유래를 찾아보기 힘든 이러한 수집 작업은 현재 하이델베르크 대학교 프린츠혼 컬렉션[87]의 토대가 되었다.

이러한 수집 작업과 결과물에 근거해 저술된 『정신병자들의 조형 작업: 형상화의 심리학과 심리병리학을 위한 논고』(이하 『정신병자들의 조형 작업』)은 1922년 베를린에서 처음 출간되었다. 이 책은 유럽 전역의 정신병원에 입원하고 있는 실제 광인들이 제작한 그림과 조각, 그 외의 조형물들을 체계적으로 수집한 거대 프로젝트의 이론적 산물일 뿐만 아니라, 이전까지 환자들의 증상을 진단하는 수단으로만 활용되었던 정신병자들의 그림을 처음으로 미학적 고찰 대상으로 삼았다.

물론 프린츠혼 이전에도 정신병자들의 조형물에 대한 저술들[88]이 없었던 것은 아니다. 필리프 피넬Philippe Pinel, 1745~1826은 이전 시대와는 달라진 인간적 치료 방법을 채택해 광인들을 사슬에서 해방시킨 것으로 유명한 의사로, 자신의 저작에서 환자들의 조형 작업에 대해 언급한 적이 있고, 암브로제 타르디우Ambrose Tardieu, 1818~1879, 폴 막스 시몽Paul-Max Simon, 1837~1889과 같은 19세기 프랑스의 정신의학자들도 광인들

86 Hans Prinzhorn, *Bildnerei der Geisteskranken: Ein Beitrag zur Psychologie und Psychopathologie der Gestaltung*, Neudruck der zwieten Auflage, Berlin, 1968, 4쪽. 이하 *Hans Prinzhorn*으로 약기함.

87 http://prinzhorn.ukl-hd.de

88 예를 들어, Dr. Paul-Max Simon, *L'imagination dans la folie*(Paris, 1876), *Les Écrits et les dessins des aliénés*(Paris, 1888), Marcel Réja, *L'art chez les fous: Le dessin, la prose, la poésie*(Paris, 1907) 등이 있다.

토니 로베르 플뢰리Tony Robert Fleury, 〈정신병 환자들을 쇠사슬에서 풀어주는 필리프 피넬〉, 35.8×50.2cm, 캔버스에 유화, 1876년, 살페트리에르 병원.

의 시, 음악, 미술 등의 예술 생산물에 주목한 바 있다.[89] 하지만 이 책들에서 광인들의 미적 생산물은 환자들의 병리적 증상을 진단하기 위한 수단일 뿐이었다. 이에 반해 프린츠혼의 『정신병자들의 조형 작업』은 총 187개의 원색과 흑백 도판이 실린 대형 옥타프 판이라는 책의 형태에서부터 조형물 자체에 대한 미학적 관심[90]을 보여주면서, 내용에서도 환자들의 조형물이 지닌 표현력과 상상력을 이론적으로 해명하려

89 S. L. Gilman, *Difference and Pathology: Stereotypes of sexuality, race and madness*, Ithaca, 1985, 219쪽과 그다음.

90 Thomas Röske, "Inspiration und unerreichtes Vorbild. L'art des fous und Surrealismus", *Surrealismus und Wahnsinn*, hg. T. Röske, Ingrid von Beyne, Heidelberg, 2009, 24쪽.

고 시도한다. 프린츠혼은 이 책에서 분석된 조형 작업들의 종류와 기원을 다음과 같이 밝힌다.

> 첫째, 이 자료는 거의 예외 없이 정신병원 수용자들, 다시 말해 정신병이 있다는 점에 의심의 여지가 없는 사람들의 작업이다. 둘째, 누군가의 요구에 의한 것이 아니라 환자들 스스로의 욕구에 의해 제작된 자발적 생산물들이고, 셋째 이들 대다수는 학교에서 배운 것 말고는 드로잉이나 회화 등에 관련해 아무 가르침도 받은 적이 없는 환자들이다. 그렇기에 기본적으로 이 컬렉션은 훈련받지 않은 정신병자들에 의해 자발적으로 생겨난 작품들로 구성되어 있다.[91]

"훈련 받지 않은 정신병자들에 의해 자발적으로 생겨난 작품들"[92]이라는 독특한 분석 대상은 그에 걸맞은 관점과 방법론을 요구한다. 통상적인 미술사 연구에서와는 달리 이 대상들은 작가의 의도와 작품 경향, 작가가 속한 유파 등의 요소들과 관련해 분석하기 어렵기 때문이다. 이 책에서 분석되는 조형 작업은 대부분 "분열증Schizophrenie 그룹" 환자들의 것이다.[93] 여기에는 그럴 만한 이유가 있다. 광증-우울증 환자manisch-depressive, 마비증, 정신박약이나 간질 환자들과 비교해 이들은 조형물을

91 *Hans Prinzhorn*, 4쪽.

92 물론 프린츠혼의 수집물 중에는 미술을 전문적으로 교육받았던 사람들의 작업도 포함되어 있음이 나중에 밝혀지게 된다. Colin Rhodes, *Outsider Art: Spontaneous Alternatives*, New York, 2000, 60쪽.

93 프린츠혼이 밝히고 있는 바에 따르면, 약 75퍼센트가 분열증 그룹에 속하는 환자들의 것이고, 광증-우울증 환자manisch-depressive가 7~8퍼센트, 정신병리자Psychopathien가 5~6퍼센트, 마비증 환자Paralyse가 4퍼센트, 정신박약이 4~5퍼센트, 간질 환자의 작업이 3~4퍼센트다. 전체 작업 중 여성 환자의 것은 16퍼센트다. 앞의 책, 53쪽.

가장 많이 남겼을 뿐 아니라, 그 "다양성, 자극과 풍부함은 물론, 예술로서의 질에 있어서[도] 다른 환자들의 작품은 그저 비교 자료로서의 지위만 가질 정도로 관람자를 강하게 매료"[94]하기 때문이다.

프린츠혼에 따르면 이는 분열증 자체의 성격에서 기인한다. 프린츠혼은 분열증의 가장 핵심적인 심리 현상을 "자폐自閉, Autismus"로 특징짓는데, 그 이유는 분열증적 세계 감정의 가장 큰 특별함이 "[외부로부터의] 영향을 받을 수 없으며, 객관적 숙고에 차단되어 있다는 데에"[95] 있기 때문이다. 분열증자는 "감각적 인상, 순간적 착상, 기억 표상, 꿈, 환각, 사고 복합체 등의 모든 체험을 [구분하지 않고] 자유로이 취급"하면서, 그 자신에게 떠오르는 모든 것을 "내부 세계와 무관하게 독단적이 되어버린 자아의 자의적 법칙에 따라" 해석한다. "자신이 신의 은총을 받았고, 세계 구원의 사명을 띠고 있고, 제후이자 그리스도, 나아가 신이라고 느끼는 과대망상"이 내부 세계로부터 완전히 고립된 채 "전적으로 자기 자신 속에 유폐된 상태에서 충동적 착상과 자의恣意로 자신만의 세계를 세워나가는" 분열증의 대표적 증상인 것도 같은 이유에서다. 프린츠혼에 따르면 바로 이러한 분열증적 자폐가 분열증자가 만든 조형 제작물에 특별한 성격을 부여한다. "자폐적이고 독단적인 분열증자는, 정상적인 경우 이미 지각에서의 처리 과정을 거쳐 개인적으로 규정된 직관상이 되는 주변 세계의 감각 자료들로부터 전혀 다른, 훨씬 풍부한 세계를 만들어"[96]내기 때문이다. "그는 자신이 만들어낸 이 세계를 논리적 관습을 통해 확인하거나 다른 사람들과 조화롭게 만드는 대신, 자신의 착상, 자의, 욕구를 위한 재료로 삼는다. 때문에 그에게

94 같은 곳.
95 같은 책, 54쪽.
96 같은 책, 55쪽.

실제 세계는 그 자체로 탈가치화되고, 인정받을 필요도 없어진다. 그는 이 세계를 임의에 따라 사용할 수도, 아니면 꺼버릴 수도 있다."[97] 말하자면, 내부 세계의 구속으로부터 완전히 벗어난 채 전적으로 자신의 내적 감각과 자의적 논리를 좇는 분열증자들은, 바로 그것 때문에 우리에게 익숙한 사물의 모습이나 관습적인 지각상을 넘어서는 것들을 자유롭게 표현하는데, 이것이 이들의 제작물에 독특한 매력을 부여한다는 것이다.

하지만 고흐와 스트린드베리의 작품과 분열증의 관계를 연구한 야스퍼스가 맞닥뜨린 동일한 질문이 여기에서도 제기된다. 이들의 조형 제작물을 예술이라는 관점에서 미학적으로 평가할 수 있을까? 그것은 단지 병리적 정신 상태에 빠진 환자의 무분별하고 혼돈스러운 지각과 교착적인 환각이나 망상의 우연적 소산물에 다름 아니지 않을까? 이런 제작물들은 기껏해야, 이전까지 정신의학이 전제해왔듯이, 그것을 제작한 환자 개개인의 비정상적인 정신과 심리 상태를 유추할 수 있는 진단적 가치만을 지니지 않을까?

프린츠혼 역시 "여기 제시되는 (……) 다양한 조형 작품을 그 제작자의 병력과 관련해 정신병리학적으로 비교하는 연구"[98]의 의의를 부인하지 않는다. 나아가 자신의 연구가 특정한 정신적 질병과 조형적 형상화의 관계를 체계적으로 밝히는 데 기여하기를 희망한다. 이 책의 부제를 "형상화의 심리병리학을 위한 논고Ein Beitrag zur (……) Psychopathologie der Gestaltung"라고 칭한 이유도 여기에 있다. 하지만 이 부제에 등장하는 또 하나의 단어, 곧 "형상화의 심리학을 위한 논고Ein Beitrag zur Psychologie (……) der Gestaltung"는 프린츠혼의 다른 관심, 곧 미술사가로서의 관심을

97 같은 곳.
98 같은 책, 6쪽.

드러낸다. 프린츠혼은 당대 정신의학자들과는 달리 분열증 환자들의 제작물을 비정상적이자 병리적인 정신의 산물이 아니라 모든 사람에게 보편적으로 적용할 수 있는 "형상화"의 시도로 보려는 것이다.

> 이 조형 작품들은 형상화 시도들이며 그러한 점에서 심리적으로 '예술'과 공통점을 갖는다.[99]

프린츠혼의 목표는 '형상화의 정신병리학'을 넘어, 인간의 충동, 욕구, 경향 등과 조형적 형상화 사이의 관계를 밝히는 '형상화의 심리학'을 향한다. 정신병자, 특히 분열증자의 조형 작업을 연구 대상으로 선정한 이유는, 외부 세계의 구속에서 자유로운 분열증자들의 자폐적 성격으로 인해 인간의 내재적 충동/욕구/경향과 형상화 사이의 관계가 여기에서 훨씬 분명하게 드러나기 때문이다.

충동/욕구와 조형적 형상화

정신병자들의 조형 작품들을 대상으로 모든 사람에게 통용되는 '형상화의 심리학'을 밝혀내려면 모든 사람에게 공통적인 내적 동기로부터 그 작품들이 설명될 수 있어야 할 것이다. 그것이 "형상화 충동Gestaltungsdrang"이다. 프린츠혼은 형상화 충동을 "영혼을 표현하려는 경향, 충동, 욕구"로, "오로지 자신의 형상화로만 향해 있는 충동적 생명 과정"[100]이라고 정의한다. "한창 놀다가 우스꽝스러운 춤을 떠올리거나, 칠판에 (……) 끼적거림을 그리는 아이, 가면을 통해 마술적이고 악마

99 같은 곳.
100 같은 책, 17쪽.

적 표상으로 채워진 세계 감정을 표현하는 원시인, 영혼적인 것이 형상을 얻게 되는 많은 유사한 경우"[101] 등이 이 형상화 충동의 발현태다. 이 형상화 충동의 근저에는 인간의 '표현 욕구Audrucksbedürfnis'[102]가 자리 잡고 있다. 표현 욕구는 그저 자기 자신을 표현하려는 욕구가 아니라 타자와 접촉하려는 욕구이자, 협소한 개인의 경계를 넘어 타자들과 공명함으로써 자신을 객관화하려는 욕구다.

> 표현 욕구는 모든 영혼적인 것이 개인이라는 협소함에서 벗어나 보편적인 생生의 넓음에 도달하고, 다른 사람들과의 공명 속에서 스스로를 객관화하는 수단이다.[103]

다른 사람들과의 공명 속에서 내적 영혼을 객관화하려는 이러한 표현 욕구가 인간으로 하여금 신체나 목소리 혹은 사물들을 이용한 형상화를 추동하는 것이다. 이러한 표현 욕구와 친화적 관계를 지니면서 형상화를 추동하는 다른 심리적 충동이나 욕구/경향[104]들도 존재한다. 프린츠혼은 이것을 "유희충동"과 "꾸밈 충동Schmucktrieb" "모사 경향Abbildtendenz" "질서화 경향Ordnungstendenz" "상징 욕구Symbolbedürfnis"의 다섯 가지로 구분한다. 조형적 형상화는 이 내적 충동이나 경향들이 서로를 보충하거나 배제하는 방식으로 서로 복합적으로 작용해 생겨나는 것이다. 프린츠혼은 이들의 관계를 다음의 도식으로 보여준다.

101 같은 곳.
102 같은 책, 10~11쪽.
103 같은 책, 18쪽.
104 프린츠혼은 한국어로 '충동' '욕구' 등의 유사 단어로 번역될 수 있는 독일어 단어 Trieb와 Drang, Bedürfnis의 세 단어를 엄밀하게 구분하지 않고 혼용한다. 프린츠혼 자신도 본문에서 "이 중 어떤 단어를 선택하는 건 별로 중요하지 않다"(같은 책, 19쪽)라고 말한다.

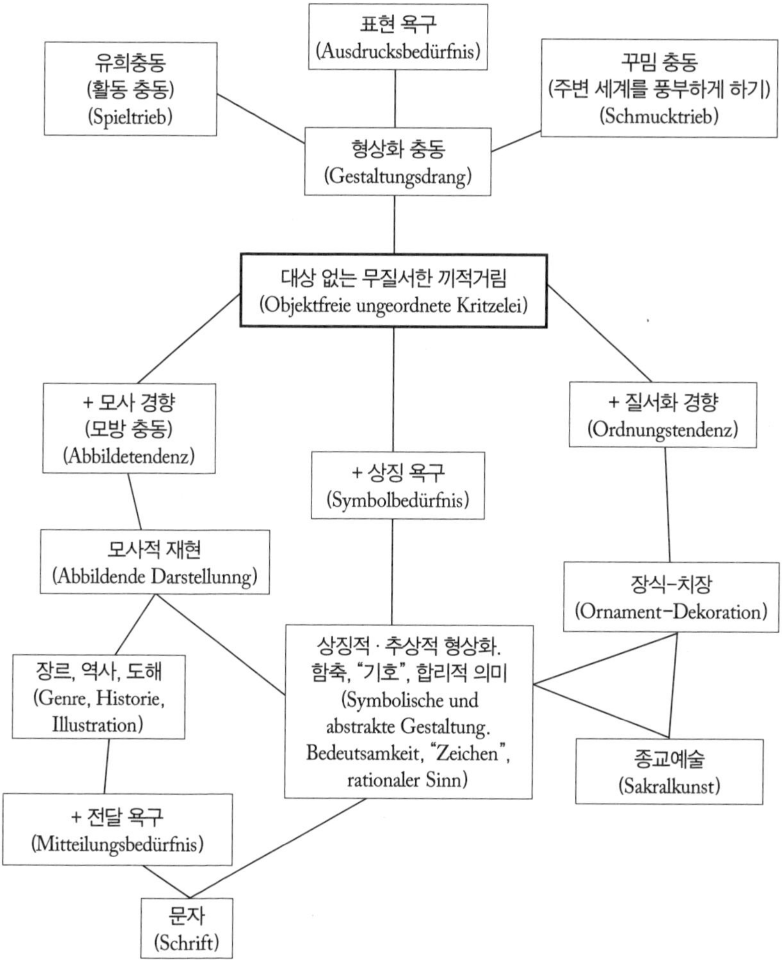
표현 욕구
(Ausdrucksbedürfnis)
유희충동
(활동 충동)
(Spieltrieb)
꾸밈 충동
(주변 세계를 풍부하게 하기)
(Schmucktrieb)
형상화 충동
(Gestaltungsdrang)
대상 없는 무질서한 끼적거림
(Objektfreie ungeordnete Kritzelei)
+ 모사 경향
(모방 충동)
(Abbildetendenz)
+ 상징 욕구
(Symbolbedürfnis)
+ 질서화 경향
(Ordnungstendenz)
모사적 재현
(Abbildende Darstellunng)
장식-치장
(Ornament-Dekoration)
장르, 역사, 도해
(Genre, Historie, Illustration)
상징적 · 추상적 형상화. 함축, "기호", 합리적 의미
(Symbolische und abstrakte Gestaltung. Bedeutsamkeit, "Zeichen", rationaler Sinn)
종교예술
(Sakralkunst)
+ 전달 욕구
(Mitteilungsbedürfnis)
문자
(Schrift)

형상화 경향의 도식

이 충동들이 어떤 방식으로 구체적인 형상화로 귀결되는지를 이해하려면, 간략하게나마 각 충동의 성격에 대해 알 필요가 있다.

유희충동과 꾸밈 충동

유희란 "목적으로부터 자유로운 활동"이다. 도달하거나 이루어야 할 외적 목적을 가지고 있지 않기에 유희는 자기 목적적이고, 그 활동의 동기는 외적인 강제나 필요성이 아니라 내적(의식적 혹은 무의식적) 즐거움과 자기 충족이다.

> 유희는 목적을 갖지 않는 자기 충족적인 모든 활동을 지칭하거나, 일정한 규칙을 따르기는 하지만, "재미" "시간 보내기", 더 정확히 말해 "즐기기" 말고는 아무 실제적 목적도 갖지 않는 활동을 말한다.[105]

정도의 차이는 있지만 아이나 성인을 막론하고 모든 인간에게는 이러한 유희충동이 있다. 그 사실은 유희충동으로부터 촉발되는 인간의 다양한 활동을 보면 알 수 있다. 프린츠혼은 아이들이 물감 등으로 벽에 떡칠Beschmieren을 하거나, 정신병원 환자들이 식사로 나온 빵 조각을 주물럭거리며 가지고 노는 것Brotkneten, 나아가 "강연을 듣거나 회의를 할 때 지루함과 피곤함으로 인해, 활동성과 주의력이 감퇴된 상태에서 이루어지는 끼적거림Kritzeln"[106]을 유희충동에서 나온 활동의 사례로 든다. 이 활동은 모두, 어떤 특정한 외적 목적 없이 자기 충족적 즐거움을 위

105 같은 책, 21~22쪽.
106 같은 책, 22쪽.

해 이루어지는 활동이라는 공통점을 갖는다.

이 중 끼적거림Kritzeln, Kritzelei[107]은 유희충동과 관련해서뿐만 아니라 프린츠혼 이론 체계 내에서도 중요한 위치를 차지한다. 무언가를 그려야겠다는 목적에 대한 표상도 없고, 그렇다고 맹목적인 충동에서 나오는 것도 아닌 끼적거림은 유희적 활동의 전형이며, 동시에 유희적 해석 활동과도 결부되어 있기 때문이다. 유희적 해석 활동이란 예를 들어 무정형적인 구름이나 우연하게 생겨난 얼룩 등을 보며 특정한 형상을 자유롭게 상상할 때 일어난다. 오랫동안 전화로 대화를 나누거나 수업이나 회의 중 무료한 순간에 우리의 손은 거의 반의식적으로 종이 위에 무언가를 끼적거리는데,[108] 최초의 우연한 끼적거림의 결과로 생겨난 선이나 글자 형태를 유희적으로 해석하며 그것으로부터 도형이나 사람, 동식물 형태를 만들어낸다. 프린츠혼은 바위에 밧줄이 긁힌 자국을 기하학적 형상이나 사람 모습으로 발전시킨 남아메리카 암석화, 휘어진 암벽의 형태를 이용해 동물을 묘사한 스페인 동굴벽화, "울퉁불퉁 튀어나온 뿌리 옹이를 칼로 다듬어 그로테스크하고 환상적인 사람이나 동물 형상"을 만드는 중국 민예품 등을 이러한 유희충동에 따른 형상화의 산물로 본다.[109]

유희충동과 더불어 형상화의 근원 영역[110]에 속하는 것이 꾸밈 충

107 영어로는 "scribble"에 해당하는 '끼적거림'은 쓰기와 그리기의 중간적 형태로, 대부분 무의식적으로 이루어지는 쓰기/그리기 행위로, 예를 들어 작가 사이 톰블리Cy Twombly, 1928~2011의 작업들을 특징지을 때 많이 등장하는 개념이기도 하다. 이에 대해 Roland Barthes, *Cy Twombly*(Berlin, 1983)를 참고할 것. 자크 데리다는 "SCRIBBLE: Macht/Schreiben"(William Warburton, *Versuch über die Hieroglyphen der Ägypter*, Berlin, 1980)에서 이 개념을 자신의 문자 이론과 관련시키고 있다.

108 *Hans Prinzhorn*, 22쪽.

109 같은 책, 23쪽, 24쪽.

110 같은 책, 19~20쪽.

동이다. 꾸민다는 것은 "어떤 대상—인간이건 생명 없는 사물이건 간에—을 그것을 풍부하게 하는 추가물을 통해 능동적으로 부각"[111] 하는 활동이다. 프린츠혼은 "아이가 모래로 만든 케이크 위에 색깔 있는 돌을 얹거나, 정원에 꽃을 심거나, 종이를 끼적거림으로 뒤덮는"[112] 등의 활동을 꾸밈 충동에 의한 사례로 언급한다. "주변 세계에 수동적으로만 자신을 복속시키는 대신 자기 존재의 흔적을 각인시키려는 인간의 욕구"[113]라는 점에서 꾸밈 충동은 발정기 때 수컷에게 생겨나는 장식 깃털 등과는 본질적으로 다르다.

질서화 경향과 모사 경향, 상징 욕구

꾸밈 충동은 주로 반복에 의해 생겨난 규칙적 패턴과 질서의 형상화로 드러나는데, 그 점에서 질서화 경향과 밀접한 관계를 맺는다. 질서화 경향은 규칙적 패턴, 조화, 비례, 리듬 등을 통해 자의적이고 혼란스러운 경험 형식에 질서를 부여하려는 경향이다. 프린츠혼에 따르면 시각적 형상화에서 드러나는 리듬과 규칙성은 "우리 몸의 대칭 형태, 비례 구조 같은 공간적 배열에서 비유적으로 재발견되는 맥박, 호흡, 걸음걸이의 리듬"뿐 아니라 "수정水晶과 식물의 대칭적 구조, 낮과 밤, 썰물과 밀물, 여름과 겨울의 변화"[114] 등 사실상 모든 생명 과정에서 발견되는 질서가 반영된 것이다. 프린츠혼은 질서화 경향에 의해 생겨난 시각적 형상화 유형을 장식裝飾, Ornament과 치장治粧, Dekoration 두 가지로 구분한다. 주어진 표면을 다양한 방식으로 분할함으로써 생겨나는 규칙성

111 같은 책, 29쪽.
112 같은 책, 30쪽.
113 같은 곳.
114 같은 책, 31쪽.

이 장식이라면, "벽지에서 볼 수 있는 것처럼, 무한히 큰 표면에서 잘라낸 한 부분이 반복되는 패턴"의 질서가 치장[115]이다.

질서화 경향은 강박적으로 드러난다. 종이 표면을 계속 분할하거나, 선 혹은 같은 모티프를 반복적으로 그려 넣는 끼적거림에서 질서화 경향이 지닌 강박적 성격이 드물지 않게 관찰된다. 이러한 질서화 경향과 대립하는 충동이 프린츠혼이 '모방 충동Nachahmungstrieb'이라고도 부르는 모사 경향이다.[116] 강박적으로 특정한 모티브나 패턴을 반복하는 행위와 어떤 대상의 모습을 따라 묘사하려는 행위의 관계를 생각해보면 이 주장은 쉽게 이해된다. 내면에 떠오른 직관상을 보는 사람에게도 파악되게 하려는 모사 경향은, 자유로운 끼적거림과는 달리 형상화 활동의 유희적 성격을 감소시킨다. 여기에서 주의할 것은 이 모사 경향이 주체 외부에 존재하는 실제 대상을 충실히 모사하려는 욕구와는 아무 상관이 없다는 것이다. 여기서 모사 경향은 외부의 객관적 대상이 아니라, 프린츠혼이 직관상直觀像, Anachauungsbild이라고 부르는, 주체의 표상, 상상 속에 떠오른 대상을 모사하는 행위와 관련되어 있고, "그림을 그린 사람에게 떠올랐던 직관상을 가능한 한 그대로 보는 사람에게도 파악되게 하려는" 지향이다.

> 여기에서 중요한 것은 다음 두 가지 사실이다. 첫째로 모사 경향은 묘사된 '대상들'의 실재성이나 비실재성에 대해서는 아무것도 이야기해주지 않는다. 대상들은 직관상으로 주어져 있기 때문이다. 외적 형상화로 이어지는 직관상의 근거가 무엇인가 실제로 존재하는 가시적인 것인지 아니면 단지 상상된 것인지는 비본질적

115 같은 책, 31~32쪽.
116 같은 책, 31쪽.

> 이다. 예를 들어 일반인들이 신神의 모습을 긴 턱수염을 하고 인자하며 가정적인 노인으로 떠올리는 것은 이러한 의미에서의 직관상으로 형상화되어 있는 사례다. 여기에서 신은 모사되어 있다[고 말할 수 있다]. 모사 경향은 그림을 그린 사람에게 떠올랐던 직관상이 가능한 한 그대로 그를 보는 사람에게도 파악될 수 있게 하는 데에만 관계한다. 이만큼이나 중요한 두 번째 사실은 묘사의 종류, 곧 양식과 관련한다. 모사 경향의 관점에서는 한 대상이 리얼하게 묘사되었는지 추상적으로 묘사되었는지는 전적으로 부차적이다. 모사 경향은 순수한 심리학적 개념이며, 여기에서 일차적인 심리학적 사실은 그 묘사가 직관상을 목표로 삼고 있다는 것이다.[117]

이러한 관점에서 보면, 그림이나 조각물에 형상화되어 있는 구체적인 사물이나 인물 등을 우리는 그 제작자 내면에 떠오른 표상이나 이미지의 모사라고, 따라서 모사 경향의 산물이라고 생각할 수 있을 것이다. 하지만 그것은 묘사된 대상과는 다른 의미를 갖는 상징일 수도 있다. 상징은 이처럼 "감각적으로 주어진 것 속에서 추상적인 것, 정신적인 것, 초감각적인 것"[118]을 표현하는 조형물들을 말한다. 프린츠혼에 따르면 인간은, 이처럼 "본질적으로 가시적이지 않은 감정-표상 복합체를 시각적 형상화에서 드러내려는 경향"[119]인 '상징 욕구'를 가지고 있다. 종교적 상징들뿐 아니라 다양한 기호나 문자도 가시적인 대상을 통해 비가시적인 감정과 표상 복합체를 지시하려는 상징 욕구에서 유래한

117 같은 책, 34쪽.
118 같은 책, 110쪽.
119 같은 책, 38쪽.

것이다.[120] 그렇다면, 한 조형물에 등장하는 대상이 상징인지, 실제로 관찰된 사건이나 사물의 묘사인지, 그것도 아니면 내적 체험이나 직관상의 표현인지를 어떻게 판단하는가? 그것을 판단하기 위해서는 그 대상들이 등장하는 구체적 맥락을 고려해야 한다. 예를 들어 "특정한 형태나 잘 알려진 대상들이 통상적인 경험을 벗어나는 낯선 방식으로 조합되어 등장한다면" 우리는 "그를 형상화한 사람에게 그러한 조합에 상응하는 어떤 영혼의 과정이 일어났음에 틀림없다"고, "그가 자신의 작품을 통해, 그 속에서 시각화되어 있지는 않으면서 아는 사람만이 해명할 수 있는 무엇인가를 드러내려고 한다"[121]라고 판단할 수 있다.

이상의 형상화 충동들은 개별적인 형상화에 있어서 늘 한꺼번에 작용하는 것은 아니다. 경우에 따라서 특정한 충동이나 욕구가 우세하기도 하고, 한 경향이 다른 경향과 충돌을 일으킬 수도 있고, 어떤 욕구가 다른 욕구를 억누르기도 하면서 그때마다 서로 다른 형상화로 귀결되기도 한다. 이 관계를 프린츠혼은 다음과 같이 말한다.

> 조형적 형상화라는 뿌리 영역을 밝히려는 심리학적 고려는 이러한 근본적인 견지에서 고찰되어야 한다. 그 고찰의 목적은 보편적이며 그 이상 더 규정할 수 없는 형상화 충동 속에 함께 작용하는 경향들을 밝혀내는 것이다. 각각의 경향에 어느 정도의 중요성을 부과할 것인가는 상이한 조건들, 그중에서도 세계관적 조건들에 달려 있다. 개별 구성 요소들이 갖는 영향력은 각각의 조형작품에서 서로 달라질 것이다. 어떤 요소가 다른 요소보다 우월할 수 있고, 어떤 요소는 사라질 수도 있다. 하지만 어떤 경우에든

120 같은 책, 40쪽.
121 같은 책, 38~39쪽.

(……) 이 여섯 가지 뿌리 영역이 작용하고 있다.[122]

형상화 사례들

프린츠혼은 분열증 환자들의 조형물을 대상으로, 앞에서 본 형상화 충동들 중 어떤 경향이나 욕구가 우세하게 작용했는지에 따라 "대상 없는 무질서한 끼적거림" "질서 경향이 우세한 유희적 드로잉" "모사 경향이 우세한 유희적 드로잉" "직관적 환상. 분명한 환각의 묘사" "고양된 함축성과 상징"으로 분류한다. 여기서는 프린츠혼의 분석 중 일부만을 살펴볼 것이다.

앞에서도 언급했듯 "끼적거림"은 프린츠혼의 목표인 '형상화의 심리학'에 중요한 위치를 차지한다. 정상인에게도 관찰되는 반의식적인 형상화 활동의 소산물이라는 점에서 끼적거림은 프린츠혼이 말하는 형상화 충동의 보편성을 실증하는 사례인 동시에, 그로부터 다른 종류의 형상화로 발전해 나아가는 출발점이기도 하다. 구체적으로 무언가를 그리려는 목표나 의도도 없이 비어 있는 공백을 손의 움직임을 통해 채우기만 한 "대상 없는 무질서한 끼적거림Objektfreie ungeordnete Kritzelei"이 형상화 경향 도식의 중심을 차지하고 있는 것은 바로 그것 때문이다. 프린츠혼은 분열증 환자가 그린 두 그림(그림 1, 2)을 그런 끼적거림의 사례로 제시한다. 이 그림은 아무것도 목표로 삼지 않는 표현 욕구의 발현, 그저 "그리고자 하는Zeichenwollen"의 맹목적 작용의 소산물[123]인 것이다.

그림 3은 여기서 한 단계 나아간 형상화의 사례다. 격자무늬 종이

122 같은 책, 16쪽.
123 같은 책, 61쪽.

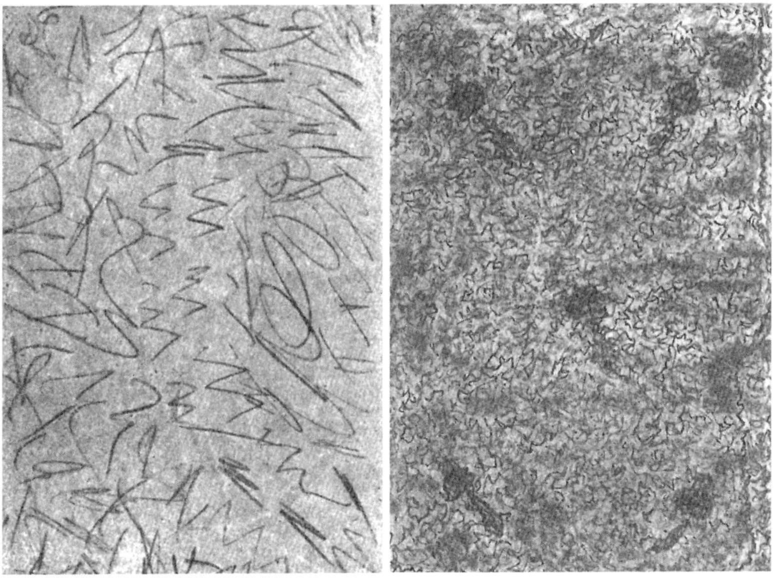

〈그림 1, 2〉 분열증 환자의 연필 드로잉.

에 그려진 이 드로잉을 자세히 들여다보면 그림이 그 격자무늬 사각형에서 시작되었음을 알 수 있다. 사각형 내부에 대각선을 긋거나 각 사각형의 중심점 혹은 선분을 연결하는 선들을 이어 기하학적 형상들을 구성하고 이를 곡선과 색깔로 채운 것이다. 질서화 경향에 의해 추동되어 생겨난 기하학적 형태들을 유희적으로 해석하면서 만들어진 것이다. 유희충동과 결부되어 있는 이러한 유희적 해석의 작용으로 인해 이 그림은 몇 가지 "기하학적 모티프가 무감각하게 기계적이고 규칙적으로 반복"[124]되어 있는 그림 4와는 대조적이다. 강박적인 질서화 경향을 따라 표면을 반복적으로 분할하는 장식적 규칙성이 우세하게 드러나

124 같은 책, 67쪽.

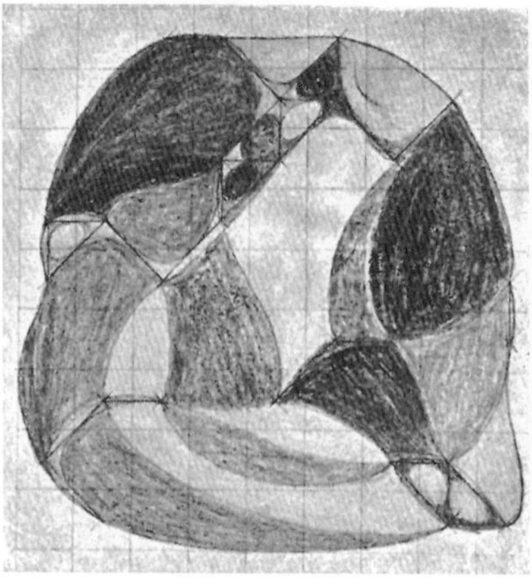 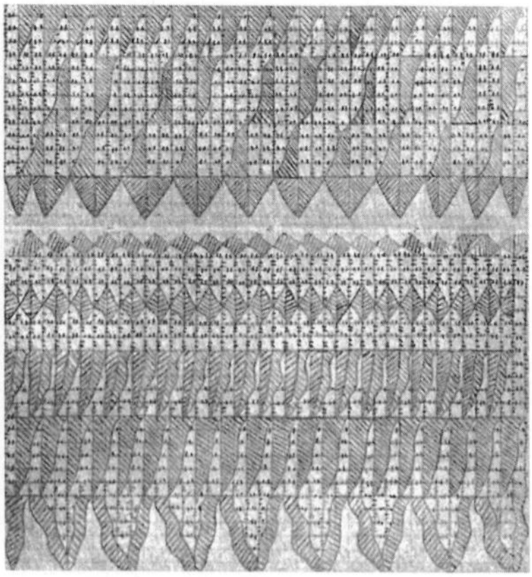

〈그림 3, 4〉 기하학적 형태의 드로잉.

있다. 프린츠혼은 이 두 그림을 "질서화 경향이 우세한 유희적 드로잉"으로 분류한다.

그림 5에는 여인의 얼굴, 상반신, 몸에서 떨어져 나온 팔과 다리, 모자 등의 구체적인 대상들이 등장한다. 프린츠혼은 이를 "모사 경향이 주도적인 유희적 그림"으로 분류한다. 이를 그린 사람에게 떠오른 환각이나 내적 직관상이 어떤 조형적 연관성이나 질서 규칙 없이 그려져 있기 때문이다.[125] 동일한 모사 경향의 영향을 받지만 꾸밈 충동과 질서화 경향이 가세하게 되면 이와는 다른 형상화가 생겨난다. 그림 6은 강한 장식-치장적 유희의 특징을 보이는데, 그림의 가장자리를 둘러싸고 있는 "반복적인 장식적 습성ornamentale Gewohnheit"[126]은 그림 가운데에 등장하는 모상들의 형태에도 이어지고 있다. 내적 직관상을 모방하려

125 같은 책, 71쪽.
126 같은 책, 82쪽.

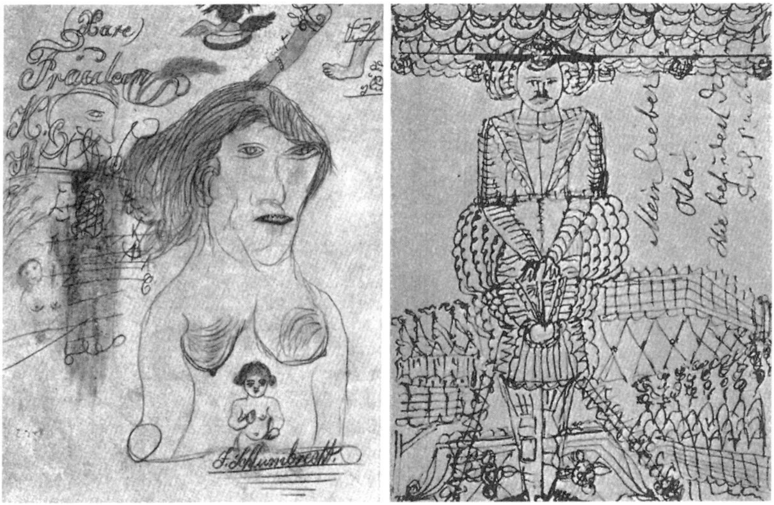

〈그림 5, 7〉 모사 경향의 영향을 받은 그림.

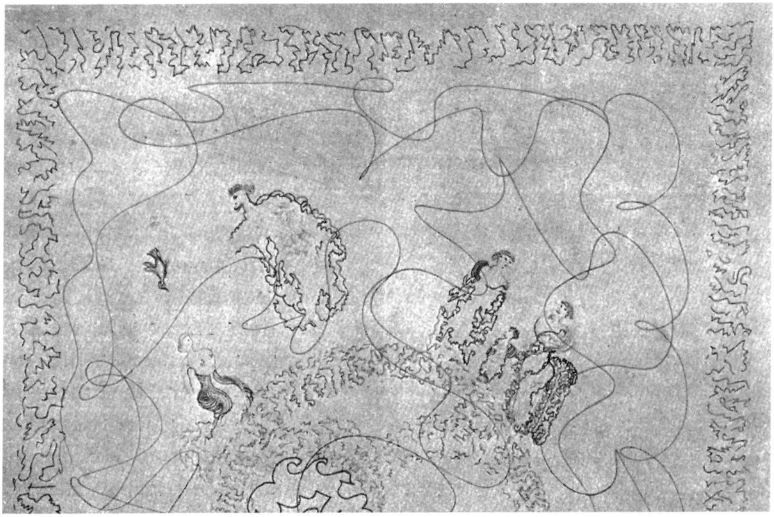

〈그림 6〉 반복적 장식이 곳곳에 나타난 그림.

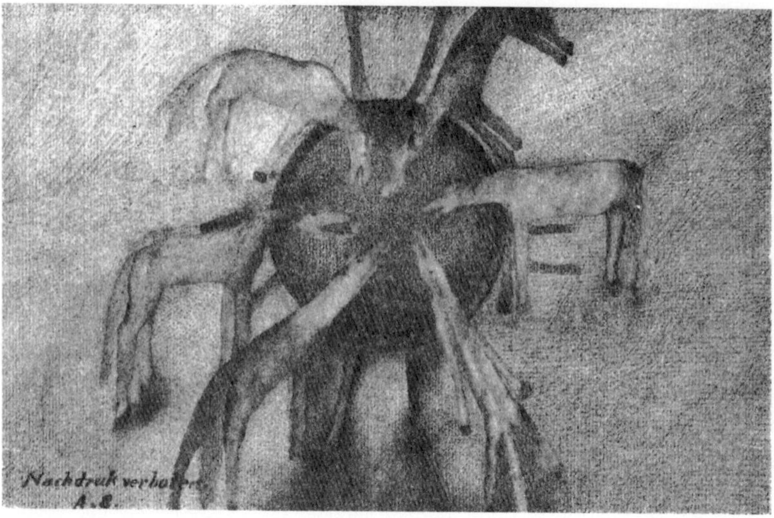

〈그림 8〉 말들의 먹이 시간.

는 모사 경향이 그에 대립하는 질서화 경향과 결합해 생겨난 드로잉이다. 모사된 인물 주변을 반복적인 모티프로 채우고 있는 그림 7에서도 모사 경향이 장식-치장적 경향과 결합하고 있다. 프린츠혼은 이 그림을 "장식적-치장적 경향과 모사적 경향이 매개되지 않은 채 혼합"[127]되어 있다고 분석한다.

앞에서 언급했듯 모사 경향은 질서화 경향과 대립적이며 이 대립적 충동 사이에서 생겨나는 긴장관계가 다양한 유형의 형상화로 이어진다. 대립하는 두 충동 중 질서화 경향이 모사 경향을 억누르게 되면 '말들의 먹이 시간'(그림 8)과 같은 형상화를 낳는다. 먹이를 먹고 있는 여섯 마리 말들이 먹이통을 중심으로 똑같은 간격으로 둘러서 있다. 프

127 같은 책, 84쪽.

〈그림 9〉 환각 속에서 나타난 물의 영.

린츠혼의 분석을 따르자면 이 그림은 "여섯 마리의 말을 중앙에 (치장적으로) 배열하려는 강박이 모든 사실적 모사 경향을 억누른"[128] 결과 생겨난 것이다. 그 결과 "사실적 관점"에 매달리는 화가라면 결코 성공하지 못했을 "합리적으로는 불가능한 것의 자유로운 결합"[129]이 생겨난 것이다.

이처럼 모사 경향은 대상이 현실에 존재하느냐 아니냐와는 무관하게 "내면에 떠오른 직관상이 가능한 한 그를 보는 사람에게도 파악될 수 있게 하려는" 충동이다. 이러한 모사 경향에 따른 형상화를 설명하는 데 가장 적합한 사례는 환각을 표현한 그림들일 것이다. 그림 9는

128 같은 책, 89쪽.
129 같은 곳.

〈그림 10〉 시골 출신 시계공의 수채화.

교육받지 않은 일용직 노동자가 환각 속에서 “보았던” 것을 표현하고 있는 그림이다. 그림에 대해 그 노동자는 이런 진술을 남겼다.

> 난 침대에 앉아 있었습니다. 그때 그런—뭐라고 불러야 할까요?—네 발 짐승들이 물에서 기어 나왔는데 내 모친도 같이 있었어요. 반은 인간, 반은 짐승이었어요. 난 아주 또렷하게 그걸 보았어요. 마녀의 마법 같은 것이 있었던 게 분명해요. 모친이 날 물속으로 끌어가려 했어요. 아마 이런 방식으로 세상을 하직할 테지요. 조용히 누워 있으면 가끔씩 그게 다시 나타납니다. 허공에서도 보는데 반쯤 어두울 때 가장 잘 보여요.

상징 욕구는 “비가시적인 감정-표상 복합체”를 가시적 대상을 통해 드러냄으로써 그림에 함축적 의미를 담고자 하는 욕구이다. 프린츠혼은 “관찰자에게 비밀에 가득 찬 배후를 암시하는” 이러한 상징 욕구의 형상화에 대해 많은 분량을 할애해 설명하고 있다. 그림 10에는 기도하는 신부, 등을 맞대고 서로 묶여 있는 남자와 여자, 십자가, 종, 성배, 촛대, 천사, 왕홀, 황금 송아지 등 구체적인 대상이 많이 등장한다. "집착적일 만큼 엄격한 대칭” 구조와 화면 분할에 있어 강한 질서화 경향의 영향력을 감지하게 하는데, 그림 전체의 맥락 속에 이 대상들은 모상이라기보다는 비가시적 의미 복합체의 상징으로 판단된다. 이 작품을 제작한 시골 출신 시계공의 기록에서 프린츠혼이 도출해낸 바에 따르면, 노랑, 검정, 녹색으로 그린 아래쪽은 죄의 왕국을 상징하고, 그 왕국에 등장하는 뒤집혀 있는 십자가, 촛대, 종은 타락한 믿음을, 노랑 병아리는 무분별한 교배와 출생을 상징한다. 청색, 적색, 녹색으로 그려진 위쪽은 무구함과 축복의 왕국을 상징한다.

아트 브뤼트, 아웃사이더 아트, 초현실주의

앞에서 본 그림들은 분열증 환자들의 작품이다. 프린츠혼의 가정에 따르면, 이 그림들은 유희충동, 장식 충동, 질서화 경향, 모사 경향, 상징 욕구 등이 함께 작용해 만들어진 형상화의 산물이다. 그리고 이 형상화를 낳게 했던 충동과 욕구는 병적인 것이 아니라 인간이라면 누구에게나 존재하는 것이다. 이러한 점에서 광인들이 제작한 작품은 특수하고 병적인 충동과 욕구의 산물이 아니라 사실상 모든 인간에게 존재하는 형상화 충동의 결과물이라는 것이다. 광인과 그들의 작품 사이의 관계에 대해 프린츠혼은, 정신적 질병을 가지고 있다고 해서 광인들이 만든 작품까지 병들어 있는 것은 아니라는, 야스퍼스의 견해와 입장을 같이 한다. 이 작품들은 ‘병들거나 건강하다는 대립을 넘어서 있는’ 정신의 산물인 것이다.

프린츠혼의 책은 당시 예술에 대한 이해에 큰 영향을 끼쳤다. 정신질병의 '증상'으로만 여겨졌던 광인들의 조형물이 인간의 보편적인 형상화 충동의 산물이라면, 이 조형물은 '예술 작품'으로서의 지위를 얻을 수 있게 된다. 더구나 프린츠혼이 이 책에서 소개하는 분열증 작가들의 작품은 여느 천재 작가들의 작품과 비교해보아도 손색없을 정도의 질적 수준을 보여주었기에 강한 인상을 받은 기성 작가도 많았다. 앙리 마쇼, 피에르 마티스Pierre Matisse, 1900~1989 등과 함께 활동한 프랑스 화가이자 조각가 장 뒤뷔페Jean Dubuffet, 1901~1985는 이렇게 말한다.

> 젊었을 때 프린츠혼의 책은 나에게 강한 충격을 주었습니다. 그것은 길을 제시해주었고 나를 해방하는 영향을 끼쳤어요. 나는 갑자기 모든 것이 허용되어 있고, 모든 것이 가능하다는 것을 깨달았죠. 이는 나 혼자만이 아니었어요. 1920년대는 정신병자insane의 예술과 확립되어 있는 문화에 대한 거부에 대한 관심이 '도처에' 매우 강하게 퍼져 있었습니다. 이 책은 현대미술에 지대한 영향을 끼쳤습니다.[130]

뒤뷔페는 프린츠혼의 영향을 받아, 아동, 수감자, 정신병자 등 전문적인 미술교육을 받지 않은 이들, 그래서 당대의 미학적 규범에서 벗어나 있는 사람들의 솔직하고 자유로운 작품에 주목해, '거친 미술'을 의미하는 아트 브뤼트("Art Brut") 미술 운동을 창시한 인물이다. 정신병자들의 조형작업에 대한 책 외에도 프린츠혼은 1926년 『수감자들의 조형

130 John M. MacGregor, *The Discovery of the Art of the Insane*, Princeton, 1989, 292쪽. 장 뒤뷔페의 이 진술은 저자와의 인터뷰에서 나온 것이다.

작업: 미숙련자의 조형적 형상화에 대한 연구』[131]를 출간하는데, 이것은 주류 미술계 바깥에서 생산된 예술을 일컫는 '아웃사이더 아트' 분야가 성립하는 데 결정적인 자극을 주었다.

하지만 프린츠혼의 책은 미술계 내부의 미술 운동에도 큰 영향을 주었다. 아방가르드의 마지막 예술운동 초현실주의에서 그 영향이 가장 분명하게 드러나는데, 그것을 매개했던 인물이 독일 화가 막스 에른스트Max Ernst, 1891~1976다. 독일 본 대학교에서 철학과 문헌학, 예술사를 공부하던 1910년에서 1914년 사이 정신의학 강의를 들었던 에른스트는 이때부터 정신병자들이 제작한 그림과 작업에 큰 관심을 가지고 있었다. 이런 에른스트에게 1922년 출간된 프린츠혼의 책은 손에 넣을 수 있는 축복 같은 것이었다. 에른스트는 같은 해 이 책을 들고 파리로 건너갔는데, 에른스트에게 프랑스 비자를 마련해주고 프랑스에서 불법 체류를 주선해주었던 초현실주의 멤버 폴 엘뤼아르Paul Éluard, 1895~1952에게 선물로 주기 위해서였다. 파리에서 만난 초현실주의 멤버들에게 에른스트가 이 책을 소개한 후 프린츠혼의 책은 "초현실주의 성경"[132]이라고 불릴 정도가 되었다.

프린츠혼의 책이 특히 초현실주의자들에게 중요하게 받아들여진 이유는 무엇일까? 그것은 초현실주의가 광기에 대해 갖는 특별한 관계 때문이다. 초현실주의 창시자인 앙드레 브르통André Breton, 1896~1966은 일찍이 생디지에에 있는 "군 정신의학 센터"에서 정신 질환자들과 만나 프로이트의 분석 테크닉을 적용하면서 꿈과 자유연상의 프로토콜을 작성한 바 있다. 페터 뷔르거Peter Bürger에 따르면, 여기서 브르통은 "합

131 H. Prinzhorn, *Bildnerei der Gefangenen: Studie zur bildnerischen Gestaltung Ungeübter*, Berlin, 1926. http://digi.ub.uni-heidelberg.de/diglit/prinzhorn1926

132 T. Röske, "Inspiration und unerreichtes Vorbild: *L'art des fous* und Surrealismus", 같은 책, 9쪽.

리적으로 규제되지 않는 정신 활동의 형태들"[133]이 지니는 현실 초극의 가능성을 발견한다. 1924년 브르통의 주도로 발표된 초현실주의 1차 선언문이 비판의 대상으로 삼는 것은, 인간의 경험을 논리와 합리주의라는 새장 안에 가두어놓고 있는 당대의 정신적 상황이다.

> 우리는 여전히 논리의 지배 아래 살고 있으며, 물론 나도 논리에 호소하고 싶다. 그러나 논리적 수법은 우리 시대에 제2차적 관심으로 물러난 문제들을 해결하는 데만 적용될 뿐이다. 유행의 잔재인 절대적 합리주의는 우리의 경험과 긴밀하게 연결된 사상事象을 검토하는 데만 허용될 뿐이다. 역으로, 논리의 궁극은 우리를 벗어난다. 경험 자체가 점점 더 많은 한계를 떠맡고 있다는 말을 덧붙일 필요는 없다. 경험은 새장 안에서 맴돌고 있거니와 경험을 거기서 빼내는 일이 갈수록 더 어려워진다. 경험은, 그 역시, 직접적 유용성에 토대를 잡고, 양식의 감시를 받는다. 문명을 핑계로, 진보를 구실로, 옳건 그르건 미신이나 망상으로 간주될 수 있는 것 일체를 정신에서 추방하고, 관례에 맞지 않는 진리 탐구 방식 일체를 금지하기에 이르렀다.[134]

브르통이 절대적 합리주의라 지칭하는 논리와 현실주의는 유용성과 현실주의를 벗어나는 인간의 경험을 금지하고, 그 경험을 벗어나는 상상력과 꿈을 현실 영역에서 철저하게 배제한다. 브르통에 따르면 이러한 방식으로 "상상력을 예종—노예의 굴종—으로 축소한다는 것은, 그

133 Peter Bürger, *Der französische Surrealismus: Studien zur avantgardischen Literatur*, Frankfurt am Main, 1996, 29쪽.
134 앙드레 브르통, 『초현실주의 선언』, 황현산 옮김, 미메시스, 2012, 70쪽.

게 비록 인간들이 조잡하게도 행복이라고 부르는 것과 관련될 경우라 하더라도, 자신의 밑바닥에서 발견되는, 지고한 정의에 해당하는 것 일체를 회피하는 일이다".[135] 선언문은 프로이트에 의해 주목의 대상이 된 무의식과 무의식의 발현태로서의 꿈을, 이러한 합리주의의 새장에서 벗어날 수 있는 가능성으로 받아들인다.

> 최근에 사람들이 더 이상 신경 쓰지 않는 척했던 지적 세계의 일부가, 그것도 내 생각에 최고로 중요한 일부가, 환하게 빛을 받게 된 것은 겉으로만 보면 그지없는 우연이다. 그 점에 대해서는 프로이트의 발견에 감사해야 한다. 이 발견에 대한 믿음에 기초하여, 마침내 의견의 흐름이 형성되고, 그에 힘입어 인간 탐구자는, 이제 개략적인 현실만을 염두에 두지 않아도 된다는 보장을 받아, 자신의 탐사를 한결 멀리 추진할 수 있을 것이다. 상상력이 아마도 제 권리를 되찾는 지점에 도달한 것이다.[136]

이러한 생각으로부터 초현실주의자들이 어떠한 예술 창작의 원리를 도출하고, 다양한 방식으로 시도했었는지를 추적하는 것은 이 책의 범위를 벗어난다. 여기에서는 이러한 초현실주의의 사유가 광인들을 현실적 합리주의를 벗어나는 '상상력의 희생자'로 여기고 있다는 사실만을 언급하고자 한다.

> 사실 누구나 알다시피, 광인들이 감금을 당하는 것은 법적으로 비난을 면치 못할 몇몇 행위의 탓일 뿐이며 이들 행위만 없다면 그

135 같은 책, 64쪽.
136 같은 책, 70~71쪽.

> 들의 자유를 문제 삼을 이유는 없으리라. 어느 정도가 됐건, 그들이 그들 상상력의 희생자라는 점을 나는 기꺼이 인정하는데, 이는 그들이 상상력에 등이 떠밀려 어떤 종류의 규칙들을 준수할 수 없게 된다는 의미에서다. (……) 광인들의 비밀스러운 고백, 나는 평생을 보내서라도 그 고백을 유도할 것이다. 그들은 소심하고 정직한 사람들이며 그 순진성과 맞먹는 것은 나의 순진성밖에 없다.[137]

스스로 광인이 되지 않으면서도 현실 논리를 넘어서는 광인의 상상력을 예술 창작 원리로 수용하려던 초현실주의자들에게, 프린츠혼의 책에 실린 분열증 화가의 작품들이 얼마나 큰 영향을 주었는가는 당대 예술가들의 작품 속에서 구체적으로 확인된다. 파울 클레Paul Klee, 1879~1940와 막스 에른스트의 작업에 등장하는 문자와 드로잉이 뒤섞인 판타지적 조형물, 인물의 눈이나 머리를 확대하거나, 다른 신체적 특징을 장식적 패턴으로 활용하거나 신체 한 부분을 다른 신체 부분에서 반복시키는 신체 이미지 등에서 프린츠혼의 책에 소개된 분열증자들의 작품들이 지닌 직접적 영향력을 떠올리지 않을 수 없다.[138]

에른스트의 1931년 드로잉 〈오이디푸스Ödipus〉는 프린츠혼 책에 실린 분열증 화가 아우구스트 나테러August Natterer, 1868~1933의 〈마법 목동 IIWunder-hirthe II〉에 등장하는 초현실적 형상화의 영향을 받은 것으로 평가된다. 계단 모양으로 꺽어져 앉아 있는 인물의 형태는 물론, 지지대 없이 허공에 부유하고 있는 모습, 유달리 큰 발, 무릎에 올려놓은 동물 형상의 유사성[139]이 눈에 띄지 않을 수 없기 때문이다. 나테러의 그

137 같은 책, 64쪽.
138 H. foster, Rosalind Krauss, Yve–alain bois, Benjamin h. d. buchloh, *Art since 1900: modernism, antimodernism, postmodernism*, New York, 2004, 182쪽 이하.

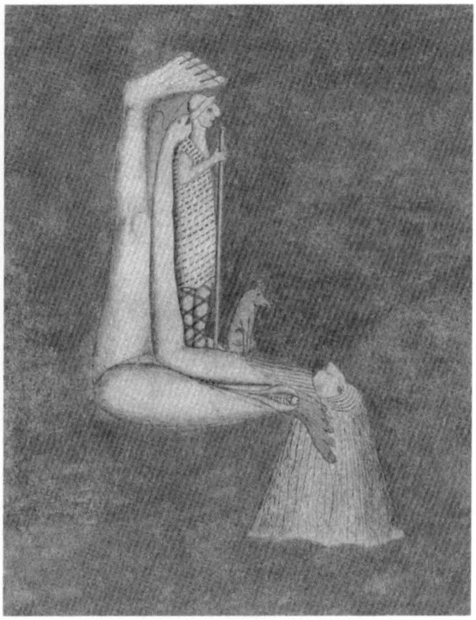

좌) 막스 에른스트, 〈오이디푸스〉, 『예술 노트Cahiers d'art』 특별판(1937) 표지.
우) 아우구스트 나테러, 〈마법 목동 II〉, 24.5×19.5cm, 1911~1913년경.

림에 있는 목동과 기괴한 인물 겨드랑이 부근에 보이는 여성 성기가 사라진 에른스트의 인물은 목에 여성의 가슴을 매달고 있다.

분열증 작가가 창조해낸 초현실적 형상화의 영향을 받은 또 다른 작품으로 1961년 에른스트의 〈정신박약Der Schwachkopf〉을 들 수 있다. 프린츠혼이 소개하고 있는 분열증 작가 카를 겐첼Karl Genzel, 1871~1925의 〈악마Teufel〉와 비교해보면 이 두 작품 사이에는 부인할 수 없는 형상적 유사성이 존재함을 확인할 수 있다.

139 T. Röske, "Max Ernst entdeckt Prinzhorns Bildnerei der Geisteskranken", *Surrealismus und Wahnsinn*, 55쪽.

좌) 막스 에른스트, 〈정신박약〉, 석고, 1961.
우) 카를 겐첼, 〈악마〉, 나무, 연도 미상.

앞에서 우리는 천재-예술가와 광인의 유사성을 받아들이면서도 그 둘 사이에 본질적인 구별을 두려워했던 쇼펜하우어와 딜타이의 이론을 개괄한 바 있다. 광인이 제작한 작품의 모티프를 예술가가 모방하기에 이른 사정은 역설적으로, 그사이에 광인과 예술가에 대한 사고가 얼마나 큰 변화를 겪었는가를 보여준다.

3부

광기와 철학자

철학자의 몸

철학자 칸트는 누가 보아도 허약하다는 인상을 주는 인물이었다. 160센티미터를 채 넘지 않는 작은 체구에는 몸통에 비해 무척이나 비대한 머리가 얹혀 있었고, 가슴은 거의 안쪽으로 휘어졌다 싶을 정도로 납작했다. 오른쪽 어깨뼈가 뒤로 튀어나와 몸은 불균형하게 뒤틀려 있었고 옆에서 보면 등이 굽어 보였다. 팔과 상체에는 살이 거의 없어서 밴드로 고정하지 않았다면 몸 위에 걸쳐 입은 재킷 소매와 어깻죽지가 아래로, 옆으로 흘러내릴 판이었다. 이러한 신체적 조건에 더해 칸트의 몸은 잦은 고통과 증상을 드러냈다.[1] 신문 잉크 냄새만 맡아도 금방 재채기를 하고 콧물을 흘렸고, 가슴과 위장에 늘 압박감과 통증을 느끼고 있었다. 칸트 자신이 말하듯 "크게 아픈 적도 없지만 그렇다고 한 번도 건강해본 적이 없는"[2] 상태는 칸트로 하여금 늘 예민하게 자기 몸 상태에 신경을 쓰게 했다. 새벽 5시에 일어나 연한 차 한 잔을 마시며 피우는 파이프 담배로 시작해, 밤 10시에 어김없이 잠자리에 들면서[3] 끝나는

1 이상의 내용은 *Immanuel Kant: Sein Leben in Darstellungen von Zeitgenossen*. Die Bibliographien von L. E. Borowski, R. B. Jachmann, E. A. CH. Wasianski, 162~163쪽. 이하 *L. E. Borowski*로 약기함.

2 같은 책, 47쪽.

변함없는 하루 일과에는 이런저런 작은 증상과 고통이 따라다녔다. 칸트는 자신의 신체 구조에서 기인한 '심기증Hypochondrie' 때문에 "젊은 시절에는 살아가는 데 진저리를 느끼기도 했었"[4]고, "몸이 아파 방에서 나오기조차 힘들다고 느꼈던 적도 자주 있었다"[5]라고 말한다. 하인 람페가 칸트가 지시한 하얀색 바지와 붉은 조끼 대신 시장에서 구입한 노란색 바지를 입고 있었을 때 보인 히스테리컬한 반응[6]도, 멀지 않은 성 감옥소의 수용자들이 부르는 노랫소리 때문에 한여름에도 공부방 창문을 꼭꼭 닫아걸고 있었던[7] 것도, 어쩌면 끊임없이 자신을 괴롭히며 신경을 예민하게 만든 이 신체적 불편함에 따른 영향일지도 모른다. 그런데 칸트는 놀라운 의지력과 이성적 노력을 통해 자신을 괴롭히던 이러한 '병적 느낌'을 극복하고 정신의 지배에 둘 수 있었다고 말한다.

「결심만으로 병의 느낌을 지배할 수 있는 심의Gemüts의 힘에 대하여」[8]라는 글은, 제목이 암시하듯 칸트가 어떤 방법을 통해 자신의 신체적 조건과 그 조건에서 연유한 병적 증상을 극복할 수 있었는지를 보여주는 흥미로운 보고서다. 여기에서 칸트는 인간의 정신이 육체에서 기인하는 병의 느낌은 물론 병 자체도 지배하고 이겨낼 수 있음을 이야

3 같은 책, 48쪽.

4 I. Kant, *Der Streit der Fakultäten. Dritter Abschnitt*, A 180.

5 I. Kant, *Von der Macht des Gemüts*, durch den bloßen Vorsatz seiner krankhaften Gefühle Meister zu sein. Ein Schreiben an Christoph Wilhelm Hufeland über dessen Buch "Makrobiotik, etc". Einundzwangzigste verbesserte Original-Aufgabe, Leipzig: Verlag von Cral Geibel, 1881. 이 글은 원래 바이마르의 궁정 의사였던 크리스토프 빌헬름 후펠란트Christoph Wilhelm Hufeland가 자신의 저서 『인간의 수명을 연장하는 기술』과 더불어 칸트에게 보냈던 질문의 답글로 쓴 것인데, 나중에 『학과들의 논쟁Striet der Fakultäten』의 3부로 수록되었다. 이하 I. Kant, *Von der Macht des Gemüts*로 표기한다.

6 *L. E. Borowski*, 173쪽.

7 이상의 내용은 같은 책, 172쪽.

8 I. Kant, *Von der Macht des Gemüts*.

기하는 간증인으로 등장한다. 그리고 신 대신 이성과 의지의 위대한 힘을 간증한다. 칸트가 "병의 느낌을 지배"하기 위해 사용한 방법을 한마디로 요약하면, 몸의 요구와 자극으로부터 주의를 다른 곳으로 돌리고 강한 의지력으로 그것을 참아내어 이성이 추구하는 방향으로 유도하는 것이다.

'확고한 결심Vorsatz'만으로 칸트가 지배할 수 있었던 첫 번째 병의 느낌은 자신의 심기증이었다. 칸트는 "심장과 허파가 제대로 움직이지 못할 정도로 납작하고 좁은 가슴" 때문에 자신에게는 선천적으로 '심기증'이 생기지 않을 수 없었고,[9] 심기증 때문에 오랫동안 심리적 고통을 겪었다고 말한다. 칸트에 따르면 심기증은 "실제로는 존재하지 않는 것을 존재하는 것으로 지각"하는 '환각증Verrückung'의 하나다.[10] 일반적인 환각증자가 내부 세계에서 환각을 경험한다면 심기증자는 내부 세계가 아닌 자신의 몸이나 영혼 안에서 "스스로의 감각이 만들어낸 허상Blendwerk"을 느끼는 사람이다.

> 심기증자는 자신의 몸 또는 영혼 상태에 대해 스스로의 감각이 만들어낸 허상에 의해 어디선가 이름을 들어보았던 온갖 병에 다 걸려 있다고 느낀다. 늘 자기 몸의 어딘가가 좋지 않은지에 대해 이야기하고 싶어 하고, 의학 서적들을 즐겨 읽고 거기에 등장하는 모든 병이 우연하게도 자기에게 찾아왔다고 생각한다.[11]

이러한 증상을 겪고 있던 어느 날 칸트는 경이로운 이성의 축복을 체험

9 I. Kant, Der Streit der Fakultäten, A 180.
10 I. Kant, *Versuch über die Krankheiten des Kopfes*, A 23.
11 같은 책, A 25.

한다. 심기증이 자신의 신체적 특성—심장의 압박감—에 의해 생겨난 피할 수 없는 것이라고 생각한 뒤로 더 이상 거기에 신경 쓰지 않을 수 있게 된 것이다. 그 이후로는 의식적으로 심기증으로부터 주의를 거두어들여 다른 쪽으로 돌림으로써 그 신체적 느낌이 자신에게 미치는 영향력을 막을 수 있었다.

> 나의 심장의 압박감이 물리적으로 일어나는 것이기에 사라질 수 없다고 생각하자 나는 전혀 거기에 신경 쓰지 않게 되었다. 가슴에서는 압박감을 느끼는 중에도 머리는 평정과 쾌활함이 지배하게 되었다. 다른 사람과 함께 있을 때에도 (다른 심기증 환자들이 그렇듯) 기분이 왔다 갔다 하지 않았고, 의식적이고 자연스러운 쾌활함이 생겼다. (……) 그 원인은 신체 구조에 있기에 압박감 자체는 아직도 남아 있다. 하지만 그 압박감이 마치 나와는 아무 상관 없는 것처럼, 주의를 그 느낌에서 다른 쪽으로 돌림으로써 그것이 나의 사유와 행동에 미치는 영향을 지배할 수 있게 된 것이다. (A 181)

정신이 몸에서 느껴지는 내적 감각을 극복할 수 있는 방법은 내적 감각이 "마치 나와는 아무 상관 없는 것처럼" 외면함으로써 사유와 행동에 미치는 몸의 영향력을 막는 것이다. 그것을 위해 필요한 것은, 몸이 주는 불편한 느낌에 점령당하지 않는 '튼튼하게 강화된 정신'과 '확고한 의지'다.

약하고 연약해진 영혼, 그리고 그 영혼과 더불어 강해진 민감함은 병의 느낌에 완전히 점령당한다. 반면 튼튼하게 강화된 정신은 병의 느낌을 물리치고 억압한다—예기하지 않은 사건, 기분 좋은 전환이 영혼으로 하여금 육체의 고통을 잊게 하는 데 충분하다는 것은 모두 인정할 것이다. 그렇다면 자신의 확고한 의지와 영혼의 힘을 통해 이것을 이루지 못할 이유가 어디 있겠는가?[12]

심기증이 실재하지 않는 것을 실재한다고 지각하는 환각증의 하나로, 없는 것을 있는 것처럼 보이게 하는 상상력의 산물—그래서 칸트는 그것을 '망상병Grillenkrankheit'[13]이라 부른다—이라면 그것에 실제적인 근거가 없다는 사실을 이성적으로 인식함으로써 극복할 수도 있을 것이다. 그런데 확고한 의지와 정신의 힘을 통해 이겨낼 수 있는 것은 이러한 '병의 느낌'만이 아니다. 칸트는 프로이센에 열병이 돌던 시기에 자신이 겪었던 일을 소개하면서, 강한 정신력이 실제 병조차 극복할 수 있다는 것을 증명한다. 1807년 당시 프로이센의 공직자였던 칸트는 수많은 열병 환자를 돌보는 임무를 맡았다. 그러던 어느 날 아침, 눈을 뜬 칸트는 자신도 그 열병에 감염되었음을 알았다. 사지가 무기력하고 머리가 멍하고 어지럼증이 찾아왔기 때문이다. 하지만 칸트는 강한 의무감을 발휘해 그 병을 이겨낸다.

> 하지만 의무가 나를 일깨워주었다. 이들은 나보다 더 아픈 사람들이다. 그래서 나는 지금까지 하던 일을 변함없이 계속하기로 마음먹었고, 초대받은 점심 식사에도 참석했다. 거기에서 몇 시간 동안 친구들과 주변의 즐거움에 나 자신을 맡기면서 의도적으로 평소보다 와인을 많이 마셨다. 이렇게 인위적으로 열을 자극한 후 집에 돌아와 잠자리에 들었다. 밤사이 흠뻑 땀을 흘리고 난 다음 날 아침엔 병이 완전히 나아 있었다.[14]

12 I. Kant, *Von der Macht des Gemüts*, 37쪽.
13 I. Kant, *Der Streit der Fakultäten*, A 178.
14 앞의 책, 48쪽. 이 판본에서 각주의 형태로 남아 있던 앞의 인용 부분은 *Der Streit der Fakultäten*으로 통합되면서 삭제되었다.

병에 걸린 몸이 일으키는 증상과 피로, 내적 감각에 연약하게 굴복하는 대신 강한 정신력과 의무감으로 맞선다면 "정신은 몸에 대해 승리를 거두고 건강은 회복"[15]될 수 있다. 이것이 이 체험을 통해 칸트가 얻게 된 확신이었다. 건강은 몸이 주는 고통이나 불편함에 관심과 주의를 기울임으로써가 아니라 오히려 그것을 지배하고 억누름으로써 유지된다는 것, 이는 칸트가 소개하는 섭생술Diät의 기본 원리이기도 하다. 칸트 자신이 직접 실천하고 있다는 섭생술은 금욕주의적으로 '참아내고 자제하는sustine et abstine'[16] 것을 근본원리로 삼는다. 편안함을 추구하는 몸의 자연적 욕구를 따르는 것은 생명력을 빼앗고 수명을 단축한다. 오히려 정신력—'확고한 결심'—을 통해 이러한 몸의 욕구를 절제하고 이겨내야 한다.

> 섭생술은 편안함을 추구해서는 안 된다. 자기 힘과 감정을 그런 식으로 보호하는 것은 스스로를 연약하게 만든다. 그것은 허약함과 무기력을 낳고, 훈련 부족으로 인해 생명력은 점점 더 소멸한다. (A 173)

이러한 차원에서 칸트는 겨울에 따뜻한 물에 발을 녹이는 것은 "심장에서 멀리 떨어져 있는 발의 혈관을 노곤하게" 만들 뿐이라며 오히려 발을 얼음장처럼 차갑게 유지하기를 권한다. 몸의 편안함을 위해 잠을 오래 자거나 낮잠을 자주 자는 것은 "모든 신경 체제를 마비시키고 압박하며, 휴식을 주는 듯하지만 사실은 힘을 소모시키는 것"이다. 나이가 들어 자기의 힘을 아끼기 위해 다른 사람에게 간병과 도움을 받는

15 같은 책, 46쪽.
16 I. Kant, *Der Streit der Fakultäten*, A 173.

것은 오히려 사람을 "더 빨리 늙게 하고 수명을 단축"하는 결과를 낳는다(A 174).

칸트의 일과

편안함을 원하는 몸의 요구에 응하기보다는 몸의 요구를 엄격하게 규제하고 지배하는 원리를 칸트는 자신의 일과에서 실천했다. 그 첫 번째 수순은 일상을 엄격한 시간의 리듬에 따라 조직하는 것이다. 그래야만 그때그때의 기분과 몸이 요구하는 바에 따라가지 않는 정돈된 생활이 가능하기 때문이다. 칸트는 무슨 일이 있어도 새벽 5시에 일어났고 밤 10시면 어김없이 잠자리에 들었다. 칸트의 지인 루트비히 에른스트 폰 보로브스키Ludwig Ernst von Borowski, 1740~831는 그 사실을 다음과 같이 전한다.

> 칸트 선생은 일곱 시간 동안의 수면이 몸에는 충분하다고 생각했다. 절대 낮잠 같은 것을 허락하지 않았다. (……) 선생은 정확히 새벽 5시 침대에서 일어난다. 그는 하인에게, 자기가 좀 더 자겠다거나 더 자야 한다고 말하더라도 가차 없이 자신을 깨우라고 당부해놓았다. 한 번은 (……) 점심 모임 때 칸트 선생의 이 규칙적인 아침 기상이 화제가 된 적이 있었다. (……) 선생의 친구 좀머 씨가 칸트의 하인에게 지난 30년 동안 칸트 선생의 기상이 단 30분이라도 늦었던 적이 있었는지 물어보았다. 하인은 "아니오, 그런 적이 없습니다"라고 대답했다.[17]

단 하루도 빠지지 않는 것으로, 사람들이 칸트를 보고 시계를 맞추었

17 *L. E. Borowski*, 48쪽.

다는 일화로 유명한 칸트의 산책 또한 칸트에게는 향유나 즐거움과는 거리가 멀었다. 산책은 몸을 움직이는 것이 건강에 필수적이라는 스스로의 판단에 따라 이루어진 것이다. 처음에는 친구들 또는 칸트의 강의를 듣는 학생들과 함께하던 사교 모임이었던 산책이 이후에는 우산을 들고 자신을 따르던 하인 람페와의 건강관리용으로 바뀐 것도, 걸어가면서 말하는 것이 건강에 좋지 않고 입을 다물고 코로만 호흡하는 것이 좋다는 규칙을 따른 결과였다.[18]

몸에서 느껴지는 병의 느낌은 강한 의지와 정신을 통해 억압하고, 몸이 요구하는 편안함은 목적의식적 규율과 규칙에 복속시키는 칸트가 살아가는 방식은, 자신의 철학이 갖는 일반적 특징과도 통한다. 칸트 철학의 중심을 차지하는 이성적·도덕적 인간은 처음부터 그렇게 태어나는 존재가 아니다. 인간은 후천적 교육을 통해 비로소 그렇게 만들어져야 한다. 그런 점에서 칸트는 동물과는 달리 인간은 모든 피조물 중 유일하게 '교육되어야 하는' 존재이고, 인간은 '교육을 통해서만 비로소 인간일 수 있다'고 말한다. 칸트에게 교육은 인간이 타고난 자신 안의 야생성과 자연성을 인간 사회의 법칙과 이성적 규율에 종속시키는 훈련 과정이다. 이러한 규율과 훈련은 "인간에게 내재한 동물성을 변화시킨다. 동물은 모든 것을 자신의 본능에 따르는 존재다. (그들에게는) 낯선 이성이 그들을 위해 모든 일을 수행하는 것이다. 하지만 인간은 자신의 이성을 필요로 한다. 본능을 가지고 있지 않기에 스스로 자기 행동의 계획을 세워야 한다. 하지만 인간은 당장 이렇게 할 능력이 없이 날것으로 세상에 태어나기 때문에 처음에는 다른 사람들이 이를 수행해주어야 한다".[19]

이러한 이유로 아직 동물적 자연성에 가까운, 절제되지 않은 본능

18 같은 책, 47쪽.

과 자연의 요구를 따르던 아이들은 교육자의 의지에 복종하는 훈련을 받아야 한다. "아이의 성격, 특히 학생이 가져야 할 성정은 무엇보다 복종이다. 복종에는 두 가지 종류가 있다. 하나는 지도자의 절대적 의지에 대한 복종이고, 다른 하나는 이성적이고 잘 인식된 지도자의 의지에 대한 복종이다. 복종은 강제에서 나올 수 있다. 그러면 그 복종은 절대적이다. 그리고 신뢰로부터도 나올 수 있다. 그러면 이 복종은 다른 종류의 것이다. 이런 자발적 복종이 매우 중요하기는 하지만 앞에서 말한 절대적 복종도 반드시 필요하다. 아이가 나중에 시민으로서 마음에 들지 않더라도 따라야만 하는 법칙을 충족시키는 것을 준비시키기 때문이다."[20]

이성적 존재로서의 인간은, 자연적 존재인 인간에게 남아 있는 본능적 · 본성적 욕구, 몸에서 자라 나오는 자극과 감각, 기질과 영향을 이성을 통해 지배함으로써 만들어진다. 자신 안에 있는 자연과 야생성을 훈련과 규율, 복종과 자기 강제를 통해 극복하는 것. 이것은 시민으로서의 삶을 살기 위해서뿐만 아니라 다른 사람의 도움 없이 자신의 이성을 스스로 사용할 수 있는 계몽된 존재로서의 인간을 위한 필수적 전제 조건이다. "너 자신의 이성을 사용할 용기를 가져라! 이것이 계몽의 모토다"[21](『계몽이란 무엇인가』)라는 말에 따라 자신의 이성을 사용할 용기를 가져도 되는 사람은 먼저 '절대적 복종'을 통해 법칙을 내면화한 사람이다. 그것을 위해 인간은 무엇보다 자기 안에 깊숙이 뿌리박고 있는 자연성을 훈련과 자기 강제를 통해 이성의 통제 아래에 두어야 한다. 인간의 몸 어딘가에 자리 잡고서 호시탐탐 자신을 드러내려는 저

19 Rudolf Eisler, *Kant–Lexikon: Nachschlagewerk zu Kants sämtlichen schriften, briefen und handschriflichem nachlass*, "Erziehung".

20 R. Eisler, 같은 책, "Erziehung", Über Pädagogik, in *Werke in 12 Bänden*, Bd. 12, 740쪽.

21 I. Kant, *Was ist Aufklärung?*

비이성적 · 자연적 · 본능적 존재들. 수시로 우리를 일깨우는 몸의 감각, 없는 것을 있는 것처럼 만들어내는 상상력, 이성의 지배를 비웃는 광폭한 감정과 열정……. 이 모든 비이성, 그리고 비이성으로부터 생겨나는 광기에 대해 이성은 강한 의지와 정신력으로 대응해야 한다.

병적인 열정 대 도덕적 의무: 마리아 폰 헤르베르트

이성이 맞서야 할 만만하지 않은 상대 중 하나는 열정Leidenschaft이다. 칸트에게 열정은 "자기 자신에 대한 지배를 불가능하게 하는 (……) 경향성Neigung"[22]이다. 그것은 "주체의 이성을 통해서도 좀처럼 혹은 전혀 억제되기 힘들고"[23] 그로 인해 "이성 활동에 장애를 끼치기"[24]에 "순수한 실천이성에게는 암과도 같은Krebsschäden"[25] 존재다. 이러한 경향성을 좇는 사랑을 칸트는 '병적pathologisch인 사랑'이라고 부른다. 이것은 이성에 의해 규제되고, 도덕적 의무감에 근거해 이루어지는 '실천적 사랑'[26]과는 달리 열정에 근거하고 감각적으로 조건 지어져 있기에 일시적이고 인간을 자유롭게 하기보다는 속박한다. 그러한 점에서 칸트는 "사랑에 빠진 열정verliebte Leidenschaft"을 '우둔함'과 '어리석음', 그리고 그 외의 광기들과 더불어 "머리의 병Krankheit des Kopfes"의 하나로 취급한다.[27]

다음에 소개할 마리아 폰 헤르베르트와 칸트의 서신 교환은 칸트의 이성 철학이 그 규칙과 의무에 복속될 수 없는 구체적 삶에 대해 얼

22 R. Eisler, *Kant-Lexikon*, "Leidenschaft".
23 Anthropologie in pragmatischer Hinsicht. 1. T, §73 (IV 183).
24 같은 책, §74 (IV 185).
25 같은 책, §81 (IV 204와 그다음).
26 R. Eisler, *Kant-Lexikon*, "Liebe".
27 I. Kant, *Versuch über die Krankheiten des Kopfes*, A 17.

마나 무기력한지 보여준다. 그 무력함은 '광신'에 빠져든 병적인 열정을 단죄하는 도덕적 재판관의 모습을 하고 있다.

1791년 8월, 칸트는 오스트리아의 어느 젊은 여인에게서 편지를 한 통 받는다. "원시적 단순함과 완전히 뒤죽박죽인 철자법으로 (……) 최후의 절망적인 사투의 인상"[28]을 주는 이 편지에는 편지를 보낸 여인의 격앙된 감정이 그대로 드러나 있었다. 당시 스물한 살의 마리아 폰 헤르베르트는 거칠고 다듬어지지 않은 숨 가쁜 문장을 통해 철학자 칸트에게 자신의 잃어버린 사랑을 토로한다.

위대한 칸트,

나는 신앙인이 자신의 신을 향해 도움을, 위로를, 그것도 아니라면 죽음을 향한 회답을 구하듯 당신을 부릅니다. 당신의 책이 사후의 존재에 대해 이야기했던 것이 여태껏 나를 충족시켜주었기에 지금 당신에게 도피하는 것입니다. 나는 이 세상에서 내가 잃어버린 것을 대체해줄 만한 것은 아무것도, 도대체 아무것도 찾지 못했습니다. 나는 내게는 이 세상 모든 것인 어느 대상을 사랑했습니다. 나는 오직 그이 앞에서만 살아 있었고 그이는 내게 다른 모든 것과는 반대되는 것이었습니다. 그이 앞에서 세상 모든 것은 쓸모없는 잡동사니로만 보였고, 다른 사람들은 정말 내용 없는 껍데기로만 보였습니다. 이 대상을 나는 오랫동안의 거짓말로 모욕했는데, 그이가 이제 그 거짓말을 알아차렸습니다. 하지만 그 거짓말에는 결단코 나의 성격을 훼손하는 것은 아무것도 없었습니다. 나는 평생 아무것도 숨길 만한 짓을 한 적이 없습니다. 하지

28 W. Benjamin, "Kant als Liebesratgeber", *GS IV* 2, 812쪽.

> 만 이 단 하나의 거짓말은 그의 마음에서 나에 대한 사랑이 사라지게 하기에 충분했습니다. 솔직한 남자인 그는 친구로 남을 것까지 거부하지는 않았지만 서로를 향해 끌리던 내적 감정은 이제 더 이상 남아 있지 않습니다. 아아, 내 가슴은 천길만길 찢어집니다. 지금까지 당신의 책을 그렇게 많이 읽지 않았더라면 나는 벌써 삶을 폭력적으로 끝내버렸을 것입니다. 하지만 당신의 이론에서 내가 얻은 결론이 나를 붙들고는, 고통스러운 삶 때문에 죽어서는 안 된다고, 자신의 존재에 근거해 살아야만 한다고 말합니다. 나는 당신에게 원합니다. 부디 나의 입장이 되어 나에게 위로를 주든, 아니면 비난을 퍼부어주기를. 정언명법과 『도덕형이상학』을 다 읽었지만 그것은 나에게 아무런 도움도 주지 않았습니다. 이성은 내가 그것을 가장 필요로 할 때 나를 떠나버립니다. 당신의 답장을 간절히 갈구합니다. 그렇지 않다면 당신은 스스로 내세웠던 정언명법에 따라 행동하지 못하는 것입니다.[29]

우리는 마리아가 약혼자에게 한 거짓말이 어떤 내용이었는지 알지 못한다. 하지만 그녀와 약혼자가 모두 칸트의 윤리적 가르침을 신봉하던 사람들이었다는 것을 생각하면, 그것이 어떤 내용이었고 얼마나 심각한 것이었는지는 전혀 중요한 질문이 아니다. 칸트에게 거짓말은 그 동기나 결과와는 무관하게 이미 그 자체로 "도덕적 존재로서의 인간이 자신에 대해 갖는 의무를 가장 심각하게 위반"하는 것이고, "인간으로서의 존엄성을 내다버리고 파괴하는 행위"[30]이기 때문이다. 칸트에 따르면 거짓말은 그 상대에게만 부당한 것이 아니다. 설령 살인자에게서

29 같은 책, 813쪽.
30 Metaphysik der Sitten, zweites Hauptstück, I. Von der Lüge, §9.

누군가의 목숨을 지키기 위함이었다 하더라도 거짓말은 사람들의 말Deklarationen 자체에 대한 불신을 낳음으로써 말의 진실성에 근거해 있는 사회적 규칙과 법의 근거를 흔들리게 한다. 그런 점에서 거짓말은 아무리 사소한 것이라도 인류 전체에게 해를 끼치는 부당함을 행하는 것[31]이다. 칸트가 진실함Wahrhaftigkeit을 인간 성격의 본질이라 여기고 "거짓말을 하는 사람은 성격을 갖지 못하고, 그에게 무언가 좋은 점이 있다 하더라도 그것은 다만 그의 기질에서 연유하는 것일 뿐"[32]이라고 말하는 것도 이런 이유에서다.

이렇게 본다면 약혼녀가 거짓말을 했다는 '단 하나의' 이유로 파혼을 선언했던 마리아의 약혼자는 그 누구보다 칸트의 가르침을 충실히 따르고 있던 인물이었다. '아무리 사소하더라도 너는 거짓말을 통해 인간의 존엄을 훼손하고 인류 전체에게 부당한 짓을 했어. 아무리 내가 너를 사랑했을지라도, 아무리 네가 나를 사랑할지라도 나는 그런 너와의 관계를 계속할 수 없어. 거짓말에 대해 내가 가진 깊은 도덕적 혐오는 너에 대한 감성적 · 육체적 욕구를 억제할 만큼 강해.'

한때 자기 철학의 충실한 신봉자였지만 지금은 삶을 폭력적으로 끝내고 싶어 할 정도로 깊은 절망에 빠진 이 젊은 여인에게 칸트는 어떤 조언을 해줄 수 있었을까? 자기 몸의 요구들에 대해, 이성의 지배를 벗어나는 열정에 대해 칸트가 어떤 태도를 취하고 있었는지 기억한다면 우리는 칸트의 반응을 이미 반쯤은 알고 있는 셈이다. 예상대로 칸트는 마리아의 격앙과 혼란스러움에 엄격한 도덕적 가르침으로 맞선다. 1년 후인 1792년 초에 보낸 답장에서, 거짓말이 얼마나 커다란 도덕적 위반인지를—"거짓말은 모든 것을 의심하게 하고 덕에 대한 신뢰

31 Über ein vermeintliches Recht aus Menschenliebe zu lügen(VI 201과 그다음).

32 Über Pädagogik, in *Werke in 12 Bänden*, Bd. 12, 740~754쪽.

를 없앰으로써, 우리 자신에게 있는 인간 존엄성을 깎아내리고 그것을 뿌리에서부터 공격합니다"—지적한 후, 마리아 자신을 괴롭히는 것이 단지 거짓말이 발각되었기 때문인지 아니면 진정한 도덕적 자책인지 먼저 자문해보라고 말한다.

> 무엇보다 나는 당신이 행한 거짓말에 대한 쓰디쓴 자책이, 더 영민하지 못한 것에 대한 자책인지 아니면 거짓말이라는 행위 자체의 부도덕함에 대한 내적 후회인지를 살펴보도록 권하고 싶습니다. 첫 번째 경우라면 당신은 거짓말이 발각되었다는 데 대해서만 자책하고 있는 것입니다. 말하자면 당신은 의무를 행했다는 사실에 대해 자책하는 것이지요(누군가 의도적으로 다른 사람에게, 비록 그 사람에게 어떤 피해를 주지 않는다 하더라도 일정 기간 잘못된 지식을 갖게 했다면 그 잘못된 지식에서 벗어나게 하는 것이 의무라는 건 의심의 여지가 없습니다). 당신이 거짓말이 발각되었다는 사실만으로 후회한다면 그것은 거짓말 때문에 당신 친구의 신뢰를 잃어버렸기 때문입니다. 하지만 그러한 후회는 그 후회를 일으킨 원인의 견지에서 볼 때 그 어떤 도덕적인 것도 포함하고 있지 않습니다. 후회의 원인은 거짓말이라는 행위 자체에 대한 의식이 아니라 다만 행위의 결과에 근거하고 있으니까요.

마리아의 고통이 거짓말에 대한 진정한 도덕적 자책에서 나오는 것이라면 그것은 도덕적 의무를 어긴 것에 대한 처벌이므로 쉽게 없애거나 잊으려 해서는 안 된다. 오히려 고통스러운 뉘우침에 더 오래 머물러 있어야 한다. 그것은 양심이라는 재판관이 이후 마리아가 또다시 저지를지 모를 도덕적 '범법 행위'를 더 잘 판단할 수 있기 위해서다.

당신을 괴롭히는 자책이 진실로 당신 행위에 대한 윤리적 판단에

> 만 근거하는 것이라면, 한 번 일어난 일은 되돌릴 수 없다고 말하면서 당신의 심정에서 자책감을 없애고 앞으로는 영혼의 확실한 정직성을 위해 노력하라고 충고하는 사람은 당신에게 별 도움을 주지 못하는 무능한 도덕적 의사일 것입니다. 양심은 양심을 거슬렀던 모든 것을 철저히 보존하고 있어야 합니다. 그런 점에서 이미 판정이 끝난 범법 행위의 서류들도 폐기하지 않고 아카이브에 보관하는 재판관과 같습니다. 그것은 보존을 통해 이후 그와 유사하거나 다른 범법 행위들을 최대한 정의롭게 판정하기 위한 것이지요. 이 편지에서 당신은 처벌과 위로에 대한 가르침을 발견할 것입니다. 나는 당신에게 위로보다는 처벌에 좀 더 오래 머물러 있기를 권고합니다. 처벌이 그 영향력을 발휘한다면 위로와 잃어버린 삶의 만족감은 분명 저절로 다시 찾아올 것이기 때문입니다.

편지 말미에서 칸트는 그래도 마리아에게 희망을 이야기해주고 싶어 한다. 하지만 벤야민이 지적했듯 그것은 "오늘날의 열네 살짜리도 웃게 만들 만한, 에로틱한 감정에 대한 (……) 칸트의 어린애 같은 무지"와 "완벽한 순진함"[33]에 근거해 있다—당신이 진정한 도덕적 자책을 통해 스스로를 변화시켰다면 떠났던 약혼자도 당신에 대한 애정을 회복할 것이다. 그렇지 않다면 당신과 그 사람과의 관계가 그만큼 도덕적이지 못했다는 것이다. 어차피 오래가지 못했을 그런 감정이 사라졌다는 것에 무얼 그리 괴로워하는가.

> (당신에게) 이러한 사유 방식의 전환이 일어났다는 사실이 당신이 사랑한 친구에게 알려진다면—정직함은 외면될 수 없는 자신

33 W. Benjamin, Kant als Liebesratgeber, *GS IV 2*, 812쪽.

> 의 언어를 갖고 있기에—미덕의 개념에 근거했던 그의 정당한 불만의 흔적들은 차츰 사그라지고, 시간만 지나면 냉랭한 분위기가 더 굳건하게 기초된 서로를 향한 끌림으로 변할 것입니다. 만일 이런 일이 일어나지 않는다면 이전 그의 따뜻한 끌림이 도덕적이기보다는 물리적이었다는 것을, 그래서 그런 물리적 끌림의 일시적인 본성상 안 그래도 시간이 지나면 어차피 사라져버렸을 것에 다름 아니었다고 할 수 있습니다.

답장을 받은 마리아는 그 후 칸트에게 편지 두 통을 더 보낸다. 편지에서 칸트의 충고를 받아들이는 대신 예의 바르지만 날카로운 어조로, 단 한 번의 사소한 거짓말 때문에 파혼도 불사하게 하는—칸트는 약혼자의 처신이 '정당한 불만'의 결과라고 말한다—칸트의 도덕 원칙의 냉혹함을, 개인의 구체적인 상황은 외면한 채 도덕적 의무감으로 인간의 삶을 지배하려는 칸트적 윤리의 비인간성을, 지금까지 자신이 믿어왔던 세계관의 공허함을 이야기한다. 그러나 칸트는 마리아의 두 번째 편지부터는 더 이상 답장을 쓰지 않는다. 마리아는 이제 이성적이고 도덕적인 충고를 통해 정상으로 되돌리기 힘든 '광신자Schwärmerin'[34]로 여겨졌기 때문이다. 칸트는 '광신Schwärmerei/Fanatik'을 "이성의 한계를 넘어서까지 근본 원칙을 밀어붙이게"[35] 하고 거기에 빠진 사람을 "극단적인 것으로 이끌고 가는" "인간 본성 중 가장 위험한 맹목"[36]이라고 본다. 칸트는 마리아에게 받은 편지들을 "고양된 판타지가 어디까지 혼란스

34 칸트는 마리아의 편지를 친구의 딸 엘리자베스 모데르비Elisabeth Motherby에게 건네주면서 마리아를 '작은 광신자kleine schwärmerin'라고 지칭한다. I. Kant: Briefwechsel, Brief 559, An Elisabeth Motherby. http://www.gldv.org/Kant/briefe/559.html

35 R. Eisler, *Kant-Lexikon*, "Leidenschaft".

36 I. Kant, *Versuch über die Krankheiten des Kopfes*, A 26.

러워질 수 있는지를 경고해주는" 교육적 사례로 삼으라며 친구의 딸에게 건네준다.[37]

우리는 칸트에게 보낸 편지 속에서 마리아가 자살까지도 금욕적 관점에서 바라보려는 충실한 칸트 신봉자였음을 발견한다. 두 번째 편지에서 "이렇듯 쓸모없는 나의 삶을, 더 나아지지도 더 악화되지도 않을 것이라 확신하는 이 삶을 단축시키는 것"이 지금 자신이 가진 "유일한 소망"이라던 마리아는, 세 번째 편지에서는 인간이 "어떻게 해서든 살아야 하는" 이유는, "이기주의적 관점에서 보면 가장 편안하고 가장 큰 쾌락인 죽음"을 원하는 것이 편안함과 쾌락 추구를 금지하는 도덕성에 어긋나기 때문[38]이라고 생각한다. 그 후로부터 10년이 지나 마리아 폰 헤르베르트는, 편안함을 좇지 말고 강한 의지를 발휘해 도덕적 의무를 따르라던 칸트의 가르침에 처음이자 마지막으로 반기를 든다. 1803년 5월, 드라우 강에 투신해 스스로 원하던 "가장 편안하고 큰 쾌락"인 죽음을 선택했다.

칸트와 무감성적 주체

열정! 주정! 광기! 그런 말을 하면서도 당신들은 무척이나 태연하지요. 그런 것에는 일절 관심도 없고요. 당신네 도덕군자들은 술꾼을 꾸짖고, 미친 사람을 얕보고, 사제처럼 그 옆을 지나가며 자

37 I. Kant, Briefwechsel, Brief 559, An Elisabeth Motherby. http://www.gldv.org/Kant/briefe/559.html

38 "ich denke, daßjedem reinen Menschen der Tod, in einer egoistischen Beziehung auf sich selbst, das Angenehmste ist, nur in Rücksicht der Moralität und Freunde kann er, mit der größten Lust zu sterben, das Leben wünschen, und es in allen Fällen zu erhalten suchen." 모든 편지의 원문은 http://www.gldv.org/Kant/briefe에서 읽을 수 있다.

> 신들을 그런 사람들처럼 만들지 않은 것에 대해 하나님께 고마워하지요. (……) 나는 몇 번 술에 취해봤어요. 나의 정열은 거의 미치광이에 가까웠어요. 나는 그 두 가지에 대해 후회하지 않아요. 예로부터 사람들은 위대한 일, 불가능해 보이는 일을 한 뛰어난 사람들한테 술 취한 사람이니 미친 사람이니 하며 목청껏 외치지 않으면 직성이 안 풀렸다는 사실을, 나 나름대로 이해했기 때문이지요. 하지만 일상생활에서도 누군가가 자유롭고, 고귀하며, 예상을 뛰어넘는 무언가를 할 때마다 거의 항상 이런 말이 뒤에서 들리는데, 도저히 참을 수가 없어요. '저 사람 술에 취했어. 저 사람 바보야' 하는 소리 말이에요. 취하지 않고 냉철한 사람들은 부끄러운 줄 알아야 해요! 창피한 줄 알라고요! 당신들 똑똑한 선생들Weiser 말이오![39]

베르테르는 자신이 비밀스럽게 사랑을 품은 로테의 약혼자 알베르트와 논쟁을 벌인다. 건실한 사업가 알베르트는 정열 때문에 자신을 주체하지 못하는 사람은 "생각하는 힘도 깡그리 잃어버린" "술주정뱅이나 미친 사람"에 다름 아니라고 말한다. 로테가 곁에 있었기 때문일까. 알베르트에 대해 베르테르가 보인 강한 반발은 로테에 대한 답답하리만치 억압된 알베르트의 태도에 비하면, 무척이나 위험하게 보인다. 로테의 은밀한 구애자 베르테르는 로테의 당당한 약혼자 알베르트에게, 마치 복수를 하듯, 로테에게 보여주지 못한 '정념의 기호'를 그대로 내어 보인다. 롤랑 바르트Roland Barthes, 1915~1980가 지적하듯 바로 이 대목에서 『젊은 베르테르의 슬픔』에 등장하는 '서로 다른 종류의 경제체제'가 가장 분명하게 대립한다. "시간이나 재능·재산을 계산하지 않고 낭비하

39 요한 볼프강 폰 괴테, 『젊은 베르테르의 슬픔』, 이옥용 옮김, 가지않은길, 2006, 89쪽.

는 젊은 연인과, '당신의 시간을 잘 분배하시오. 당신의 재산을 잘 계산하시오'라고 그에게 훈계하는 속물(관리). 저축이나 보상에 대한 생각은 전혀 없이 매일 자신의 사랑을 소비하는 연인 베르테르와, 자기가 가진 재산과 행복을 잘 관리해 나가는 남편 알베르트. 한쪽에는 부르주아의 포식 경제가, 다른 한쪽에는 분산·낭비·광란의 변태적인 경제가 있다."[40]

신체적 느낌, 몸의 감각, 상상력, 광폭한 감정과 열정 등 인간을 혼란에 빠져들게 만드는 모든 비이성을 강한 의지와 이성으로 극복하고 지배할 것을 요구하는 칸트에게 베르테르라는 인물은 어떻게 받아들여졌을까? 시민사회의 규칙, 법률과 예의범절에 따라 삶을 규제하고 맞추며 살아가며, 사랑하는 여인에게 시간과 에너지를 잘 분배할 것을 권고하는 속물들을 향해 그것이 "자연의 진실한 감정과 자연의 참된 표현들을 파괴"하고 "사랑과 예술을 끝장내버릴 것"이라고 응수하는 베르테르를 보았다면 칸트는 어떻게 이야기했을까? 분명 칸트는 베르테르를, "제어되지 못할 정도로 강해진 열정과 경향" 때문에 "이성이 속박된gefesselte" "머리의 병"이자 "심의의 장애"인 "우둔함"[41]에 빠진 인물이라고 말했을 것이다.

칸트가 이상적으로 삼는 주체는 베르테르 같은 인물과는 매우 먼 대척점에 서 있다. 그 주체는 열정과 경향과 같은 내적 감정은 물론, 외적 위협과 자극에 직면해서도 늘 이성적 능력의 우위와 지배적 지위를 유지하려 한다. 합리적 계산과 관리를 경멸하고, 소모적이고 공격적인 정념에 자신을 내맡기는 베르테르와는 반대로, 칸트적 주체는 스스로가 허락한 욕구나 감정만을 충족하며 자신의 의지와는 상관없이 이름 모

40 롤랑 바르트, 『사랑의 단상』, 김희영 옮김, 동문선, 2004, 128쪽.
41 I. Kant, *Versuch Über die Krankheit des Kopfes*, A 17.

를 감정에 사로잡히고, 알지 못할 무언가에 의해 촉발되며 귀결을 알 수 없는 열정에 빠져드는 것을 철저히 경계한다. 칸트는 주체의 자율성과 통합성을 위협하는 내적 · 외적 자극으로부터는 거리를 취하고 그 자극에 대해 기꺼이 무감해지기를 선택한다. 수전 벅모스Susan Buck-Morss는 이러한 칸트적 주체의 특징을 '감성의 탈각'이라고 정의한다. "칸트의 초월적 주체는 자율성을 위험에 빠뜨릴 감성senses을 스스로에게서 탈각한다. 그것은 감성이 주체를 필연적으로 세계와 연루시키기 때문만은 아니다. 더 특별하게는, 감성이 주체를 능동적으로 만드는 대신 수동적으로 만들고 (……) 동감과 눈물에 예민하게 만들기 때문이다."[42]

벅모스에 따르면, 능동적이고 지배적인 위치를 위협하는 모든 것으로부터 자율성을 유지하려는 칸트적 주체는 "자기 자신을 (……) 자기 스스로의 기체基體로부터 산출하려는" 근대적인 자율 훈련적autogenic 주체의 이상을 대변한다.[43] 그러한 주체는 자신의 이성적 · 도덕적 자율성을 유지하기 위해 감성을 경계하고, 필요하다면 배제한다. 특히 강한 도덕적 의지를 가진 윤리적 주체가 중심인물로 등장하는 칸트의 "두 번째 비판에서 감성은 전혀 아무 역할도 수행하지 않는다. 도덕적 존재의 감성은 그 출발에서부터 죽어 있다. 다시 반복하자면 칸트의 이상은 자율 훈련적이다. 도덕적 의지는 (첫 번째 비판에서는 모든 인식의 원천이었던) 감성에 의한 모든 오염으로부터 깔끔하게 씻긴 채로 자신의 규칙을 보편적 규범으로 정립한다".[44] 그런데 이러한 상황은 아름다움과 미적 판단, 나아가 예술의 문제를 다루고 있는 칸트의 세 번째 비

42 S. Buck-Morss, Aesthetics and Anaesthetics: Walter Benjamin's Artwork Essay Reconsidered, *October*, Vol. 62, Autumn 1992, 3~41쪽, 9쪽.

43 같은 책, 8쪽.

44 같은 책, 9쪽.

판서—『판단력 비판』[45]—에서도 예외가 아니다.

『판단력 비판』에서 칸트에 의해 정의되고 허용된 아름다움은 결코 감각적 향유의 대상이 아니다. 아름다움은 이성의 지적 판단에 의해 매개되어 규제되고 절제된 "쾌와 불쾌의 감정"과만 관련되어 있(어야 한)다.[46] 칸트에게 예술은 주체로 하여금 그것이 주는 감각적 자극에 빠져 자신을 상실하지 않게 하는 한에서만 '미적 예술die schönen Künste'로서의 자격을 가진다. 다른 예술과 비교해볼 때 감성을 가장 직접적이고 내적으로 자극하는 음악을 칸트가 특별히 경계하는 이유도 여기에 있다. 칸트는 "개념을 떠나서 오로지 감각을 통해서만 말을 하며 시Poesie처럼 숙고할 무엇인가를 남겨놓지 않는" 음악은 "도야Kultur라기보다는 향락Genuss이며 (……) [그러한 점에서] 이성에 의해 판정한다면 다른 여러 미적 예술보다도 더 적은 가치를 가진다"(KU 218)라고 말한다. 심의의 도야와 인간 능력의 확장이라는 척도에서 보자면, "음악은 단지 감각과 더불어 유희하는 것에 지나지 않으며, 그러한 점에서 여러 미적 예술 가운데에서 가장 낮은 (……) 위치를 점한다"(KU 221).[47] 미학이라는 이름에 들어 있는 '감성론Aisthesis'의 함축에도 불구하고, 칸트에 의해 토대 세워진 근대 미학의 출발점에는 이처럼 감성에 대한 의심쩍은 경계가 작용하고 있었던 것이다.

45 『판단력 비판』, 이석윤 옮김, 박영사, 2003(1974). 인용문의 번호는 『판단력 비판』 초판본의 쪽수이고, 한국어판에도 표기가 되어 있다.

46 H. Böhme, *Fetischismus und Kultur: Eine andere Theorie der Moderne*, Reinbek bei Hamburg, 2006, 355쪽.

47 『마의 산Zauberberg』에서 주인공 한스 카스토르프에게 노동과 이성, 문명의 가치를 가르치려는 인문주의자 세템브리니Settembrini 역시 이성보다는 감정을 자극하는 음악에 대해 "정치적으로 반대"한다. 이성적인 이상 국가를 꿈꾸던 플라톤에게부터 라디오에서 모든 종류의 음악을 금지했던 소말리아의 이슬람 반군(http://www.hani.co.kr/arti/international/arabafrica/416822.html)에 이르기까지 음악은 이성적인 정치적 기획과 늘 충돌해왔다.

열정적이고 예민한 감성을 발양하는 대신 미적 판단에서도, 예술을 향수할 때에도 감성의 위험성을 의식하면서 경계하는 주체는 위협적인 대상을 마주하고도 공포를 느끼지 않을 만큼의 무감함을 완비한 주체를 자신의 이상으로 삼는다. 『판단력 비판』의 중요한 테마 중 하나인 숭고에 대해 논의하던 칸트가 돌연 전사戰士, Krieger에 대한 찬탄으로 나아가는 대목이다. 칸트에게 전사는 자율 훈련적 인간Homo Autotelus의 전범이다. 칸트에 따르면 전사는 야만인들에게서는 물론 가장 문명화된 사람들에게서도 최고의 감탄을 받는 대상이다. 전사야말로 "겁내지 않고 아무것에 대해서도 공포를 느끼지 않으며, 따라서 위험에 굴복하지 않으면서도 아주 신중하고도 강력하게 일에 임하는 인간"(KU 106)이기 때문이다. 사람들이 전사가 "모든 평화의 미덕, 온순함과 동정심, 나아가 자기 자신의 인격에 대한 적절한 배려까지도 가지고 있기를 요구하면서 (……) 정치가와 장군을 비교해 어느 편이 월등한 존경을 받아 마땅한가에 대해 논쟁을 벌일 수는 있겠지만 미감적 판단은 후자의 편을 든다"(KU 106~107).

칸트에게 군인/전사는 미감적 판단의 견지에서 보더라도 예술가보다 더 높은 가치를 인정받는다.[48] "겁내지 않고 아무것에 대해서도 공포를 느끼지 않으며, 따라서 위험에도 굴복하지 않는"(KU 106) 그런 무감함이야말로 "높이 솟아 방금이라도 내려앉을 듯한 험한 절벽, 번개와 우뢰를 품고 유유히 다가오는 하늘 높이 피어오른 먹구름, 온통 파괴력을 자랑하는 화산, 황폐를 남기고 지나가는 태풍, 파도가 치솟는 끝없는 대양, 힘차게 흘러내리는 높은 폭포"(KU 104) 등의 거대한 자연의 힘 앞에서도 공포를 느끼지 않음으로써 자연의 숭고를 감지할 수 있는 심적 전제이기 때문이다. "공포를 느끼는 사람은 자연의 숭고

48 S. Buck-Morss, 앞의 글, *October*, Vol. 62, 9쪽.

한 것에 관해 전혀 판단을 내릴 수가 없는데, 그것은 욕망과 기호에 사로잡혀 있는 사람이 미에 관해 판단을 내릴 수 없는 것과 마찬가지다. 그러한 사람은 자기에게 겁을 넣어주는 대상을 주시하기를 회피한다." (KU 103) 반면 그러한 자연의 힘에 대해 공포를 느끼지 않는 '무감한 사람'은 "그 대상들이 우리의 정신력을 일상적인 수준을 넘어서까지 고양시키며, 또 우리 내부에 전혀 다른 종류의 저항 능력이 있어서, 그러한 저항 능력이 우리에게 자연의 외관상의 절대력에 도전할 수 있는 용기를 일으켜준다는 것을"(KU 104) 감지할 수 있다. 그렇게 되면 주체는 "우리가 우리의 내부에 있는 자연보다 우월하며, 따라서 우리의 외부의 자연보다 우월하다는 것을 인식"(KU 109)하게 된다.

칸트와 성관계

자신의 통합성을 위협하는 감각적 자극들에 대해 자신을 무감하게 만듦으로써 대처하려는, 자기 훈련적이고 무감성적인 주체는 성적인 것에 대해서는 어떻게 대처할까? 성적 향유 자체를 포기하는 금욕주의가 아니라면, 그 어떤 감각이나 체험보다 심대하게 자기 규율적 주체를 위협할 성관계에 대해 그러한 주체는 어떤 태도를 취할까? 1797년 출간된 『도덕형이상학』에서 칸트가 부부 관계Ehe에 대해 이야기하는 부분은 섹슈얼리티에 대한 칸트의 견해를 읽어낼 수 있는 흥미로운 텍스트다. 스스로가 자신의 욕구나 감정을 충족하는 것은 허용하지만, 자신의 의지와는 상관없이 자신이 '촉발' 당하고, 어떤 감정에 '사로잡히고', 열정에 '빠져드는' 것을 철저하게 경계하려던 칸트적 주체가 어떻게 성관계에 임할 수 있는지를 알려준다.

이 글은 칸트가 부부 관계를 "성 공동체commercium sexuale"로 정의하는 데에서부터 시작한다. 부부 관계에 대한 이러한 정의는 이전까지의 기독교 전통을 고려해보면 놀라운 일이다. 기독교 전통에서 성관계는 그 자체로 부정되고 금지되어온 것은 아니었다. 사람을 남자와 여자로 지어내고는 "생육하고 번성하여 땅에 충만하라, 땅을 정복하라, 바다의 물고기와 하늘의 새와 땅에 움직이는 모든 생물을 다스리라"(「창세기」 1: 28)는 신의 말씀은, 「창세기」의 신이 성행위를 금기시하기는커녕, 오히려 자식을 낳고 번성하는 번식을 장려했다는 것을 보여준다. 실제로 마르틴 루터Martin Luther, 1483~1546는 「창세기」에 나오는 이 구절을 가톨릭 신부와 수녀의 독신 생활이 신의 말씀에 어긋나는 것이라고 비판하는 데 사용한다.[49] 문제가 되는 것은 '자식을 낳고 번성'하는 데 반드시 필요한 성관계가 아니라, 성관계에 동반(해야)하는 육체적 · 성적 자극이었다. 교부 신학자 아우구스티누스Aurelius Augustinus, 354~430에 따르면, 원죄를 짓기 전 아담과 이브에게는 성관계에 동반되는 육체적 자극이 (필요) 없었다. 두 사람의 "리비도Libido"는 오늘날 우리에게서처럼 "쾌락을 제공하지도, 그를 길들이려는 정신에 저항함으로써 스스로 분열되고 자신과의 모순에 빠지지도"[50] 않았다. 아담과 이브 모두 벌거벗고 있으면서도 부끄러워하지 않았던 이유는, 이처럼 "쾌락이 그들의 성 기관들을 의지에 반해 자극하지도, 육체가 자신의 불복종을 통해 인간의 불복종을 비난하는 증인으로 등장하지도 않았기"[51] 때문이다. 그런데 신에 의해 금지된 열매를 먹고 나서 아담과 이브는 갑자기 자신들의 벗은 몸에 대해 부끄러움을 느끼기 시작했다. 그것은 원죄와 더불어 두 사람의 육체가 의지와 정신의 지배에서 벗어나 스스로 반응하고 움직이는 '반란'을 일으켰기 때문이다. 아우구스티누스에게 원죄의 핵심은 의지와 정신에 대해 육체가 반란하는 것이다. 자손 번식을 위한 성행위에 '육체적 자극'이 동반하게

49 Martin Luther, "Vom ehelichen Leben"(1522), in M. Luther, *Vom ehelichen Leben*, Reclam, 15쪽.

50 Augustinus, *Gottesstatt*, 14. Buch, Kapitel 16.

51 같은 책, Kapitel 17.

된 것도 이러한 육체 반란의 결과였다. 그렇기에 신학적 관점에서 볼 때 성관계에 수반하는 육체적 자극은 인간이 원죄를 저지른 존재임을, 육체가 더 이상 의지와 정신에 복종하지 않음을 상기시켜주는 근원적인 경고인 셈이다. 이러한 점에서 루터 역시 성관계에 수반하는 육체적 자극을 "치명적tödlich이고, 저주할 만하며verdammlich, 악한böse" 것으로 규정하는데, 이것은 결혼을 해서 자식을 낳는 의무를 수행하는 한에서만 종교적으로 정당화된다.[52]

이러한 전통에서 보자면, 부부 관계가 아이를 낳는 목적만으로 이루어지는 것이 아닌 성 공동체Geschlechtsgemeinschaft[53]라는 칸트의 주장에는 실로 파격적인 데가 있다. "아이를 낳고 기르는 것은 항상 자연의 목적일 수 있을지는 모른다. (……) 그러나 부부 관계를 맺는 인간이 이 목적을 전제해야 한다는 것은 이러한 인간관계의 정당성을 위해 요구되는 것은 아니다. 만일 그런 것이라면 더 이상 아이를 낳지 않게 된다면 부부 관계는 스스로 해소될 것이기 때문이다."(§24, AB 107, 108)

그렇다면 칸트가 말하는 성 공동체란 도대체 어떤 것인가? 칸트의 유명한 정의가 등장한다.

성 공동체는 한 인간이 다른 인간의 성기와 능력을 상호적으로

52 M. Luther, "Ein Sermon von dem ehelichen Stand, verändert und korrigiert durch Dr. Martin Luther, Augustiner zu Wittenberg"(1519), in M. Luther, *Vom ehelichen Leben*, Reclam, 6쪽.

53 무척 흥미로운 사실은 칸트가 이러한 성 공동체에 서로 다른 성, 곧 이성 관계뿐 아니라, 동성 관계, 나아가 인간과 동물과의 성적 관계까지도 포함시키고 있다는 사실이다. 물론 이 후자, 즉 동성 관계와 수간은 "비자연스러운"것으로 여겨지기는 하지만. "성 공동체에는 (……) 자연적인 (그를 통해 자신과 동일한 존재를 산출해낼 수 있는) 성기의 사용과 비자연적 사용이 있다. 동일한 성을 가진 사람에 대한 성기의 사용이나 인간-종과는 다른 동물에 대한 성기의 사용은 비자연적 성기의 사용이다."(§24)

> '사용'하는 것이다(Geschlechtsgemeinschaft ist der wechselseitige Gebrauch, den ein Mensch von eines anderen Geschlechstgorganen und Vermögen macht (usus membrorum et facultatum sexualium alterius). (§24, AB 106)

여기에서 칸트가 쓴 "사용Gebrauch"이라는 단어는 성관계에 대한 칸트의 입장 전체를 특징짓는 핵심어다. 그것은 우리가 어떤 '물건을 사용'한다고 말할 때, 혹은 상품의 가치를 교환가치와 "사용"가치로 구분할 때 등장하는 바로 그 단어다. 어떤 상품이나 물건을 사용하는 데에는 그 목적이 있기 마련이다. 그렇다면 칸트가 정의한 성 공동체는 도대체 무엇을 목적으로 다른 인간의 성기를 "사용"하는 것일까? 말할 것도 없이 그것은 성적 쾌락Lust과 향유Genuss를 위해서다. "한 성이 다른 성의 성기를 사용하는 자연적 사용은 향유다."(§25, AB 107, 108) 그런데 문제는 성 공동체 한쪽이 자신의 성적 향유를 위해 파트너의 성기를 "사용"한다면 그 파트너는 성적 향유를 위한 수단이 되어버리는데, 그것이 한 명의 인격적·도덕적 존재를 사물화되게 한다는 것이다. 칸트는 이러한 사태를 "[성적] 향수를 위해 한쪽이 다른 쪽에 자신을 제공"하게 된다고 표현한다. "한 성이 다른 성의 성기를 사용하는 자연적 사용은 향유다. 이때 한쪽은 다른 쪽에게 자신을 제공한다. 이 행위에서 인간은 자신을 사물Sache로 만들게 되는데, 이는 자신 개인의 인간성의 권리와 모순을 일으킨다."(§25, AB 107, 108)

나의 성적 향유를 위해 다른 이의 성기를 "사용"하다 보면 어쩔 수 없이 생겨나는 이러한 사물화는 어떻게 해결될 수 있을까? 칸트의 해법은 성기의 사용을 성적 파트너 모두에게 상호적으로 보장하는 데에 있다. 칸트는 "한 개인이 다른 개인에 의해 똑같이 사물로서 [강조는 칸트] 소유되고 그 개인이 다시금 그 상대를 소유"하게 되는 상호관계를 통해서라면 "개인은 다시 자기 자신을 되찾고 개체성은 회복되게 된다"(§25, AB 108)라고 믿기 때문이다. 칸트에게 성적 향유를 위한 성관계는 이처럼, 자신 육체의 일부—성 기관—를 상대가 사용하도록 제공하고, 자신은 상대의 그것을 사용하는 상호적인 성기 사용이다. 이러한 상호성이 보장되어야 하는 이유는 그래야만 거기에서 발생하는 인간의 사물화를 극복하고 손상된 개인의 인간성이 회복되기 때문이다. 바로 이 지점에 칸트에게서 성적 향유를 목적으로 하는 성 공동체가 계약적 성격을 갖는 부부 관계가 되어야 할 필요성이 생겨난다. 칸트에게 부부는 "서로 다른 성을 가진 두 개인이 그들의 성적 특성을 평생 동안 상호적으로 소유하기 위해 맺어진 관계"(§24)다. 부부라는 사회적 계약관계는 상대의 성기 사용에 있어서의 상호성과 평등성을 사회적으로 보장함으로써 성기 사용에 있어 생겨나는 인간의 사물화를 극복하기 위해 필요한 것이다. 그래서 칸트는 다음과 같이 결론짓는다. "상대의 향유를 위해 한 성이 자신을 제공하고 제공받는 행위는 부부라는 조건에서만 유일하게 허용될 수 있는 것이고, 바로 이 조건에서만 비로소 가능한 것이다."(§25)

성관계의 주체

상대의 성기를 "사용"함으로써 생겨나는 탈인격화를 상호적인 것으로 만들고 그 상호성을 부부 계약이라는 이름으로 인가함으로써 보장하려는[54] 칸트의 생각은 많은 사람에게 조롱과 비판의 대상이 되었다. 브레히트Bertolt Brecht, 1898~1956는 「도덕형이상학에서 부부에 대한 칸트의 정의에 대하여」라는 제목의 시를 통해 개인들 사이의 성적 관계까지 법

54 Günther Anders, *Lieben gestern: Notizen zur Geschichte des Fühlens*, München, 1986, 79쪽.

적 사고의 틀로 포괄하려던 칸트를 다음과 같이 풍자한다.

칸트가 부부 관계라 부르는
능력과 성기의 상호적 사용에 대한 협정을
상기시키는 일은 시급하고도 정당한 일 같다.

듣기로 몇몇 파트너들은 그를 체납하고 있다.
최근에는—이게 거짓말이라 생각되지 않는데—
성기를 착복하기까지 했다.
그들은 조직망을 가지고 넓게 퍼져 있다.

법정에 가는 수밖에 없다.
성기를 압수해야 한다.
그러면 파트너는 편해질 것이다.

계약 사항을 꼼꼼히 살펴보라.
편해지지 않는다면—매우 유감스럽지만—
법 집행인이 출동해야 한다.[55]

55 Bertolt Brecht, Über die Kants Definition der Eher in der Metaphysik der Sitte: "Den Pakt zu wechselseitigem Gebrauch. / Von den Vermögen und Geschlechtsorganen. / Den der die Ehe nennt, nun einzumahnen/Erscheint mir dringend und berechtigt auch. / Ich höre, einige Partner sind da säumig. / Sie haben - und ich halt's nicht für gelogen-Geschlechtsorgane kürzlich hinterzogen. / Das Netz hat Maschen und sie sind geräumig. / Da bleibt nur: die Gerichte anzugehn. / Und die Organe in Beschlag zu nehmen. / Vielleicht wird sich der Partner dann bequemen. / Sich den Kontrakt genauer anzusehn/ Wenn er sich nicht bequemt—ich fürchte es sehr—Mußeben der Gerichtsvollzieher her". *Gesammelte Werke in acht Bänden*, IV, 609쪽.

하지만 이 글에서 우리의 관심은, 저작 전반에 걸쳐 법적 메타포를 즐겨 사용하는 칸트 사유의 완고함과 형식성을 지적하기보다는, 성관계에 대한 칸트의 이론이 앞에서 보았던 칸트적 주체와 어떤 관련을 맺는가 하는 데에 있다. 이는 좀 더 일반적으로 말해 다음의 질문들과 관련되어 있다. 성관계를 맺을 때 상대의 육체는 우리에게 어떤 의미를 갖는가? 상대의 육체는 나의 성적 향유를 위한 수단으로, 나를 성적으로 만족시키기 위해 "사용"되는 것일까? 성관계란 나는 상대에게, 상대는 나에게 서로의 육체를 제공함으로써 성적 향유를 얻는 교환관계 같은 것일까?

이 질문들을 염두에 두고 앞에서 본 칸트의 성관계에 대한 이론을 재고해본다면 우리는 거기에서 몇 가지 흥미로운 전형을 읽어낼 수 있다. 칸트의 이해에 따르자면, 나와 성관계를 맺는 순간의 상대는 성적 향유를 나와 공유할 수 있는, 다시 말해 나와 '함께 느끼는' 주체가 아니다. 성관계에서 상대의 육체는 나의 성적 향유를 위해 내가 "사용"하는 대상으로 정의되어 있기 때문이다. 내가 사용하도록 자기 육체를 내주는 그/그녀는 나에게는 자위를 할 때 떠올리는 상상적 육체의 현실적 대용물에 다름 아니다. 그/그녀는 내가 그/그녀의 육체를 "사용"하는 동안 나의 성적 향유에 함께 참여하지 않는 대상으로서의 타자다. 그 타자는 나를 사물화하면서 나의 육체를 '사용'할 때에야 비로소 성적 향유의 주체가 된다. 칸트에게서 성관계를 맺는 두 주체는 이처럼 각자의, 자신만의 성적 향유의 주체로 확고하게 분리되어 있다. 성관계의 주체가 동시에 함께 참여하는 상호적 성적 향유는, 상대의 성기를 각자 자신의 성적 향유를 위해 사용하는 주체들에 의해 처음부터 배제되어 있다. 이 때문에 나와 성관계를 맺는 상대가 나에게 성적 즐거움을 주는 한 상대는 인격을 상실하고 사물화되고, 이는 나의 육체를 통해 상대의 성적 향유에 기여하는 나 역시 마찬가지다. 칸트는 상호성이 배제된 성관계로부터 필연적으로 생겨나는 이러한 인격의 사물화를 상호적으로 육체를 내어주어야 하는 계약적 · 법적 관계를 통해 극복할 수 있다고 믿었다.

이러한 생각의 근거에는 "자기 자신을 스스로의 기반으로부터 산출하려는" 자율 훈련적 주체가 놓여 있다. 그 주체는 성관계에서의 성적 향수가 자신의 능동적이고 의지적인 행위 바깥에서부터 오는 것을 허용하지 않는다. 그것은 전적으로 주체의 (목적) 의식적 행위—상대의 성기의 "사용"—의 산물로 얻어지는 것이어야 한다. 이는 성관계라는 거대하고도 위험한 자극으로부터 주체의 통합성과 주도권을 상실하지 않기 위해서다. 상대의 성기를 "사용"하는 동안의 주체는 특정한 목적을 위해 물건을 사용할 때처럼 자기 자신에 대한 이성적 주도권을 유지하고 있다. 그러한 주체는 성적 향유라는 자신의 목적을 위해 상대의 성기를 사용하는 가운데에서도 늘 자기 자신으로 머물러 있(어야 한)다. 이러한 독아獨我적 주체로부터 출발하는 한, 성관계는 상대의 육체를 '수단'으로 삼아 성적 쾌락과 향수라는 목표를 추구하는 행위로, 필연적으로 상대를 사물화하는 방향으로 이어질 수밖에 없다. 귄터 안더스Günther Anders, 1902~1992가 지적하듯, 사랑과 성관계에 대한 칸트의 견해는 다음과 같다. "가장 천박한 연애에서조차도 타인이 인간으로서 욕망되고 있다는 사실에 대해 완전히 무지하다. (……) 성행위는 좀 더 복잡하고 성가신 자위행위가 아니다. (……) 사랑의 목표는 여자를 통한durch 쾌락이 아니라, 여자와 함께하는mit 쾌락이다".[56]

서두에 등장했던 베르테르에게로 되돌아가 보자. "분산 · 낭비 · 광란의 변태적 경제"를 대변하면서 "취하지 않고 냉철한" "똑똑한 선생들"을 향해 경멸의 일갈을 날렸던 베르테르를. 그것은 베르테르와는 대립적인 칸트적 주체의 사랑을 베르테르의 사랑과 비교해보기 위해서다.

56 G. Anders, *Lieben gestern*, 79~80쪽.

친구 빌헬름에게 보낸 7월 16일자 편지에서 베르테르는 이렇게 쓴다.

> 아, 내 손가락이 어쩌다 로테 손가락에 슬쩍 닿고, 탁자 밑에서 우리 발이 서로 스치면, 피가 거꾸로 솟는 것 같아! 난 손과 발을 불에 덴 것처럼 얼른 움츠리지. 하지만 어떤 신비한 힘에 이끌려 또다시 손이고 발을 앞으로 내미는 거야. 내 모든 감각은 온통 현기증이 이는 것처럼 어지러워지지. 아, 그런데 로테는 순진무구하고 그 어떤 것에도 스스럼이 없는 사람이라 그런 사사롭고 소소한 일 때문에 내가 얼마나 괴로워하는지 몰라. 이야기를 나누다가 로테가 이야기에 푹 빠져 자기 손을 내 손 위에 살짝 얹고 내 쪽으로 가까이 다가오면, 천사의 것과 같은 입김이 내 입술을 스쳐. 그럴 때면 벼락을 맞은 듯 쓰러질 것만 같아.

베르테르는 어쩌다 로테의 손가락이 자기 손가락에 슬쩍 접촉하는 것만으로도 '피가 거꾸로 솟는 것' 같고, '현기증이 이는 것처럼 어지러워'하고, 로테의 손이 무의식 가운데 베르테르의 손 위에 살짝 얹히기만 했는데도 '벼락을 맞은 듯 쓰러질' 것 같다. 칸트적 주체와 비교해보면 베르테르는 외적 자극과 감각에 대해 지나치게 민감하고, 그 자극으로부터 너무도 쉽게 자기 자신을 잃어버린다. 하지만 이 둘의 차이는 칸트적 주체의 무감함에 대비되는 베르테르의 예민함에만 있는 것이 아니다. 더 본질적인 차원에서 이 둘 사이에는 '성도착자fetichiste'와 '사랑하는 사람' 사이의 차이가 존재한다. 롤랑 바르트는 이렇게 이야기한다.

> 접촉. (……) 어쩌다 베르테르의 손가락이 로테의 손에 닿거나, 그들의 발이 탁자 밑에서 부딪치면, 베르테르는 이 우연의 의미에는 초연한 채, 다만 그 접촉된 미세한 육체의 부분에만 몰두해, 성도착자처럼, 그것이 대답할지 어떨지는 개의치 않고 그 무기력한 손

> 가락이나 발가락을 즐길 수도 있었을 것이다(성도착자 페티시스트는 페티시(물신)에서 유래한다. 펜티시는 신처럼—그 어원이 말하듯이—대답하지 않는다). 그러나 베르테르는 성도착자가 아니라 사랑하는 사람이다. 그는 도처에서, 아무것도 아닌 것에서, 항상 의미를 만들어내며, 이 의미가 그를 전율하게 한다. 그는 의미의 도가니 안에 있다. 사랑하는 사람에게서의 접촉은 이렇듯 모두 대답의 문제를 야기하며, 이때 대답해야 하는 것이 바로 살갗이다.[57]

바르트가 지적하듯 성도착자는 자신을 흥분시키는 대상의 대답을 기대하지 않는다. 성도착자의 페티시는 죽어 있는, 반응할 수 없는 수동적 사물일 뿐이다. 성도착자가 그것으로부터 얻는 흥분과 쾌락은 전적으로 자신 안에서만 생겨나는, 그 자신만의 것이다. 사랑하는 사람인 베르테르를 이런 성도착자와 구분해주는 것은, 자신이 사랑하는 자의 대답을, 상대의 반응을 가슴 졸이며 고대하고 있다는 것이다. 그러한 점에서 베르테르는 자신이 사랑하는 대상, 열망하는 타인을 향해 온전히 열려 있다. 자신의 정념의 강함에 비례해서는, 외적 자극으로부터 지키고 유지해야 할 자기 대신 사랑하는 타인을 향해 더 내맡겨져 있다. 그 타인의 반응과 대답은, 그것이 베르테르 자신의 사랑을 받아들이는 긍정적인 것이건 거절하는 부정적인 것이건, 베르테르의 존재 전체를 뿌리에서부터 뒤흔들고 요동시킬 것이다.

성관계에 임하는 칸트적 주체는 타인의 육체로부터의 대답을 기대하지 않는다. 그 주체는 자신의 성적 향유를 위해, 자위를 위해, 성적으로 자극하기 위해 자신이 "사용"하는 상대의 성기는 전적으로 수동적인, 사물과 같은 성격을 지닌다. 그 사물화된 육체는 그로부터 "반

57 『사랑의 단상』, 103쪽.

응"과 '대답'이 기대되는 주체가 아니라, 다만 나의 성적 자극을 고양하기 위한 객체일 뿐이다. 그 대상이 여기에서 요구되는 수동성에서 벗어나 예측하지 못한 방식으로 "반응"한다면 그 대상을 '사용'하려던 주체는 오히려 화들짝 놀라게 될 것이고, 그 결과 자신의 성적 향유는 사라질 것이다. 설사 어떤 "반응"을 기대한다 하더라도, 그것은 상대를 향해 열려 있음으로써 비로소 생겨나는 육체적 교감의 지표가 아니라, 성기에서 분비물이라는 '반응'이 나올 때까지 온갖 실험을 벌이는 일본식 포르노그래피에서처럼, 성적 향수를 위해 행한 자신의 의식적 행위로 얻게 된 인과적 보상물이라는 의미만을 지닐 것이다. 외적 자극에 대해 무감해짐으로써 자신을 지키려는 자율 훈련적 주체는 이렇게 성관계에 있어서 성도착자가 된다.

후기

여기 수록된 글들은 꽤 오래전에 나를 사로잡았던 관심사의 흔적들이다. 그 출발이 되었던 것은, 당시 자음과모음 편집위원이던 복도훈 선생의 제안으로 다니엘 파울 슈레버의 『한 신경병자의 회상록』을 번역한 것이었다. 꽤 많은 시간과 노력을 필요로 했던 그 번역 과정에서 나는 처음으로 소위 광인의 내면세계를 가까이에서 바라볼 수 있게 되었다. 광인들은 우리가 갇혀 있는 '정상'의 경계들을 초월하며, 우리가 해보지 못한 사유의 가능성을 끝까지 추적했던 사람들이었다. 우리가 포기하고 단념해야 했던 사유의 가능성들을 이들은 끝까지 추적하고, 실행해 현실화시켰다. 이 최초의 '발견' 이후 나는 여러 분야에서 이와 관련한 인물과 그들의 책을 찾기 시작했다. 니진스키의 충격적인 자서전과 스베덴보리의 『천국과 지옥』은 말과 글, 글쓰기에 대한 나의 오랜 고민들을 되살려내었고, 한스 프린츠혼의 책을 통해 접한 광인의 시각적 조형물은 인간의 내적 충동과 그 표현 사이의 관계를 통찰할 수 있게 했다. 이 책은 고통스러웠지만 벅찼던 이 지적 탐색의 흔적이다. 여기에 실린 사유의 파편들이 광기, 글쓰기, 예술에 관심을 가진 독자들에게 번뜩이는 착상의 원천이 된다면 더 바랄 것이 없겠다. 처음 이 주제로 나의 손을 잡아 이끌었던 복도훈 평론가, 복잡한 텍스트의 미로를 꼼꼼하게 정리해준 임채혁 편집자에게 감사한다.

스베덴보리와 니진스키, 파울 슈레버, 칸트에 관한 글은 2008년과 2010년에 계간지 『자음과 모음』(2, 7, 9, 10호)에 연재했던 것을 이 책을 위해 수정·보완한 것이다. 「근대와 광기: 막스 노르다우, 『퇴행』」은 2013년 이화인문과학원의 주최로 열린 학술대회 "Digital Subject & Posthumanism"에서 발표한 「미래주의의 감성」을 수정한 것이고, 「한스 프린츠혼, 『정신병자들의 조형 작업』」은 『미학』지 70집(2012)에 발표된 논문을 수정 · 보완한 것이다.

2016년 서울에서
김남시

도판 목록

이 책에 사용된 도판 중 저작권을 허락받지 못한 도판에 대해서는
추후 저작권이 확인되는 대로 정식 동의 절차를 밟겠습니다.